"十四五"职业教育国家规划教材

高等职业教育在线开放课程新形态一体化教材

金融服务营销

(第三版)

主 编 王艳君 李宏伟

中国教育出版传媒集团

高等教育出版社·北京

内容提要

本书是"十四五"职业教育国家规划教材，也是国家职业教育金融专业教学资源库升级改进配套教材。

本书共分为十章，分别为：走进金融服务营销、金融服务营销团队建设、金融服务营销策略、金融市场调研与金融服务营销环境分析、金融服务营销目标市场选择与定位、金融服务营销目标市场介入、金融服务品质评价与客户关系维护、银行服务营销、证券服务营销、保险服务营销。本次修订更新了数据，完善了政策法规，补充了"数据要素×"时代金融服务营销领域的新变化、新内容，进一步优化了数字化教学资源，体现了素养知识、技能培养与学习并重的教育教学理念。

本书既可作为高等职业教育专科、本科及应用型本科金融类专业的教材，也可以作为金融从业人员培训与自学教材，还可以作为家庭和个人了解金融服务营销知识的案头读物。

本书配有PPT、课后习题答案等配套资源，如需获取，请登录"高等教育出版社产品信息检索系统"（xuanshu.hep.com.cn）免费下载。

图书在版编目（ＣＩＰ）数据

金融服务营销 / 王艳君，李宏伟主编. -- 3版. -- 北京：高等教育出版社，2024.7
ISBN 978-7-04-062069-6

Ⅰ．①金… Ⅱ．①王… ②李… Ⅲ．①金融市场-服务营销-高等职业教育-教材 Ⅳ．①F830.9

中国国家版本馆CIP数据核字(2024)第067343号

金融服务营销（第三版）
JINRONG FUWU YINGXIAO

策划编辑	黄 茜	责任编辑	黄 茜	封面设计	张 志	版式设计	徐艳妮
责任绘图	马天驰	责任校对	刁丽丽	责任印制	赵 佳		

出版发行	高等教育出版社	网 址	http://www.hep.edu.cn
社 址	北京市西城区德外大街4号		http://www.hep.com.cn
邮政编码	100120	网上订购	http://www.hepmall.com.cn
印 刷	辽宁虎驰科技传媒有限公司		http://www.hepmall.com
开 本	787 mm×1092 mm 1/16		http://www.hepmall.cn
印 张	17.75	版 次	2014年1月第1版
字 数	390千字		2024年7月第3版
购书热线	010-58581118	印 次	2024年12月第2次印刷
咨询电话	400-810-0598	定 价	48.80元

本书如有缺页、倒页、脱页等质量问题，请到所购图书销售部门联系调换
版权所有　侵权必究
物 料 号　62069-00

"智慧职教"服务指南

"智慧职教"（www.icve.com.cn）是由高等教育出版社建设和运营的职业教育数字教学资源共建共享平台和在线课程教学服务平台，与教材配套课程相关的部分包括资源库平台、职教云平台和App等。用户通过平台注册，登录即可使用该平台。

- 资源库平台：为学习者提供本教材配套课程及资源的浏览服务。

登录"智慧职教"平台，在首页搜索框中搜索"金融服务营销"，找到对应作者主持的课程，加入课程参加学习，即可浏览课程资源。

- 职教云平台：帮助任课教师对本教材配套课程进行引用、修改，再发布为个性化课程（SPOC）。

1. 登录职教云平台，在首页单击"新增课程"按钮，根据提示设置要构建的个性化课程的基本信息。

2. 进入课程编辑页面设置教学班级后，在"教学管理"的"教学设计"中"导入"教材配套课程，可根据教学需要进行修改，再发布为个性化课程。

- App：帮助任课教师和学生基于新构建的个性化课程开展线上线下混合式、智能化教与学。

1. 在应用市场搜索"智慧职教icve"App，下载安装。

2. 登录App，任课教师指导学生加入个性化课程，并利用App提供的各类功能，开展课前、课中、课后的教学互动，构建智慧课堂。

"智慧职教"使用帮助及常见问题解答请访问help.icve.com.cn。

第三版前言

金融是现代经济的核心，金融服务业是促进社会资源不断融通的命脉行业，其本质上属于竞争性服务业。2023年12月，在国家数据局等17部门联合印发的《"数据要素×"三年行动计划（2024—2026年）》中，金融服务业是推动发挥数据要素乘数效应，释放数据要素价值的12个行业和领域之一。金融服务业的竞争归根结底就是人才竞争。高校作为培养人才的重要基地，肩负着培养并向社会输送高素质人才的重任。教材作为承载知识的物质载体，不仅是学生获取知识的主要渠道，而且是教师传授知识的主要媒介，从思想性、科学性与系统性来看，教材建设对人才培养具有导向作用，其重要性毋庸置疑。

《金融服务营销》是国家职业教育金融专业教学资源库升级改进配套教材，是"十二五""十三五""十四五"职业教育国家规划教材。自2014年第一版出版至今，受到广大院校和读者的高度认可与评价。随着金融新业态、新模式、新问题的不断涌现，行业发展使金融服务业对人才的需求也提出了新要求。本书适时进行了修订，具有以下特色：

一、强化课程思政建设，坚持立德树人

党的二十大报告中明确指出："教育是国之大计、党之大计。培养什么人、怎样培养人、为谁培养人是教育的根本问题。育人的根本在于立德。全面贯彻党的教育方针，落实立德树人根本任务，培养德智体美劳全面发展的社会主义建设者和接班人。"《金融服务营销》在修订过程中，合理设置课程内容、优化教学方法，落实立德树人根本任务，厚植思政育人特色。本书在知识目标、技能目标的基础上增加了素养目标，在章节内容的引导案例、价值引领、同步案例、课堂讨论、调查研究、活动设计、技能训练等板块引入课程思政案例，有机融入对学生树立家国情怀、激发严谨的学习工作态度、深化风险合规意识的培养。本书践行普惠金融服务理念，锤炼精益求精的工匠精神，实现知识传承与价值引领交相辉映的目标，构建与课程内容紧密相关、密不可分的课程思政体系，弘扬和培育学生的社会主义核心价值观，

以培养学生金融职业操守为重点，体现育人功能。

二、突显"新"和"实"的职业教育类型特色

第一，本书结合最近几年金融服务营销理论和实操的新发展、新变化，优化了知识体系与结构，整合了具体知识内容，强化了教材的可读性、可操作性和实用性建设。第二，本书更新了陈旧过时的知识内容，增加了金融监管部门最新的监管政策与法律法规，删减了相较之下业务量萎缩、时效性较差的部分。第三，随着金融和科技更加深度地融合，本书补充了金融科技在金融服务营销中应用的相关内容，从而体现数字经济时代特色。第四，本书对章节后的习题进行了优化，力争提升其严密性、针对性和时新性。

三、校企深度合作，对接金融行业企业标准规范

本次修订联合多家金融机构的业务专家，对接金融机构岗位人才需求新标准，在保持原有教材理实一体化特色和已有的知识架构的基础上，修改、补充了金融机构业务新技术和新规定，产教融合特色鲜明。

四、以国家项目为载体，建设类型丰富的数字化教学资源

本书依托国家职业教育金融专业教学资源库及升级改进项目建设，精选优质的数字化教学资源，以二维码形式标注在教材中，实现信息时代时时、处处、人人学习的需求。

全书的编写分工如下：王艳君负责教材修订的总体设计与大纲制定，并修订了第一章和第三章，颜建立、何振鹏修订了第二章，黄挺顺修订了第四章，颜家水修订了第五章，陈虹修订了第六章，李宏伟修订了第七章和第八章，张春辉、何振鹏修订了第九章，蔡玉珊、吴岚萍修订了第十章。全书由王艳君、李宏伟负责总纂。

本书的修订和出版得到了高等教育出版社的大力支持和帮助，在此表示衷心的感谢。同时，由于编者专业和学术水平有限，错漏之处在所难免，敬请广大专家、读者批评指正，以使本书日臻完善。

编者

二〇二四年六月

第一版前言

国家《金融业发展和改革"十二五"规划》提出了"十二五"金融业改革的具体量化目标值,其中之一是"十二五"期间金融服务业增加值占国内生产总值比重保持在5%左右。5%目标值的提出,意味着金融服务业将正式成长为国民经济的支柱产业,迎来难得的历史性发展机遇,预示着金融服务业增加值增速将略高于GDP增速。而要想实现5%的目标值,就必须加速发展我国的金融业。要想加速发展我国的金融业,其前提就是需要一批数量庞大的高素质、高技能的金融人才。本书就是为满足这一需要而编写的。

本书主要内容分为三个模块。第一模块(1—3章)是金融服务营销基础模块;第二模块(4—7章)是金融服务营销业务流程模块;第三模块(8—11章)是金融服务营销技能训练模块。每一章节的学习都以典型任务为载体所设计的活动来展开,以工作任务为中心,以业务流程为重点精心整合理论知识与专业技能,突出银行、证券、保险等金融企业的服务营销技巧的训练,通过情景导入、工作流程图等形式体现教学内容与职业工作岗位和过程的关联性,使学生明确所学内容在金融行业营销岗位的各项工作任务及其解决方法。将应用型、职业化特色融入基础知识和实践项目等各个部分,并使之有机结合,实现理论与实践的一体化。本书打破了传统的市场营销学的教材体系,在国内尝试了一种全新的金融服务营销学教材体系。

"金融服务营销"是一门实践性和操作性很强的课程,其培养目标是金融企业一线服务营销人才。本书主要针对的是银行、证券、保险、信托、基金等金融企业的服务营销职位,由浅入深,图文并茂,理实一体,具有极强的实践性。本书着眼于我国金融企业实际发展的需要,根据职业教育的特点,各章安排了学习目标、内容结构、学习内容、综合实训和参考文献。本书的最大特点是设计了28个活动,并配备了大量的同步思考和同步案例及综合实训等技能训练项目;实训项目对活动要求、活动组织与步骤以及考核标准都做了翔实而严格的界定,同时,兼顾了职业岗位标准和职业资格考试内容,从根本上解决了高职高专院校金融专业"金融服务营销"课程实训项目难以量化和课程评价标准单一的问题,为教师提供了可供参考的教学实践依据，为提高学生的实战能力奠定了良好基础。

  2008年，辽宁金融职业学院被辽宁省教育厅批准并开始了省级示范院校建设；同年，我们参与了由浙江金融职业学院牵头的高等职业教育金融专业教学资源库建设项目，该项目于2011年9月获教育部正式批准立项。通过近四年的示范院校建设和资源库项目建设，在金融专业的课程建设和教学改革上，积累了一定的经验，并在校内进行了近四年的实践，在此基础上，广泛研究了目前"市场营销"和"金融营销"等课程使用的部分教材情况，最终完成了本书的编写。可以说，本书是高等职业教育金融专业教学资源库建设项目的重要成果之一，也是资源库课程开发成果和资源整合应用的实践和重要载体。

  本书由辽宁金融职业学院王艳君教授主编，编写提纲由王艳君拟定，初稿完成后，由王艳君负责总纂、修改、编辑并定稿。各章具体分工如下表所示：

章序号	章　　名	参编院校及教师
1	走进金融服务营销	辽宁金融职业学院　王艳君
2	金融服务营销团队建设第一、三节 金融服务营销团队建设第二节	山西金融职业学院　郝春霞 江苏财经职业技术学院　卢运莉
3	金融服务营销策略第一、二、三节 金融服务营销策略第四、五、六节	广东农工商职业技术学院　饶小琦 北京财贸职业学院　陈颖
4	金融市场调研与营销环境分析	黎明职业大学　黄挺顺
5	金融服务营销目标市场选择与定位	湖南大众传媒职业技术学院　颜家水
6	金融服务营销目标市场介入	广州番禺职业技术学院　罗威
7	金融服务品质评价与客户关系维护	山西财政税务专科学校　王波
8	银行服务营销	浙江金融职业学院　李宏伟
9	证券服务营销	北京电子科技职业学院　张春辉
10	保险服务营销	辽宁金融职业学院　梁涛
11	其他金融企业服务营销	辽宁金融职业学院　戴晓冬

  作为主编，在此我要感谢参与"金融服务营销"课程教学资源库开发工作的人员——来自全国11所高职院校的全体老师们，正是由于各位老师对我国高等职业教育的热爱，不辞辛苦，认真钻研，用心做事的工作态度及不懈努力，才使本书在历经近一年的时间得以完成。在这里，我要真诚地道一声：大家辛苦啦！

  本书从编写大纲的拟定，到内容的编写，我们得到了辽宁金融职业学院院长、本项目主持人郑永海教授，副院长、本书主审李厚俭教授，本项目合作单位盛京银行个人业务营销部副总经理姜殿成，中国建设银行辽宁省分行企业文化部业务经理万云等专家、学者和企业界人士的热心帮助和指导，他们为本书的编写提供了许多珍贵的参考资料，并提出了许多宝贵的意见和建议，在此，一并表示感谢！

此外，在本书的撰写过程中，参考了国内外大量文献，借鉴了国内金融企业的内部刊物和培训资料，作者已尽可能在参考文献中详细列出，对这些前辈、同行、专家、学者表示深深的谢意！引证材料恐有疏漏，在此深表歉意！

由于编者专业和学术水平的局限，错漏之处，在所难免。敬请各位专家、学者不吝赐教，恳请广大读者批评指正。

编者

二〇一三年八月

目 录

第一章　走进金融服务营销 ……………………………… 001
　　第一节　认知金融服务 ……………………………… 004
　　第二节　认知金融服务营销 ………………………… 011

第二章　金融服务营销团队建设 ………………………… 031
　　第一节　金融服务营销人员职业素养 ……………… 033
　　第二节　金融服务营销人员职业行为规范与
　　　　　　职业道德建设 ……………………………… 038
　　第三节　金融服务营销团队建设现状与策略选择 …… 046

第三章　金融服务营销策略 ……………………………… 053
　　第一节　金融企业关系营销策略 …………………… 056
　　第二节　金融企业品牌营销策略 …………………… 062
　　第三节　金融企业电子平台营销策略 ……………… 065
　　第四节　金融企业体验式营销策略 ………………… 070
　　第五节　金融企业媒体营销策略 …………………… 072
　　第六节　金融企业人员营销策略 …………………… 080

第四章　金融市场调研与金融服务营销环境分析 ……… 087
　　第一节　金融市场调研概述 ………………………… 090
　　第二节　金融服务营销环境分析 …………………… 095

第五章　金融服务营销目标市场选择与定位 …………… 107
　　第一节　市场细分与目标市场选择 ………………… 110
　　第二节　市场定位与品牌创造 ……………………… 118

第六章　金融服务营销目标市场介入 …… 129

第一节　挖掘和识别目标客户 …… 132
第二节　客户需求及决策过程分析 …… 136
第三节　客户沟通及金融服务展示 …… 141
第四节　谈判确立成交 …… 149

第七章　金融服务品质评价与客户关系维护 …… 159

第一节　金融服务品质评价 …… 162
第二节　客户关系维护 …… 169

第八章　银行服务营销 …… 181

第一节　银行营销人员的服务营销 …… 184
第二节　银行公司业务和个人业务营销 …… 207

第九章　证券服务营销 …… 221

第一节　证券公司客户经理的服务营销 …… 224
第二节　证券经纪业务营销 …… 229
第三节　证券投资基金服务营销 …… 238

第十章　保险服务营销 …… 247

第一节　直接保险服务营销 …… 250
第二节　间接保险服务营销 …… 259

参考文献 …… 269

第一章

走进金融服务营销

学习目标

素养目标
1. 学习金融服务营销相关知识，培养服务意识和奉献精神；
2. 能够运用科学的思维认识事物、指导行为，提升解决问题的能力。

知识目标
1. 理解金融服务和金融服务营销的含义和特征；
2. 熟悉银行、证券、保险、信托、基金等金融服务的具体品种；
3. 掌握"一对一""一站式""远程银行1.0"等服务模式的内涵；
4. 了解金融服务营销的发展历程；
5. 熟悉金融服务营销的基本操作流程。

技能目标
1. 能够解读金融服务和金融服务营销的特征；
2. 能够问客户简单推介各种金融服务；
3. 能够辨析"一对一""一站式""远程银行1.0"等服务模式；
4. 能够分析金融服务营销基本操作流程各步骤的要点；
5. 能够辨析直接和间接营销渠道以及网点营销、电子平台营销、人员营销、一对一营销、合作营销、直接邮寄营销、数据库营销、整体营销、交叉营销、精细化营销、智能营销等营销模式。

思维导图

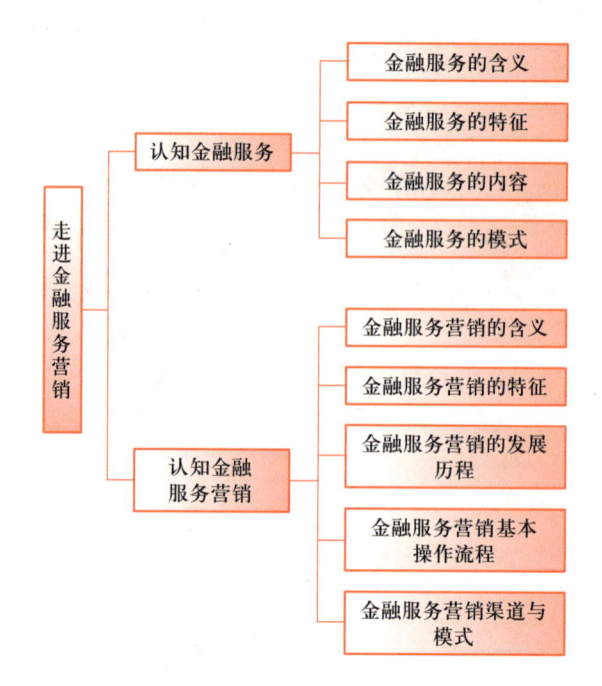

```
                                    ┌─ 金融服务的含义
                    ┌─ 认知金融服务 ─┼─ 金融服务的特征
                    │               ├─ 金融服务的内容
                    │               └─ 金融服务的模式
走进金融服务营销 ───┤
                    │                   ┌─ 金融服务营销的含义
                    │                   ├─ 金融服务营销的特征
                    └─ 认知金融服务营销 ┼─ 金融服务营销的发展历程
                                        ├─ 金融服务营销基本操作流程
                                        └─ 金融服务营销渠道与模式
```

引导案例

用心感动每一位客户

"能打动人心的，从来不是语言，而是行动。"这是某银行小微事业部客户经理张辉的人生信条，自从参加工作以来，张辉就一直这样勉励自己。

57岁的王刚是张辉在一次朋友聚会中认识的客户，退休后经营着一家超市。张辉经常上门帮他解决转账和二维码收款问题，一来二去王刚就成为张辉忠实的客户，超市需要资金周转就找张辉贷款，买卖挣到钱了就找张辉存款。期间，王刚还主动向他身边的朋友推荐张辉这位"贴心人"。

张辉总是从小事做起，通过实实在在的行动，让客户感受到自己的服务品质。对于需要持续跟进或经常回访的存量或潜在客户，张辉总是随身携带一个日志本，根据不同行业的"黄金期"挖掘客户需求，进行精细分类。如餐饮类客户，每年12月份拜访；建筑类客户，每年2~3月份拜访；种粮大户，每年3~4月份拜访；家电销售类客户，每年4~5月份拜访；收粮大户，每年9月份拜访等。

张辉凭着一股勤奋劲，慢慢探索出小微客户营销的新路子。在"三全"营销中，张辉运用恰当的营销方法、娴熟的营销语言、适宜的信贷组合，为不同客户量身定制最佳方案，帮助客户解决经营中遇到的各种难题。用真诚打动客户，用专业赢得客户。

引例分析

党的二十大报告中指出："培养造就大批德才兼备的高素质人才，是国家和民族长远发展大计。功以才成，业由才广。"作为一名金融服务营销人员，既要坚定理想信念、强化使命担当，全力以赴做好一线金融服务营销工作，又要善于在工作中反思和总结，不断提升自己的业务能力和服务水准，让每一位客户都能够感受到一线金融服务营销人员的热情、真诚、专业和用心，争做一名有担当、有作为、有情怀的金融服务营销人员。

（1）业成于诚，做贴心人。拓展客户市场，做好业务营销，首先就要捧着一颗真心，让客户信任我们，用主动、自觉和真心的服务走近客户身边，走进客户内心。

（2）业精于勤，做勤奋人。客户是跑出来的，对于存量客户或潜在客户，要用心理解，想客户之所想，急客户之所急，主动为客户排忧解难，客户就会信任你。

(3) 业攻于速，做专业人。客户积累是一项需要长期努力的工作，要做精、做细、做实，及时、准确地为客户提供金融信息，将金融产品第一时间推介给客户，及时了解客户心声，迅速满足客户需求。

第一节 认知金融服务

一、金融服务的含义

银行是金融机构体系的主体。以银行为中心，可以把金融机构分为银行类金融机构和非银行类金融机构，这也是目前最常见的一种分类方法。其中，银行类金融机构在金融机构体系中居于支配地位，构成现代金融机构体系的主体。而非银行类金融机构包括证券公司、保险公司、信托公司、租赁公司、金融资产管理公司、财务公司等，它们在整个金融机构体系中是非常重要的组成部分。

从动态上看，金融服务是指在一定的金融制度安排下，由金融企业向金融市场提供的能够满足客户某种需要的一切经营活动。具体来说，金融服务是指银行、证券公司、保险公司、信托公司、基金公司等金融企业通过开展业务活动为客户提供的包括融资投资、转账结算、证券买卖、商业保险、委托代理、资产管理和信息咨询等在内的经营活动。

二、金融服务的特征

金融服务不是简单的产品或服务，而是兼具两者的要素。与制造业的产品和传统服务业提供的服务相比，金融业所提供的产品或服务有其独特性。

（一）金融服务的产品特征

作为产品，金融服务具有以下特征：

1. 可分离性

作为服务业，金融服务与许多服务不同，金融业的许多产品的生产能够与其消费分离。比如，金融消费者不出现在银行也能够使用活期存款账户，因为活期存款账户是在其销售和随后使用之前被"生产"出来的,就像服装、帽子、运动鞋一样。

2. 无易灭失性

对于客户而言,信用卡、人寿保险单、债券和财产信托等金融产品存在于其需要的任何时候,它不是易灭失的,可以为了满足需要随时调整,这就使得金融企业能够较容易地管理服务的供给与需求。

3. 批量生产

产品通常是批量生产的,而典型的服务是在一定时间内一次创造并递送的。许多金融服务是能够批量生产和批量营销的。比如,保险单、教育储蓄账户、公务卡或是证券交易商使用的数据分析系统等金融产品。

(二)金融服务的服务特征

作为服务,金融服务具有以下特征:

1. 易模仿性

金融服务是现有金融手段的整合,在运作形式方面,没有专利保护。因此,无论是模仿的难易程度,还是模仿的速度都体现出易模仿性的特点。这一点和普通商品有明显区别。

2. 不可感知性

服务本质上不具备物理的度量尺度,无法触摸,不能被看到、感觉、品尝或者接触,而有形的商品则可以。因此,服务是过程化的或者是被体验的。金融企业所提供的服务是在与客户频繁接触中进行的,客户通过阅读金融企业的宣传单,询问其他亲朋好友的经历甚至通过亲自购买(亲身体验),形成对金融服务人员所提供的服务方式和程序、服务环境、服务质量的理解和评价。

3. 服务品质的差异性

金融服务过程是客户与金融服务提供者之间广泛接触的过程,这一过程的主导是人。人是服务的中心,而人是具有个性差异的。服务品质的差异性由服务人员的职业素养差异和客户本身的个性特点决定。服务人员的服务方式、能力水平、知识经验等,都会影响到客户感知和评价;而客户的知识水平、道德修养、需求期望等也直接影响服务质量。同一种金融服务,由不同的服务人员来提供,其效果和质量存在很大的差异,因此,两个金融企业之间的差异通常就在于传递服务人员的职业素养不同。

价值引领

用真心赢得客户

每年的农历五月初五端午节是某银行客户经理回访重要客户的日子。客户经理们细心地为客户准备了一份端午节礼品，并用企业微信拨通客户的语音电话告知礼品领取的方式。客户经理们相信，当每位客户收到这份真诚的问候礼品时一定会倍感温暖。

张虹是客户经理程阳的管户客户，张虹家就在银行附近的社区，程阳只要碰到张虹时都会热情地寒暄几句。如果遇到解决不了的问题，如手机软件不会下载、不会操作，张虹都会第一时间找程阳帮忙解决。认识半年多，虽然张虹从未从程阳手里购买过理财产品，但是程阳依然一如既往地真诚对待张虹。程阳的真诚相待和专业素养逐渐赢得了张虹的信赖。程阳利用客户经理营销平台及客户行为跟踪系统可以查询到张虹的资金情况，张虹有一笔300万元的三年期大额存单并且平时很少有资金进出。程阳认为，如果张虹配置一些长期锁定高利率的产品会让其资产收益更加优化。所以在两人的交流沟通中，程阳经常给张虹普及有关资产配置优化方面的知识，张虹逐渐接受了程阳的建议。

节后的一天，收到节日礼品的张虹来到网点准备购买理财产品。程阳热情详细地向张虹一一介绍了银行自营和代销的理财产品，并对其特别感兴趣的一款保险产品进行了详细的讲解。听后，张虹表示自己有几十万元资金在他行卡里，准备做一个长期养老及传承规划。在程阳翔实介绍了支行代销的保险产品的购买规则和风险提示后，张虹立即从他行转账50万元购买了这款保险产品。

问题探索

请说明银行客户经理程阳是如何对待客户张虹的？程阳的做法向我们诠释了什么营销理念？试着解读"真心"的内涵。

分析提示

金融服务营销品质个性化模式的构建秉承"以人为本"的服务理念，以"客户满意"为宗旨，以合适的产品为支撑，以精准营销手段为依托，以有温度的服务质量为保障，把客户当朋友甚至是家人，真心对待、用心服务、有效沟通，做好服务的每一个细节。面对当下同业竞争日益激烈的市场环境，金融服务营销人员只有用有温度、有情感的服务，才能真正赢得客户信任，让客户在众多选择中想到你，想到你所代表的金融企业。

三、金融服务的内容

从静态上看，金融服务亦称金融产品。金融产品可以分为不同的种类。按照信用关系存续时间长短，可以分为短期金融产品和长期金融产品；按照营销的目标群体不同，可以分为个人金融产品、企业金融产品和机构金融产品；按照提供者不同，可以分为银行类金融产品和非银行类金融产品。银行类金融产品按照提供者的不同，可以分为中央银行类金融产品、政策性银行类金融产品、商业银行类金融产品和投资银行类金融产品。非银行类金融产品可以分为证券类金融产品、保险类金融产品和信托投资类金融产品。

（一）银行服务

银行服务是指商业银行向市场提供的能够满足人们某种愿望和需求的，与货币相关的一切金融活动，是金融服务的重要组成部分。如前所述，与一般的服务或产品不同的是，银行服务在很大程度上是无形的服务，它在交收过程中产生并在交收结束时停止存在。银行服务本身终止后，来源于银行服务的收益仍然可以继续。

商业银行作为现代金融体系中的重要基础平台，其所提供的服务内容十分广泛。银行向客户所提供的往往不止一种产品或服务，而是多种服务的组合，这样既可以适应市场经济的不断发展，满足客户多样化的需求，又可以为银行带来更高的综合收益。从我国各大商业银行门户网站来看，银行类金融产品大体可以分为个人金融业务、公司金融业务、信用卡业务和电子银行业务等。

（二）证券服务

证券公司是专门从事有价证券买卖的非银行金融企业。证券公司经营的有价证券有广义与狭义之分，广义的有价证券包括商品证券、货币证券和资本证券。狭义的有价证券仅指资本证券。通常情况下，人们所说的证券是指资本证券，即包括股票、债券及其衍生品种，如基金证券、可转换证券等。

（三）保险服务

保险公司是销售保险单、提供风险保障的非银行金融企业。通常情况下，保险产品可以分为财产保险、人身保险、责任保险和信用保险四大类。

> **课堂讨论**
>
> 　　按照规划的保险配置方案，客户徐晓霞最近打算购买一份重大疾病险，但是理财经理汪洋的建议是购买储蓄型保险更加实惠，如果在保险期内没有发生重大疾病，所缴的保险费就当作是储蓄存款了。
> 　　作为理财经理，汪洋应该如何从产品功能上向客户徐晓霞解释储蓄型保险与银行储蓄的区别，以说服徐晓霞最终购买储蓄型保险产品呢？

（四）信托服务

信托服务是由信托公司等金融企业以收取报酬为目的，以受托人身份接受信托和处理信托事务的经营行为。信托的种类主要包括个人信托、法人信托、任意信托、特约信托、公益信托、私益信托、自益信托、他益信托、资金信托、动产信托、不动产信托、营业信托、非营业信托、民事信托和商事信托等。

（五）基金服务

作为专营基金运作活动的基金管理公司，其经营的基金分类方法一般可以根据基金单位是否可以增加或赎回，分为开放式基金和封闭式基金；根据投资对象的不同，分为股票基金、债券基金、货币市场基金、期货基金等。

四、金融服务的模式

（一）一对一服务模式

1. 一对一服务模式的含义

一对一服务即一对一专属服务，其核心为：客户而非市场份额；个性化服务而非标准化批量服务。对于商业银行而言，广义的一对一服务是指客户经理制度下的公司金融业务部门的客户经理、个人金融业务部门的理财经理、营业网点的大堂经理与柜员为客户提供的一对一服务。狭义的一对一服务是指金融企业针对高端客户提供的综合化、个性化、一对一的专家量身理财服务。对于客户而言，一对一仅仅是指金融企业对客户提供服务的时候，是固定由一名客户经理接待，该客户经理同时会有若干名类似的客户。

2. 私人银行

私人银行是面向高净值客户，银行为其提供以资产管理为核心的个性化、专业化的财富管理服务。一对一服务是私人服务的典型服务模式。

（1）私人银行业务的特点。在产品和服务上体现专属化、定制化；在服务方式和手段上体现便利性和专业性；在服务内容上体现多元化和综合化。

（2）私人银行的服务模式。"1+1+1"的专业服务模式，即一位贴身的私人银行经理（PB）+一位经验独到的私人银行投资顾问（IC）+一位私人银行家助理（PBO），共同为客户提供专业化、个性化的金融资产管理服务。

（二）一站式服务模式

1. 一站式服务模式的含义

一站式服务，即一站式服务套餐，金融企业将相互关联的服务通过整合、打包，在同一平台向客户提供的一揽子金融服务。在一站式服务模式下，无论客户需要多少服务项目，只要符合规定服务项目的条件，客户无须多方奔波，均可在规定的平台上，享受到安全、快捷、便利的金融服务。一站式服务具有服务系列性、平台单一性、办理便利性、时间快捷性等特点。

2. 金融超市

金融超市是指将金融企业的各种产品和服务进行有机整合，并通过与相关金融企业以及评估、抵押登记、公证等社会机构和部门协作，向企业或者个人客户提供的一种涵盖众多金融产品与增值服务的一体化经营模式。一站式服务的典型模式就是金融超市。从发展趋势来看，金融超市的特征主要有以下几方面：

（1）业务上的全能化。银行、证券、保险、信托等各类金融业务逐渐融为一体。①银证一体化。银行涉足资本市场或金融衍生品市场，大量非银行金融产品及其衍生品已经成为当今银行理财的主产品。②银保一体化。一些保险公司纷纷在商业银行设立保险产品代理点。③银信一体化。主要是指通过信托形式，将需要贷款的项目由信托公司"打包"成理财产品，然后经由银行出售给投资者。

（2）规模上的大型化。从金融超市的空间表现形式来看，已经逐步将最初的固定场所模式，发展成为固定场所与电子银行融为一体的模式，空间规模将会从有形逐渐发展成为无形。当然，金融企业越大，成本与收入之比越低，市场份额越集中，经营效益越佳。这种趋势的结果必将有助于金融业的持续发展。

总之，一体化的经营、强大的营销网络、全能化的金融服务、大型化的规模，都将成为金融超市的显著特征。

课堂讨论

商业银行一站式综合金融服务，是指为更好地适应市场竞争，满足客户需求，商业银行基于统一的渠道，提供包括银行、证券、保险、基金等在内的一揽子金融产品组合，并提供一站式的浏览、比较、购买服务等经营活动。

作为商业银行的客户经理，应该如何从特征方面向客户说明一站式服务与传统服务模式的异同点？

（三）远程银行服务模式

1. 远程银行服务模式的含义

2019年11月，中国银行业协会发布的银行业首份远程银行团体标准——《远程银行客户服务与经营规范》，将远程银行定义为单独组建或由客户服务中心转型形成，具有组织和运营银行业务职能，借助现代化科技手段，通过远程方式开展客户服务、客户经营的综合金融服务中心。这里可以将远程银行进一步理解为，是一种通过运用视频交互、远程柜员协同、电子化采集等高新科技，把原来在银行物理网点柜台办理的业务迁移到远程柜员机上的一种全新的银行业务办理模式。其将远程渠道的方便快捷和柜台面对面的服务融为一体，从而为客户提供实时、全面、快速、专业的各类银行交易、顾问式投资理财、产品销售和增值服务等。

2. 远程银行服务模式的特点

（1）渠道一体化。远程银行利用音视频技术解决了云端银行搭建和线下渠道协同的问题，将网点柜台、电话银行、网络银行、手机银行、微信银行等渠道进行融合，实现营销、咨询、业务办理、客服的一体化，打通从前离散的业务行为，扩大营销范围，提升综合效益。

（2）业务场景化。远程银行以AI视频银行的形式，依托云计算、大数据、生物识别、音视频等技术，将银行场景中的营销、咨询、办理、客服等业务场景融入同一个场景中去，客户可以随时随地接入银行办理业务，实现银行各业务场景的降本增效和风险控制。

（3）服务智能化。借助远程银行的交易记录，银行对客户的网上交易行为进行分析和数据挖掘，从而发现有价值的客户，针对这些客户制定有针对性的营销策略和服务内容，创新金融产品，改进服务流程，为客户提供更加个性化、精准且高效的服务，从而提高银行的竞争力。

> **课堂讨论**
>
> 金融服务实体经济是经济发展新常态下做好金融工作的重要命题。服务实体经济是金融的天职和宗旨。习近平总书记指出:"经济是肌体,金融是血脉,两者共生共荣。"纵观历史,金融一旦脱离实体经济,就是无源之水、无本之木。因此,服务实体经济是金融的本源。金融是现代经济的核心,强调金融服务实体经济,并不意味着金融是实体经济的附属。金融与实体经济是利益共同体,一荣俱荣、一损俱损,实体经济是金融发展的基础。金融服务实体经济的关键在于充分发挥金融对实体经济创新的支撑作用,培育新的经济增长点。对于创新经济活动,金融系统的作用不仅是提高资金的可用性,而且是创造一个高效的"试验场",在风险可控的条件下发挥金融筛选创新的作用,为创新成果的转化和扩散提供支持。
>
> 金融服务实体经济是多层面的,作为金融企业的营销人员,请讨论,现阶段金融服务实体经济有哪些具体做法?哪些方面需要改进和提升?

第二节 认知金融服务营销

一、金融服务营销的含义

金融服务营销是指金融企业以市场需求为核心,采取整体营销,通过交换、创造和销售满足人们需求的金融服务价值,建立、维护和发展各方面的关系,以实现各方利益的一种经营管理活动。金融服务营销的目的是借助精心设计的金融服务以促销某种金融运作理念并获取一定收益。

二、金融服务营销的特征

在市场体系中,金融企业是专门为客户提供金融服务以满足客户对金融产品消费需求的服务性机构,金融服务营销是金融企业在金融服务层面上展开的营销管理活动。其特征表现在以下几个方面:

（一）强调整体营销

整体营销是指企业营销活动应该囊括内外部环境的所有重要行为者，其中包括供应商、分销商、最终客户、职员、财务公司、政府、同盟者、竞争者、传媒和一般公众，前四者构成微观环境，后六者体现宏观环境。整体营销强调的是营销活动不局限于部分行为对象，要拓宽空间视野。由于金融服务的特殊性，客户对金融产品及其知名度的认识是从了解金融企业开始的。只有在客户对某金融企业产生认同和信任的基础上，才能接受其提供的金融服务。因此，金融企业的营销比一般企业的营销更注重机构自身的整体营销。

（二）注重品牌营销

品牌营销是通过市场营销使客户形成对企业品牌和产品的认知过程，企业要想不断获得和保持竞争优势，必须构建高品位的营销理念。高级营销不是建立庞大的营销网络，而是利用品牌符号，把无形的营销网络铺建到社会大众心里，把产品输送到消费者心里。随着金融新产品的不断开发与增多，品牌营销显得比金融产品的功能营销更重要。由于同一类金融企业所提供的服务功能大致相同，因此在接受金融服务时，客户首先是被熟知的品牌所吸引，而不是被金融产品功能所带来的服务便利或盈利所吸引。

（三）实施全员营销

全员营销是指以市场为中心，将企业的各个业务及行政部门和全部营销手段进行有机组合，使全体员工都来关注或参加企业营销活动的全过程，提高客户的满意度，为客户创造最大的让渡价值，使企业从中获得长期利润及长远发展的市场竞争力。由于金融企业的金融服务基本都是在其人员与客户面对面接触的过程中完成的，而每一位员工都有可能经历这一过程。所以，在金融企业中不仅是专职的营销人员在做营销，事实上，每一位员工都肩负着一定的营销任务。实施全员营销对金融企业本身的发展至关重要。

三、金融服务营销的发展历程

（一）我国金融服务营销的发展历程

1978年改革开放以来，我国的金融业有了长足发展。经营机制、组织架构、服务品质、经营理念都开始日趋市场化。我国的金融业在自身营销实践的基础上，积极学习其他国家先进的金融服务营销经验，仅用了几年的时间就完成了其他国家金融服务营销的数个发展阶段。我国金融服务营销的发展历程如表1-1所示。

表1-1 我国金融服务营销的发展历程

时 间	阶 段	主 要 内 容
1978—1991年	市场化改革开始，金融业起步阶段	为适应经济转型时期的市场需求，除传统存取款外的个人金融产品开始出现，如国债、企业债券、股票等
1992—2000年	市场化初级发展，金融业逐步发展阶段	商业银行客户经理制的全面推行，是我国金融服务营销的里程碑式标志；深沪两市证券交易所的出现拉开了我国资本市场的序幕；保险代理人、保险经纪人、保险公估人等中介机构出现，为中国寿险营销率先开启了代理营销的先河
2001—2003年	市场化逐步完善，金融业发展滞后于市场发展速度阶段	金融服务业作为市场化的一个发展目标得到了认同和重视，人们对于金融服务的需求越来越强烈，但是由于金融改革的滞后，金融业对服务和营销观念的理解及现实操作与市场的需求有较大的差距
2004—2012年	市场化日趋完善，金融业步入快速发展阶段	对优质客户的争夺成为同业竞争的焦点；各家金融企业争相推出微笑服务、限时服务、"一米线"服务、电话预约服务、主动上门服务等；以客户满意度为宗旨，为客户提供"一对一营销"和"一揽子"服务解决方案，注意培育客户的忠诚度
2013年至今	市场化更趋完善，金融业步入全面而快速发展新阶段	伴随着互联网金融的迅猛发展，新兴的互联网金融产品和服务模式如普惠金融等涌现；各家金融企业为了争夺市场竞相推出电子银行营销、合作营销、交叉营销、整体营销、精细化营销、智能营销等服务模式，为客户提供"一揽子"和"定制化、个性化"服务解决方案

（二）西方发达国家金融服务营销的发展历程

西方发达国家金融服务营销大体经历了广告与促销、友好服务、产品创新、发展定位、营销策划、一对一营销和营销模式创新七个阶段，如表1-2所示。

表1-2 西方发达国家金融服务营销的发展历程

时 间	阶 段	主 要 内 容
20世纪50年代	广告与促销	运用广告和促销手段来招揽顾客
20世纪60年代初期	友好服务	注意服务质量，倡导"微笑服务"，对营业大厅进行装修，撤掉柜台上的栏杆，以突出银行的亲切感
20世纪60年代中期	产品创新	不断创新产品，追求向客户提供无差异的全部金融服务

续表

时 间	阶 段	主 要 内 容
20世纪70年代	发展定位	突出自己的定位和服务重点，在细分市场上开辟新天地
20世纪80年代	营销策划	将市场营销活动纳入其经营管理的全过程之中
20世纪90年代	一对一营销	把注意力集中在面向个人营销和一对一营销方式上，注重培育自己的忠诚客户和挖掘客户价值，以客户满意度为经营准则
2000年至今	营销模式创新	追求定制化的产品或服务，满足客户多样化的个性需求

四、金融服务营销基本操作流程

金融服务营销操作流程是指金融企业的金融服务营销具体操作步骤的全过程。通常情况下，金融服务营销操作流程一般要经过市场调研与营销环境分析、目标市场选择与定位、目标市场介入、服务品质评价与客户关系维护四个基本步骤，如图1-1所示。

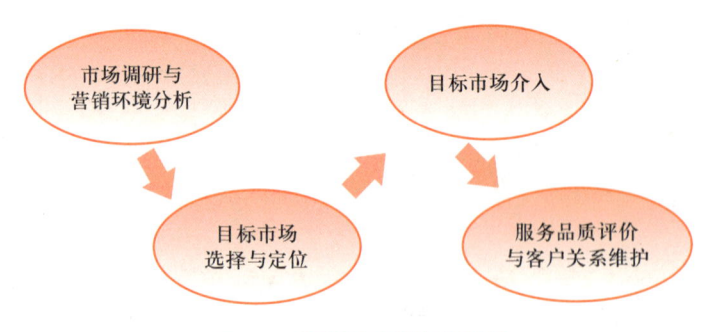

图1-1 金融服务营销操作流程

（一）市场调研与营销环境分析

市场调研与营销环境分析流程如图1-2所示。

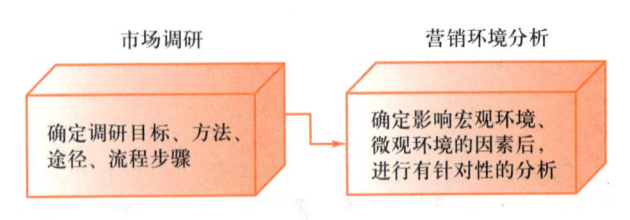

图1-2 市场调研与营销环境分析流程

金融企业市场调研通常运用市场调查问卷、市场调研报告和营销计划等载体，对金融服务市场进行有针对性的调研。之后，对所收集的资料进行宏观与微观环境分析，从中比较本企业与目标竞争对手的差异。

（二）目标市场选择与定位

目标市场选择与定位流程如图1-3所示。

图1-3 目标市场选择与定位流程

市场细分的作用是为金融企业寻找机会和选择市场；细分市场之后，要对客户进行比较并选择。金融企业要根据竞争者的产品或服务在市场上所处的地位以及客户对该产品或服务的重视与偏好程度，确定自己在目标市场上的战略。同时，通过设计和塑造企业的形象与品牌，在客户心中留下与众不同、印象深刻的企业形象。

（三）目标市场介入

目标市场介入流程如图1-4所示。

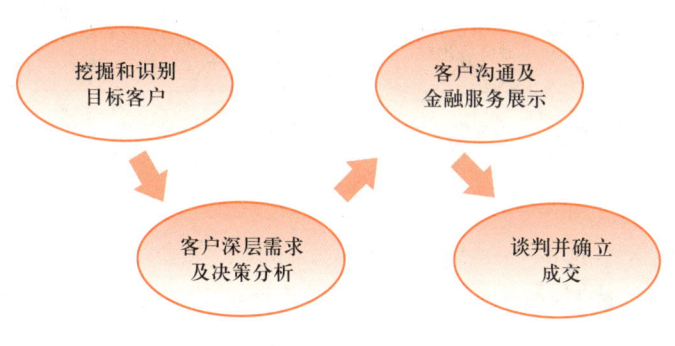

图1-4 目标市场介入流程

1. 挖掘和识别目标客户

营销人员搜寻客户的关键在于如何挖掘客户。挖掘金融客户常用的传统方法有缘故法和转介绍等。随着大数据时代的到来，大数据让金融企业实现精准营销，能够更加充分地挖掘潜在客户。在确定了潜在客户之后，就要通过各种营销手段将金融服务的有关信息传递给潜在客户，以便促使其向正式客户转化。

2. 客户深层需求及决策分析

营销的本质是满足客户的需求，为了满足客户的需求，首先要发现客户的需求，并通过有效沟通来引导客户需求，最终实现金融服务的销售。因此，金融营销人员要熟悉客户、识别需求、搜索信息、评估选择、决定购买、购后评估的购买决策过程，并会分析这一过程中客户的复杂心理活动。

3. 客户沟通及金融服务展示

营销人员在"预约"客户时，除应注意必要的礼节外，还应做好预约拜访的准备。成功预约客户后，要精心设计怎样与客户进行寒暄、开场白和正式面谈等。在与客户面谈时，要恰当地向客户展示自己之前准备的金融服务营销方案和金融产品。通过讲解与说明，让客户明确自己究竟需要什么。

4. 谈判并确立成交

金融服务营销有规范的谈判流程，一次成功的谈判结果是达成协议。谈判中要恰当运用激将法、富兰克林法、忽视法等。若客户提出异议，要在了解客户的真正动机后，选择让客户主动、避免直接否定对方等技巧来化解异议，最终达成合作或成交。

（四）服务品质评价与客户关系维护

服务品质评价与客户关系维护流程如图1-5所示。

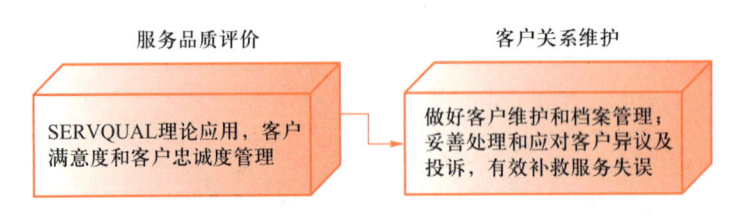

图1-5 服务品质评价与客户关系维护流程

1. 服务品质评价

在服务质量评价中，SERVQUAL理论在银行、保险、证券交易等服务业中得到了广泛运用。基于SERVQUAL理论，可以构建出我国金融业的服务质量考核指标体系。客户满意度和客户忠诚度，是我国金融业服务质量管理的主要指标。使客户满意的途径有：①控制客户期望；②提高客户感知。金融服务品质个性化模式的构建要以"客户满意"为宗旨。具体策略应该包括塑造"以客为尊"的经营理念，创造高效定制化的服务操作体系，授予客户参与服务过程的控制权等。

2. 客户关系维护

客户关系维护的方法包括差别维护、超值维护、情感维护、产品跟进、扩大销售、维护回访、追踪制度等。在客户关系维护中，要按照客户对金融产品的偏好和购买习惯对客户进行有针对性的维护。客户营销档案的健全与完善程度直接反映客户经理的工作水平和工作成绩。因此，金融企业要积极做好客户营销档案的管理工作。

面对客户异议或拒绝，营销人员首先应该保持良好的心态，积极应对；其次应该分析客户异议或拒绝的原因；最后对症下药，有效地化解异议或拒绝，最终赢得客户的信任。在遇到客户投诉时，应选用一定的方法缓和或化解矛盾，避免发生冲突。营销人员要努力处理好客户的抱怨，尽其所能避免或减少服务失误。

五、金融服务营销渠道与模式

（一）金融服务营销渠道

营销渠道是指商品和服务从生产者向消费者转移过程中的具体通道或路径。金融服务营销渠道就是金融服务从金融企业向其客户转移过程中的具体通道或路径。一般来讲，按照渠道是否通过中间商可以分为直接营销渠道和间接营销渠道。

1. 直接营销渠道

直接营销渠道是指金融企业直接将金融服务提供给客户，不需要借助中间商完成商品销售的渠道策略。基本模式为：生产者—消费者。直接营销渠道产销直接见面，减少了中间环节，节约了流通费用。生产者能够及时了解消费者的市场需求变化，有利于金融企业及时调整产品结构，作出相应的决策。直接营销渠道的具体销售形式有接受用户预约、网点营销、上门推销、利用电子通信手段营销等。

2. 间接营销渠道

间接营销渠道是指金融企业通过中间商将金融服务提供给客户的渠道策略。基本模式为：生产者—中间商—消费者。按照渠道使用同类型中间商的数目可以分为宽渠道与窄渠道；按照渠道使用不同中间商的数目可以分为长渠道和短渠道等。间接营销渠道是社会分工的结果，通过专业化分工使得商品销售工作简单化。中间商的介入，分担了生产者的经营风险，借助于中间环节，可以增加商品销售覆盖面，有利于扩大商品市场占有率。但是中间环节太多，会增加商品经营成本。间接营销渠道的具体销售形式有代理营销、合作营销等。

（二）金融服务营销模式

以金融企业为中心构筑的营销体系即为金融企业的营销模式。从构筑方式上划分，营销模式有两大主流：一是市场细分法，通过企业管理体系细分延伸归纳出的市场营销模式；二是客户整合法，通过建立客户价值核心，整合企业各环节资源的整合营销模式。下面,介绍在我国金融业广泛实施的几种营销模式。

1. 网点营销

(1)网点营销的含义。网点营销是指金融企业利用自己设置的营业网点的营销人员向客户营销产品或服务的营销活动。采用网点营销可以减少中间环节,节约服务费用;营销人员与客户直接见面,能够及时了解客户的服务需求变化,有利于金融企业及时调整产品结构,作出相应的决策。

(2)网点服务渠道。网点服务通常通过三个渠道得以实现。① 柜台。柜台依靠物理网点,为客户提供现金收付和结算服务。② 客户经理。客户经理包括:大堂客户经理,提供咨询服务,引导客户选择那些低成本的服务项目;理财客户经理,为客户提供各种投资理财服务;柜员,提供存取款、转账结算、外汇买卖等各种柜面业务服务。③ 自助渠道。通过 ATM、CDM、IP 电话、POS 等自助设备和电话银行(电话服务中心)、网上银行、手机银行等网络设备,协助客户完成交易。

(3)网点模式。网点的多样化和个性化是目前我国商业银行网点的主要模式。其类型主要包括以下几种:① 超市型网点。强调产品或服务的无差别化,为客户提供"超市"式的全方位标准化服务。在外观设计、场地布局、产品种类、服务价格、语言表达、员工着装等方面有统一的标准。② 特色型网点。针对所辖区域的特定客户群体,有针对性地提供银行服务,网点服务主要以自助方式为主。如居民社区网点、商业区网点、校园网点。③ 合作型网点。如银行与房产登记机构合作,设立在房产登记机构中的银行;还可将银行窗口设在公共场所内。④ 理财型网点。通常所说的理财中心,主要是为优质客户提供理财服务的网点,可以再进一步细分为贵宾理财室、贵宾理财中心、财富管理中心、财富俱乐部等形式。⑤ 离行式自助银行网点。主要是在超市、商业街等人流量较为集中的地方,设立纯粹提供自助设备的网点。

2. 电子平台营销

电子平台营销也称电子营销,是指金融企业借助互联网手段,利用计算机通信技术、数字交互式媒体,以及现代通信技术来实现营销目标的一种营销方式。电子平台营销的特点是完全以客户为中心,具有较强的互动性、目标针对性、客户准确性,独具时空优势,传播范围广,还可以做到全方位展示,具有传统营销方式无可比拟的优势。电子平台营销包括网络营销,电话、手机短信、即时信息营销以及自助银行营销等。

(1)网络营销。网络营销也称互联网营销、在线营销,是指金融企业以互联网为基础,利用数字化信息和网络媒体的交互性来辅助营销目标实现的一种新型市场营销方式。与传统营销手段不同,网络营销具有简单易用,服务方便、快捷、高效、可靠，经营成本低廉等特点。金融企业常用的网络营销有以下几种：

① 网络事件营销。网络事件营销是指金融企业主要以网络为传播平台，通过精心策划、实施，可以让公众直接参与享受乐趣的事件达到吸引或转移公众注意力，改善、增进与公众的关系，塑造企业、组织良好的形象，以谋求企业更大效果的营销传播活动。例如，招商银行为"创新型成长企业培育计划"策划的营销推广活动即属于网络事件营销的典型案例。

② 网络视频营销。网络视频营销是指金融企业主要基于视频网站为核心的网络平台，以内容为核心、以创意为导向，利用精心策划的视频内容实现金融产品营销与品牌传播的目的。网络视频营销是"视频"和"互联网"的结合，并具备二者的优点。网络视频营销既具有电视短片的优点（如感染力强、形式内容多样、创意新颖等），又具有互联网营销的优势（如互动性、主动传播性、传播速度快、成本低等）。视频包含电视广告、网络视频、宣传片、微电影等各种方式。网络视频营销主要用于金融企业的品牌介绍、品牌宣传、金融产品促销、增加用户触达、促进用户参与度、业务推广等。

③ 双微营销。双微营销即微博营销和微信营销。微博营销侧重于内容写作，仅传播给微博粉丝。微信营销是指金融企业通过移动客户端进行的区域定位营销。金融企业通过微信公众平台，结合转介率微信会员管理系统展示金融企业微官网、微会员、微推送、微支付、微活动，已经形成一种主流的线上线下微信互动营销方式。微信不存在距离限制，用户注册微信后，可以与周围同样注册的"朋友"形成一种联系，用户订阅自己所需的信息。金融企业可以通过提供用户需要的信息，推广自己的产品，从而实现点对点营销。微信营销侧重于用户互动和深入的用户服务，如京东金融虽然有多个渠道进行引流，但是仍然以微信公众号为主。京东金融通过社群运营的手段建立起品牌连接，提升用户黏性，通过课程内容来提升转化率。

④ 网络邮件营销。网络邮件营销是指金融企业利用互联网信息技术，通过E-mail制作特定广告、供货和个人服务，提供瞬时信息。电子邮件的特点是便宜、有效、直接和无处不在，是最优的一对一营销媒介，也将成为一种刺激网站浏览量、方便交易、吸引新客户、留住老客户的战略性工具。目前，我国商业银行的银行卡和理财产品营销，证券公司的股票和基金营销，保险公司的人寿保险营销普遍利用了E-mail营销，同时也实现了一对一营销。

⑤ 网络直播营销。网络直播营销是指金融企业在现场随着事件的发生、发展进程同时制作和播出节目的营销方式，该营销活动以直播平台为载体，以达到获得品牌提升或是销量增长的目的。网络直播营销最大的特点是直观性和即时互动性，代入感强，充分体现出互联网视频的特色，让企业和用户之间能够"面对

面"地及时交流沟通。网络直播营销是一种营销形式上的重要创新，它主要用于金融企业的信息披露、客户沟通、宣传获客等业务活动中。

（2）电话、手机短信、即时信息营销。电话营销是指企业根据客户名单，对潜在客户通过电话拜访，达到邀约的目的，以实现销售产品或服务的营销过程。电话使用便利，服务内容齐全，操作简单，适合当今的快节奏生活和讲究效率的需求。随着电话营销市场的形成，电话、手机短信、即时信息等通信手段的普及，金融企业都在使用这种营销模式。如通过手机银行客户可以随时随地使用查询、挂失、转账、缴费、证券服务、外汇实盘买卖、理财秘书等金融服务；通过短信通知银行账户变动情况；通过保险公司短信发布新产品等。

（3）自助银行营销。自助银行是指不需要银行员工帮助，客户通过计算机等设备实现自我服务的银行。当前自助银行主要有两种形式：一种是混合式自助银行；一种是隔离式自助银行。混合式自助银行是指在现有银行分支机构的营业大厅内划分出一个区域，放置各种自助式电子设备，提供24小时自助银行服务。该区域在日常营业时间内与营业大厅相连通，能够分担网点的部分银行业务，缓解柜台压力。在柜台营业时间外，营业大厅关门，该区域被人为地与营业大厅隔离，又变成独立的自助银行。隔离式自助银行又称全自动自助银行，这种形式的自助银行与银行分支机构的营业网点完全独立。一般设立在商业中心、人口密集区或者高级住宅区内，全天候开放。自助银行设备一般包括自动存取款机、多媒体查询机、存折补登机、外币兑换机等。与此相应的自助银行业务主要有取款（ATM）、现金存款（CDM）、存折补登、夜间金库（现金、票据、贵重物品保管）、外币兑换、自助客户信息打印、信息查询终端、银行业及金融信息查询等。

课堂讨论

微信理财是指金融企业通过微信公众平台与投资者实现的投资理财活动。目前，金融企业通过微信公众平台推出的理财产品种类繁多，有基金、银行理财产品、保险产品、证券买卖。微信理财的优势在于其庞大的客户群、人性化的沟通、较强的营销延展性、较低的营销成本、良好的用户体验和长时间的用户停留；劣势在于安全性还有待提高。

作为金融企业的客户经理，当微信逐渐成为零售网点场景营销的重点，微信营销的价值和应用就体现得尤为重要。那么，银行零售网点应该如何借力微信营销来实现业务转化和业绩提升呢？

3. 人员营销

人员营销是指金融企业的专职或兼职营销人员向客户销售金融产品或服务的营销活动。营销人员有两类，一是专职营销人员，如商业银行的客户经理、大堂经理、理财经理和综合柜员等一线从业人员。二是兼职的营销人员，如保险公司的代理人和经纪人。实务中，凡是为销售产品或服务进行业务推广而与潜在客户或现有客户直接打交道的人员，均是营销人员。

与其他营销渠道相比，人员营销的优势更加明显。人员营销是人与人之间的面对面营销，尤其是金融企业高素质专业营销人员与客户的面对面直接接触和交流，这样会使营销人员更准确地为客户提供信息；更及时、直观地了解客户的心理变化、意见建议、需求愿望和购买偏好；更确切地把握市场动态，迅速作出反应，适时调整产品和服务，有针对性地为客户提供适销对路的金融产品或服务，从而更有助于维护老客户，开发新客户。

价值引领

用专业做好客户财富管理的好参谋

家住厦门思明区的魏女士拥有一家服装企业（以下简称A企业）。2019年7月，在一次企业产品订货会上，魏女士与财富公司从事客户财富管理工作的客户经理刘杨相识。

一天，热心的刘杨在下班路上遇到了昏倒在地的魏女士的妈妈，他及时把魏妈妈送到医院，挽救了魏妈妈一命。对此，魏女士及其家人对刘杨十分感激。此后，魏女士与刘杨的接触就多了起来。在刘杨热心详尽、不厌其烦地推介下，魏女士对企业或个人的财富规划、投资解决方案、金融评估、信托、不动产管理、代管产业等财富管理业务也逐渐有了一些了解。

2020年5月7日，在刘杨的热心推荐下，魏女士以公司名义购买了300万元的国债。同时，以自己的名义购买了200万元的个人理财产品。同时下载了交易软件，以便于以后与财富公司的业务互动。2021年，魏女士无意间提起她想要购买一家企业（以下简称B企业），要价3 000万元，但是A企业自身亏损严重，没有充足的资金收购B企业。当刘杨弄清楚魏女士的想法和困难后，及时向公司的部门领导汇报了这一情况，在取得魏女士的同意后，财富公司立即为A企业组建了一个财务管理指导小组。在了解两家公司的财务状况后，还了解到B企业之所以要出售，是为了挽救属于同一集团的一家餐饮企业。最后，财富公司以抵押、质押的形式，为A企业定向发债3 000万元，从财富公司拿到这笔钱后，魏女士将B企业全资收购。在接下来的时间里，A企业迅速扭亏为盈，并在当年年底盈利5 000多万元，一跃成为同行业区域性龙头企业。

2023年年初，在刘杨的详细讲解和诚恳推荐下，魏女士为自己和丈夫分别购买了财富公司代销的保额各为300万元的重疾保险。同时，又为自己购买了100万元财富公司自营的理财产品。

问题探索

刘杨是如何打动魏女士的？从这一案例中有哪些启示？

分析提示

人员营销是金融服务营销的主要渠道，客户经理是人员营销的主力军。在营销活动中，客户经理要先做人后做事，除了专业还要细心。做到用爱心、真心、诚心打动客户，成为客户理财的好助手、事业的好参谋、生活的好朋友。只有这样，才能成为一名合格的客户经理。

4. 一对一营销

一对一营销是指金融企业在客户分类的基础上，针对每位客户创建具有互动式、个性化的沟通方案并予以实施的过程。通常情况下，在我国的金融企业营销中，一对一营销与人员营销组合运用。一般来讲，一对一营销具有以客户为中心、为客户提供个性化服务、强调互动营销等特征。一对一营销与传统营销模式的区别如表1-3所示。

表1-3　一对一营销与传统营销模式的区别

营销模式	营销中心和目标	营 销 手 段
传统营销	以某种产品或服务为营销中心，目标是赢得更多客户	通过推出新产品及对产品进行延伸，或利用品牌和广告来进行营销；忽视互动营销
一对一营销	以客户为中心，目标是更长久地留住客户	为客户提供个性化服务，提升客户对服务的占有程度；强调互动营销

5. 合作营销

合作营销亦称联合营销、协同营销，是指两个或两个以上的金融企业为达到资源的优势互补，增强市场开拓、渗透与竞争能力联合起来共同开发和利用市场机会的行为。合作营销的核心是建设性的伙伴关系，而这种伙伴关系的建立是以双方核心能力的差异性或互补性为基础的。这种互补性使得双方的合作产生协同效应，创造"1+1>2"的效果，从而实现合作双方的"双赢"。合作营销的兴起与当今市场激烈竞争和科技飞速发展有着密切关系。面对众多水平更高、实力更强的对手，任何一家企业都不可能在所有方面处于优势。在这种形势下，具有优势互补关系的企业便纷纷联合起来，实施联合营销，共同开发新产品、共享人才和资源、共同提供服务等，从而降低竞争风险，增强企业竞争能力。在金融企业内部的合作营销，如银团贷款、再保险等；在金融同业之间的合作营销，如商业银行代理销售基金、保险、信托等产品；在金融企业外部的合作营销，如金融企业参与赞助各种公益和商业活动等。

6. 直接邮寄营销

直接邮寄营销是指金融企业以邮件作为产品或服务的发盘载体，目标客户根据该发盘信息，通过指定的渠道，如电话、信函，进行问询或订购的营销过程。直接邮寄营销的特点主要表现在：① 成本低；② 包括的信息十分详细全面；③ 用邮件的方式寄给客户，缩短了与客户之间的心灵距离；④ 特别能巩固与老客户之间的关系；⑤ 直接邮寄营销的对象是经过认真筛选的，具有很强的针对性，比其他营销工具减少了许多盲目性。总之，由于直接邮寄营销具有针对性、选择性强，注意率、传读率、反复阅读率高，灵活性强，无同一媒体营销的竞争，人情味较重等优势。所以，直接邮寄营销和电话营销组合，已经成为我国银行卡营销的主要模式。

7. 数据库营销

数据库营销的核心要素是对客户相关数据的收集、整理、分析，找出目标沟通、消费与服务对象，有的放矢地进行营销与客户关怀活动，从而扩大市场占有率与客户占有率，增加客户满意度与忠诚度，取得企业与客户双赢的局面。

实施数据库营销时，企业需要在总体战略与服务理念、人员组织配置与素质和信息技术系统几个方面协同配合。可以预见，数据库营销将与一对一营销、客户关系管理等融为一体，它所代表的量化、个性化、数码化、有的放矢地接触与服务客户的思想将成为大多数企业的共识，成为与客户互动的前提。企业对具有这方面能力的营销与管理人员的需求急速增加。

8. 整体营销

整体营销是指金融企业囊括内外部环境所有重要行为者的一种营销活动。具体而言，金融企业依据营销策略的关联度，在系统开发营销组合、营销活动设计、营销计划实施过程中，针对内外部环境所涉及的重要行为者的利益达成的共同组织目标、制定的营销决策和实施的营销活动。整体营销包含两层含义：一是指金融企业内部各职能部门以及全体员工均应以金融企业的整体利益为共同目标，与营销部门协调配合，为争取客户发挥应有的作用；二是指协调发挥产品、价格、分销、促销等营销策略要素的整体效应，为客户提供满意的金融产品和服务，同时注意保持金融企业所有的营销努力在时间上和空间上的协调一致。

　　整体营销观念是金融企业针对个别客户的需求，整合金融企业的全面关系网络，通过提升客户占有率、客户忠诚度和客户终身价值来实现利润增长。整体营销观念的起点是单个客户的需求，焦点是客户价值、金融企业的核心能力和合作网络，手段是数据库管理、合作网络企业的价值链，目标是通过提升客户占有率、客户忠诚度和客户终身价值实现金融企业的利润增长。整体营销一般包括关系营销、集成营销（整合营销）、内部营销、社会营销等。如广发证券赞助的青春助力公益项目"奔跑吧，青春"就是成功的整体营销典型案例。

9. 交叉营销

　　交叉营销是指金融企业在拥有一定营销资源的情况下，借助如CRM（客户关系管理）系统，对客户进行整体系统的需求分析后，对同一客户营销多种产品或服务，以满足客户多样化的需求。交叉营销作为新兴的营销方式，不仅能够提高客户的忠诚度，增强客户黏性，还能实现客户效益最大化，达到差异化经营和控制成本的目的，为金融企业提供新的经营思路。如李女士到平安银行某网点开办一张借记卡。首先，工作人员以平安银行信用卡"10元电影风暴"活动为切入点，对其营销信用卡；其次，信用卡事业部以大数据为支持，为客户"量身定做"了保险，如该卡附带"家庭财产防盗险"；最后，网点理财经理通过CRM系统了解到王女士账户上有闲置资金，向其营销"日添利"这款理财产品。通过交叉销售，李女士拥有了平安银行的4款金融产品，客户潜力得到充分挖掘，用户黏性极大增强。

10. 精细化营销

　　精细化营销是指金融企业在恰当地、贴切地对市场进行细分并精准定位的基础上，依托现代信息技术手段建立个性化的客户沟通服务体系，实现金融企业可度量的低成本扩张之路。精细化营销包含三层含义：一是精准的营销思想；二是精准的体系保证和手段；三是达到低成本、可持续发展的企业目标。精细化营销的核心是客户关系管理。传统营销关心的是市场份额，而精细化营销关心的是客户价值和增值，精细化营销摆脱了传统营销体系对渠道及营销层级框架组织的过分依赖，实现了一对一营销。

11. 智能营销

　　智能营销是指金融企业主要通过人工智能等新技术的使用，收集客户的交易、消费、网络浏览等行为数据，利用深度学习相关算法进行模型构建，帮助金融企业与渠道、人员、产品、客户等环节相联通，覆盖更多的用户群体，为客户提供千人千面、个性化与精准化的营销服务。智能营销通过客户分析、营销策划、营销执行和营销评估实现闭环管理流程，通过大数据技术精准刻画用户画像，并基于此策划营销方案，进行精准营销和个性化推荐。同时，实时监测一方面用于优化策略方案；另一方面将数据反馈给数据库系统用于接下来的客户分析。营销执行主要分为精准营销和个性化推荐，精准营销服务于企业的引流获客阶段；个性化推荐服务于企业的留存促活阶段。相较于传统营销，智能营销基于大数据技术、机器学习计算框架等技术，具有时效性强、精准性高、关联性大、性价比高、个性化强等特点和优势。

在数字化浪潮的冲击下，金融行业已经从金融信息化、互联网金融进化到全面深度融合的金融科技时代。金融行业需要以企业级的视角，来重新规划和塑造业务架构，用金融科技创新实现金融服务的蜕变，进而实现金融服务网络安全现代化。随着金融行业市场竞争加剧、人力成本上升等，驱使金融企业不断用金融科技创新实现金融服务的蜕变。而迅捷业务转型是建立在极致数字化基础之上的，利用AI、数据和云等新技术是这一变革的核心。目前，国内外许多金融企业都在努力尝试智能管理。如交通银行利用知识图谱等AI技术提升信贷风险管理水平，构建全面的客户360度视图，为风险管理提供深度业务洞察。浦发银行国内首创API Bank（无界开放银行）。中国银行打造以人为本的卓越企业体验，虚实结合，极速创新。

此外，还有关系营销、品牌营销、体验式营销、媒体营销等。关于营销策略将在第三章作专门介绍，这里不再赘述。

课堂讨论

金融科技的不断发展，促使金融各行业的展业模式更加数字化、智能化。金融科技的本质是借助云计算、大数据、搜索引擎、社交网络等多种技术达到资金融通的现代化金融服务体系。结合人工智能等新技术的广泛应用，开启了智能营销时代，智能营销为银行等金融企业的营销体验、营销渠道、营销决策带来了巨大变革。

谈谈互联网和人工智能等新技术的应用为金融企业营销模式带来哪些方面的变革？

调查研究

撰写一份金融企业服务营销现状调研报告

活动要求： 以小组为单位，利用课余时间，针对所在地区，从商业银行、保险公司或证券公司等金融企业中选择一家企业，调查该企业金融服务品种、营销渠道及模式情况。通过调查获取相关数据，完成一份不少于1 500字的金融企业服务营销现状的调研报告。

活动组织与步骤：

（1）组织设计：以小组为单位，指定1名学生负责录像，1名学生负责记录，1名学生担任评委，负责点评打分，组长主持调研并全程把控。

（2）前期准备：编写调研方案，确定调研渠道和调研对象——将金融企业的主要客户群体作为调研对象，在此基础上选取典型代表作为具体调研对象，构建指标体系，并据此设计调查问卷。

（3）实施调研：通过调研获取相关数据。

（4）撰写报告：整理分析调查数据，研讨形成调研结论，撰写调研报告。

（5）汇报形式：课上组长汇报，小组其他成员可以补充，汇报时间不超过5分钟。

（6）学生点评：评委根据组长的汇报情况和提交的调研报告，点评并给出小组成绩，汇总后取均值。

（7）成绩评定：教师点评并给出小组成绩，加总后一并计入小组成绩。（注：教师可以根据实际需要事先制定成绩评价细则，确定学生评价和教师评价权重和评价内容，以及小组成员成绩评价方法等，下同。）

（8）成果展示：提交的调研报告由教师存档，并作为课堂学习成果予以展示；如有必要，可以将调研报告向被调研的金融企业反馈。

思考与练习

一、单选题

1. 下列属于金融服务产品特征的是（　　）。
   A. 易模仿性　　　　　　　　　　B. 不可感知性
   C. 批量生产　　　　　　　　　　D. 品质的差异化

2. 私人银行"1+1+1"的专业服务模式中，不包括的服务人员是（　　）。

A. 私人银行经理　　　　　　　B. 私人银行投资顾问
　　C. 私人银行家助理　　　　　　D. 私人银行理财专家
3. 没有中间商的金融服务营销渠道是指（　　）。
　　A. 间接营销渠道　　　　　　　B. 直接营销渠道
　　C. 短渠道　　　　　　　　　　D. 窄渠道
4. 在超市内设立自助设备的网点属于（　　）。
　　A. 合作型网点　　　　　　　　B. 理财型网点
　　C. 超市型网点　　　　　　　　D. 离行式自助银行网点

二、多选题

1. 下列属于金融企业的是（　　）。
　　A. 商业银行　　　　　B. 证券公司　　　　　C. 保险公司
　　D. 信托投资公司　　　E. 基金公司
2. 一对一金融服务模式的特点包括（　　）。
　　A. 标准化服务　　　　B. 个性化服务　　　　C. 批量化服务
　　D. 注重获得客户份额　E. 注重获得市场份额
3. 一站式服务模式的特点包括（　　）。
　　A. 服务系列性　　　　B. 平台单一性　　　　C. 办理便利性
　　D. 时间快捷性　　　　E. 服务专业性
4. 网点模式的类型主要包括（　　）。
　　A. 合作型网点　　　　B. 理财型网点　　　　C. 超市型网点
　　D. 特色型网点　　　　E. 离行式自助银行网点

三、判断题

1. 金融企业一般提供的都是单一的金融服务。　　　　　　　　　　（　　）
2. 金融服务产品具有可分离性。　　　　　　　　　　　　　　　　（　　）
3. 金融服务品质的差异性是由服务人员素质的差异性决定的。　　　（　　）
4. 合作营销是直接营销渠道的具体销售形式。　　　　　　　　　　（　　）

四、名词解释题

金融超市　远程银行1.0服务模式　交叉营销　精细化营销

五、简答题

1. 金融服务包括哪些内容？

2. 金融服务营销操作流程包括哪几个基本步骤？
3. 网点营销的特点和服务渠道有哪些？
4. 联系实际，谈谈你对电子平台营销的理解和建议。

— 技 能 训 练 —

某银行开始营销一种新的信用卡业务，该卡面对的是高端客户市场，可以提供许多附加服务，相应地，也收取相当高的年费。银行的信用卡营销人员先利用焦点小组访谈法、调查法和其他市场调研方法，帮助产品设计人员确定未来客户最期待的产品附加服务，以及客户愿意花费多少费用来接受这些服务；接下来，营销人员精确展示了他们所营销的产品相对于竞争对手产品的优势，并明确了传播上述优势的方法。该信用卡开始发行，进展顺利。但是随后营销人员注意到一部分客户开始取消他们的信用卡业务，并且已经远远超出了预想的水平。经过对新老客户的大量访谈，他们发现对该信用卡客户所提供的服务是不均衡的。有时候，客服代表能为客户提供极大的帮助，但有时候他们却让客户感到不满意。其原因是，虽然客服代表已经接受过该种信用卡服务的培训，但他们的薪酬是与其服务的客户数量而不是客户的满意度挂钩的。结果导致客户对该卡的体验与其量身定做的品牌形象不匹配。

问题探索： 请分析信用卡业务被取消的原因？并结合金融服务的产品和服务特征，说明该银行信用卡实施的是产品推销还是服务营销？

— 能 力 自 评 —

一、专业能力自评

专业能力自评表

	能/否	任务名称
通过学习本章，你		了解/理解/解释金融服务和金融服务营销的含义和特征
		了解/熟悉/推介银行、证券、保险、信托、基金等企业服务的具体品种
		了解/熟悉/辨析一对一、一站式、远程银行1.0等服务模式的要点

续表

	能/否	任务名称
通过学习本章，你		了解/熟悉/分析金融服务营销的基本操作流程
		了解/熟悉/辨析直接与间接营销渠道和网点营销、电子平台营销、人员营销、一对一营销、合作营销、直接邮寄营销、数据库营销、整体营销、交叉营销、精细化营销、智能营销等营销模式的要点
		培养起金融服务和金融服务营销意识

注："能/否"栏填"能了解/熟悉（理解）/掌握（解释、分析、辨析）/培养"或"否"。

二、核心能力自评

核心能力自评表

	核心能力	是否提高
通过学习本章，你的	信息获取能力	
	口头表达能力	
	书面表达能力	
	与人沟通能力	
	解决问题能力	
	团队合作精神	
自评人（签名）： 年 月 日		教师（签名）： 年 月 日

注："是否提高"一栏可填写"明显提高""有所提高""没有提高"。

三、职业素养评价

职业素养评价表

	职业素养内容	分值	自我评价	小组评价	教师评价	综合评价
通过本章学习，你的	自主学习能力	20				
	注重问题意识	20				
	独立思考能力	20				
	综合思考能力	20				
	团队协作意识	20				
	合计	100				

存在的不足和努力方向：

自评人（签名）：
年 月 日

第二章

金融服务营销团队建设

学习目标

素养目标
1. 了解金融服务营销人员应具备的职业素养,培养良好的心理素质、强烈的责任感和使命感;
2. 强化职业道德,规范工作行为,培养严于律己、遵纪守法的意识;
3. 树立正确的集体观念,培养组织协调能力、团队协作意识。

知识目标
1. 熟悉金融服务营销人员的显性职业素养,如知识、技能和能力;
2. 了解金融服务营销人员的隐性职业素养,如责任心、敬业精神、团队精神、职业操守等;
3. 熟悉并理解我国金融监管当局和各金融管理机构对金融企业营销人员制定的行为规范;
4. 理解职业道德的特征及其建设的重要性,掌握银行、证券、保险等行业服务营销人员职业道德规范的主要内容;
5. 了解我国金融服务营销团队建设的现状、存在问题及原因,理解金融服务营销团队建设的实践意义和主要途径。

技能目标
1. 能够比较分析金融服务营销人员的职业素养和道德规范;
2. 能够分析鉴别银行、证券、保险等行业服务营销人员的行为规范和职业道德规范;
3. 能够为金融服务营销团队建设提出一些合理化建议。

思维导图

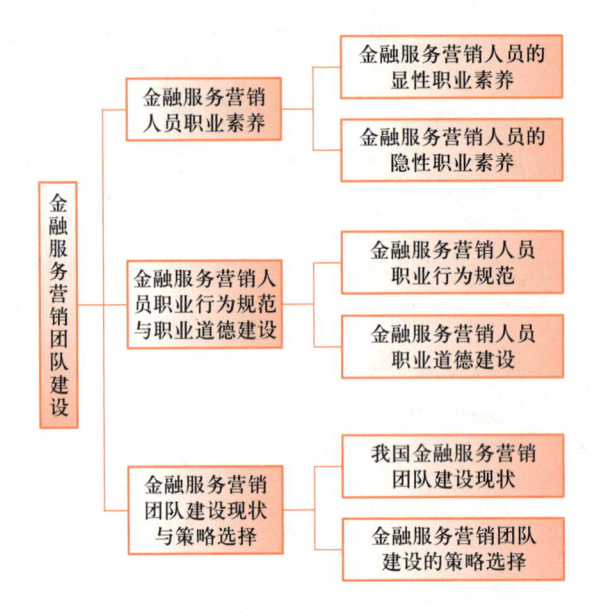

```
金融服务营销团队建设
├── 金融服务营销人员职业素养
│   ├── 金融服务营销人员的显性职业素养
│   └── 金融服务营销人员的隐性职业素养
├── 金融服务营销人员职业行为规范与职业道德建设
│   ├── 金融服务营销人员职业行为规范
│   └── 金融服务营销人员职业道德建设
└── 金融服务营销团队建设现状与策略选择
    ├── 我国金融服务营销团队建设现状
    └── 金融服务营销团队建设的策略选择
```

> **引导案例**
>
> **为何存款单变成了保险单**
>
> 一天，王女士到某银行办理3万元的定期存款，出乎意料的是，她拿到手的不是3万元的存款单，而是一张3万元的保险单。王女士十分不解与愤怒，当即要求全额退保退款。
>
> 这究竟是怎么回事？原来，银行每代办一笔保险，保险公司都会按照规定支付给银行具体经办人员一定的报酬。因此，该银行的大堂经理吴名和柜员丽丽两人受个人利益的驱使，将客户的利益和自己的职业操守置之度外，在没有征得王女士同意的情况下，擅自将王女士的存款单变成了保险单。
>
> **引例分析**
>
> 案例中，吴名和丽丽为了既得利益，擅自将客户的存款单变成了保险单，其结果必然会引起客户的不满，并对银行的信誉与声誉产生极坏的影响。因此，不断提高金融服务营销人员的职业素养，规范职业操守和强化团队意识，是推动金融企业健康发展的首要任务。
>
> 金融是现代经济的核心，客观上要求金融从业人员要具备专业素养和职业操守，明确行为底线。尤其是工作在业务一线的金融服务营销人员，更要有强烈的责任感和使命感，具有良好的思想政治素养、过硬的业务素质、坚定的职业道德，从而为金融事业的持续、稳健、安全发展做出积极贡献。

第一节 金融服务营销人员职业素养

如果把一个人所具备的全部职业素养看作一座冰山，浮在水面之上的是一个人所拥有的知识、技能和能力，这些是一个人的显性职业素养，可以通过各种学历证书、职业证书和专业考试来证明或验证。而潜在水面之下的，如一个人的责任心和职业操守等，则是一个人的隐性职业素养。

一、金融服务营销人员的显性职业素养

金融服务营销人员的显性职业素养主要包括基本知识、技能和基本能力三

个要素。显性职业素养是可以随时调用、容易改变和发展的，其作用效果立竿见影。

（一）金融服务营销人员需要具备的基本知识

在信息技术占主导地位的知识经济时代，金融服务营销的内涵已经发生了深刻的变化。现代营销观念是以消费者需求为出发点，强调整体营销活动。所以金融服务营销人员必须以一定的文化知识作后盾，具备经济与金融、营销与管理、财务与财政、法律与法规等方面的理论知识，并能够运用所掌握的理论知识，去分析和解决金融服务营销过程中的实际问题。

（二）金融服务营销人员需要具备的技能

为增强自身的市场拓展能力，金融服务营销人员需要掌握一些专门的技能。金融服务营销人员需要具备的技能如图2-1所示。

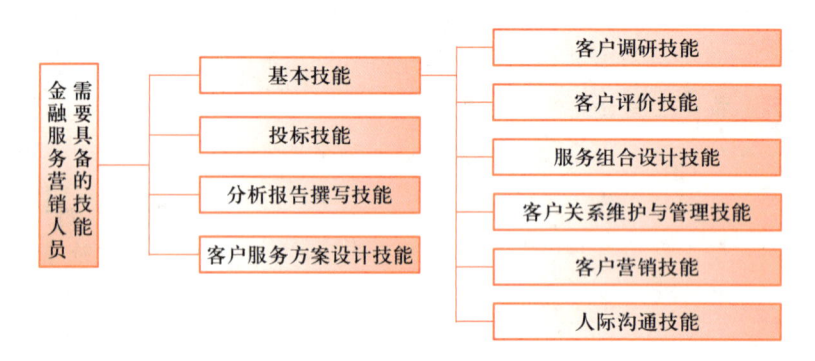

```
                           ┌── 客户调研技能
              ┌── 基本技能 ──┤── 客户评价技能
金融服务       │              └── 服务组合设计技能
营销人员   ────┼── 投标技能 ───── 客户关系维护与管理技能
需要具备       ├── 分析报告撰写技能 ── 客户营销技能
的技能         └── 客户服务方案设计技能 ── 人际沟通技能
```

图 2-1　金融服务营销人员需要具备的技能

（三）金融服务营销人员需要具备的基本能力

能力是指顺利完成某一活动所必需的主观条件。人的能力是在先天遗传因素的影响下，经过后天的环境影响以及个人的努力逐步形成的。能力的发展和提高必须依靠知识、技能的学习；同时，掌握知识和技能又必须以一定的能力为前提，能力的大小影响着掌握知识和技能水平的高低。营销人员需要通过知识和技能的学习和实践，逐渐提高自己的能力。

金融服务营销人员需要具备的基本能力包括外交官式的社交能力；能言善辩、具有说服力的语言表达能力；充满激情的自我管理能力；善于揭示客户购买心理的观察能力；执行者和决策者的理解、判断与决策能力；灵活机动、运用自如的应变能力。

二、金融服务营销人员的隐性职业素养

金融服务营销人员的隐性职业素养主要包括责任心、敬业精神、团队精神、职业操守。隐性职业素养需要加以激发，并能深刻影响人的显性职业素养，从而共同发挥作用。

（一）责任心

责任心是指对自己、家人、企业和社会应尽的责任及义务的认知态度，是对自己所负使命的忠诚和信念。责任心是金融服务营销人员应该具备的最基本、最重要的职业素养；是做好本职工作、避免工作差错、提高客户满意度的前提和保证；是强化金融企业执行力、提高管理水平的秘密武器。

职业与责任是相互关联的。一个人从事一份职业，就相应地承担着一份责任。这份责任要求从业人员对工作、对社会负责。在其位谋其政，任其职尽其责。一个有责任心的人，首先要认真了解自己的职业责任，并据此把握工作性质、内容、要求，尽力去做好工作。

价值引领

以真诚为客户守护保障

陈女士为子女购买了终身重大疾病保险和意外伤害保险。但是两个月以后，陈女士就联系保险公司，称代理人在销售时未详细告知保险责任，要求解除保险合同，全额退还所交保费。工作人员了解到，陈女士之所以要求退保是因为其丈夫的朋友出险后被保险公司拒赔，其丈夫认为买了保险却不能理赔，纯粹是浪费钱，还听其朋友说只要到保险公司投诉代理人误导销售，就能全额退保。因此，陈女士才有了这个做法。工作人员劝说陈女士退保要慎重考虑，陈女士最终未办理退保手续。

三个月后，陈女士的儿子经医院确诊罹患神经母细胞瘤，保险公司赔付了重疾险30万元以及医疗费用5 000多元。经过这次事件，陈女士深刻认识到保险的重要性，又为两名子女购买了教育年金保险，为自己购买了一份终身重大疾病保险。2021年3月，陈女士在体检时发现疾病，随即进行了手术治疗。这时，陈女士并不知道该项疾病可以申请保险理赔。5月份，在和代理人主管的沟通中，陈女士提及自己曾经手术治疗了一个疾病，在职业敏感的驱使下，代理人主管建议陈女士将病历和病理报告发给她，并

联系了保险理赔调查人员进行判别。经过审核，保险公司赔付了陈女士9万元保险费用。

问题探索

刚开始，陈女士为什么要退保？后来，为什么陈女士没有退保，还买了更多的保险？

分析提示

"保险姓保"是保险业发展的"初心"，是行业安身立命的根本。保险的本质是风险保障和管理，这就要求保险机构不断完善服务领域，切实从客户角度考虑，用心为客户守护保障。而保险营销人员在开展营销工作时，责任心是前提，要努力做到"言必信，行必果"，不断提高服务质量，才能赢得客户的信任和支持。

（二）敬业精神

敬业精神是人们基于对所从事职业的热爱而产生的一种全身心投入的精神，其核心是要有无私奉献意识。敬业精神是金融服务营销人员立足于金融企业、提高业绩和事业成功的基础保证；是提高金融企业效益、加速金融企业健康发展的坚实基础。

在实际工作中，金融服务营销人员对自己要严格要求，积极进取；对工作要兢兢业业、一丝不苟；对挫折要百折不挠、勇于拼搏；对客户要主动热情、耐心周到；对金融产品要熟悉功能，掌握营销技巧。

（三）团队精神

团队精神是大局意识、协作服务精神的集中体现。团队精神的基础是尊重个人的兴趣和成就，核心是协同合作，最高境界是全体成员的凝聚力，反映的是个体利益和整体利益的统一，目标是实现组织的高效率运转。团队精神可以培养团队成员之间的亲和力，可以推动团队合作和发展；团队精神有利于提高组织整体效能，发挥"1+1>2"的团队协作力量。

团队精神要求在同一金融企业的服务营销人员之间以及与其他成员之间建立一种团结协作和相互支持的关系。如遇到客户需求复杂或集团性客户需求多样化时，要及时组成客户服务小组，明确分工，相互协作，共享客户信息，共同为客户提供全面的解决方案。

（四）职业操守

职业操守是对金融服务营销人员的品德要求。通常所说的遵规守法、作风正派，就是职业操守的具体体现。金融服务营销人员每天都要接触客户和金钱，拥有高尚的职业操守才能取得客户的信任，并做好服务营销工作。金融服务营销人员职业操守的主要内容如图2-2所示。

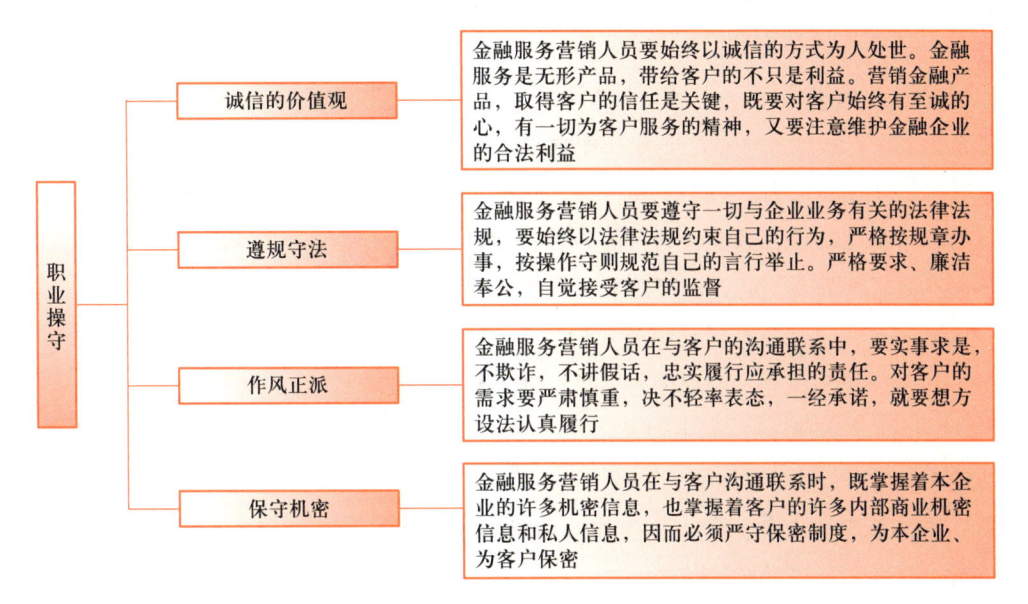

职业操守

- **诚信的价值观**：金融服务营销人员要始终以诚信的方式为人处世。金融服务是无形产品，带给客户的不只是利益。营销金融产品，取得客户的信任是关键，既要对客户始终有至诚的心，有一切为客户服务的精神，又要注意维护金融企业的合法利益
- **遵规守法**：金融服务营销人员要遵守一切与企业业务有关的法律法规，要始终以法律法规约束自己的行为，严格按规章办事，按操作守则规范自己的言行举止。严格要求、廉洁奉公，自觉接受客户的监督
- **作风正派**：金融服务营销人员在与客户的沟通联系中，要实事求是，不欺诈，不讲假话，忠实履行应承担的责任。对客户的需求要严肃慎重，决不轻率表态，一经承诺，就要想方设法认真履行
- **保守机密**：金融服务营销人员在与客户沟通联系时，既掌握着本企业的许多机密信息，也掌握着客户的许多内部商业机密信息和私人信息，因而必须严守保密制度，为本企业、为客户保密

图 2-2　金融服务营销人员职业操守的主要内容

课堂讨论

俞先生与一家保险公司签订了委托合同，成为这家保险公司的个人业务保险营销员。根据合同约定，俞先生可以在上海范围内从事保险营销活动，并根据保单金额获得相应的佣金。此后，俞先生便一直从事相关保险营销活动。

在2022年至2023年间，保险公司先后接到3名客户的投诉，称他们在投保时受到保险营销员的误导，保险合同上被保险人签名栏上的签名不是本人所签，因此要求全额退保。经查，投诉所涉及的保单是俞先生在2021—2022年间所签发。为查清事实，保险公司委托专业鉴定机构对保险合同上的签名进行了笔迹鉴定，结果显示，客户投诉所称代签名问题属实。最终，保险公司同意客户退保，并全额退还了3名客户的保费。

案例中的保险营销员存在什么问题？请从金融服务营销人员职业操守（如诚信的价值观和作风正派）的角度回答。

> **调查研究**
>
> **撰写一份金融服务营销人员职业素养现状调研报告**
>
> **活动要求：** 以小组为单位，利用课余时间，针对所在地区，从商业银行、保险公司或证券公司等金融企业中选择一家企业，调查该企业金融服务营销人员的职业素养情况。通过调查获取相关数据，完成一份不少于1 500字的金融服务营销人员职业素养现状调研报告。
>
> **活动组织与步骤：**
>
> （1）组织设计：以小组为单位，指定1名学生负责录像，1名学生负责记录，1名学生担任评委，负责点评打分，组长主持调研并全程把控。
>
> （2）前期准备：编写调研方案，确定调研渠道和调研对象——将金融企业的人力资源部门、服务营销人员和主要客户群体等作为调研对象，在此基础上选取典型代表作为具体调研对象，构建指标体系，并据此设计调查问卷。
>
> （3）实施调研：通过调研获取相关数据。
>
> （4）撰写报告：整理分析调研数据，研讨形成调研结论，撰写调研报告。
>
> （5）汇报形式：课上组长汇报，小组其他成员可以补充，汇报时间不超过5分钟。
>
> （6）学生点评：评委根据组长的汇报情况和提交的调研报告，点评并给出小组成绩，汇总后取均值。
>
> （7）成绩评定：教师点评并给出小组成绩，加总后一并计入小组成绩。
>
> （8）成果展示：提交的调研报告由教师存档，并作为课堂学习成果予以展示；如有必要，可以将调研报告向被调研的金融企业反馈。

第二节　金融服务营销人员职业行为规范与职业道德建设

一、金融服务营销人员职业行为规范

（一）银行营销人员行为规范

1. 银行理财业务人员行为规范

根据《商业银行理财业务监督管理办法》，商业银行的董事、监事、高级管理人员和其他理财业务人员不得有下列行为：

（1）将自有财产或者他人财产混同于理财产品财产从事投资活动。

（2）不公平地对待所管理的不同理财产品财产。

（3）利用理财产品财产或者职务之便为理财产品投资者以外的人牟取利益。

（4）向理财产品投资者违规承诺收益或者承担损失。

（5）侵占、挪用理财产品财产。

（6）泄露因职务便利获取的未公开信息，利用该信息从事或者明示、暗示他人从事相关的交易活动。

（7）玩忽职守，不按照规定履行职责。

（8）法律、行政法规和国务院银行业监督管理机构规定禁止的其他行为。

课堂讨论

2020年7月15日，王女士在××银行开设理财账户，并填写了《风险问卷》。经测试，王女士的风险承受能力为稳健型，属于可以承担低至中等风险类型的投资者，适合投资能够权衡保本且有一定升值能力的投资工具。

同年10月28日，王女士在××银行××支行营业场所内，通过其在××银行开设的理财账号，买入××有限公司发行的××理财产品，买入金额100万元，买入手续费1万元，确认份额1 000 194.44。产品到期清算后，于2022年5月19日、2023年3月26日、2023年7月25日分别向王女士结算401 067.88元、276 047.26元、98 105.36元，合计775 220.50元。

2023年8月9日，王女士向国家金融监督管理总局举报××银行××支行涉嫌违规销售理财产品事宜。2023年9月5日，国家金融监督管理总局××监管局向王女士出具答复书，称××银行××支行在该款产品销售过程中，存在向客户销售高于其风险承受能力的代销产品，已采取相应的监管措施。此后，双方就赔偿事宜协商未果，遂涉诉。

请说明，案例中的××银行××支行在销售产品时违反了哪些行为规范？

2. 银行信用卡营销人员行为规范

根据《商业银行信用卡业务监督管理办法》，商业银行信用卡营销行为应当符合以下条件：

（1）营销宣传材料真实准确，不得有虚假、误导性陈述或重大遗漏，不得有夸大或片面的宣传。

（2）营销人员必须佩戴所属银行的标识，不得进行误导性和欺骗性的宣传解释。

（3）营销人员应当公开明确告知申请信用卡需提交的申请资料和基本要求，不得向客户承诺发卡，不得以快速发卡、以卡办卡、以名片办卡等名义营销信用卡。

（4）营销人员应当严格遵守对客户资料保密的原则，不得泄露客户信息，不得将信用卡营销工作转包或分包。不得在未征得信用卡申请人同意的情况下，将申请人资料用于其他产品和服务的交叉销售。

（5）营销人员开展电话营销时，除遵守（1）~（4）条的相关规定外，必须留存清晰的录音资料，录音资料应当至少保存2年备查。

3. 银行代理保险业务行为规范

根据《商业银行代理保险业务管理办法》的要求：

（1）商业银行代理保险业务应当严格遵守审慎经营规则，不得有下列行为：

① 将保险产品与储蓄存款、基金、银行理财产品等产品混淆销售。

② 将保险产品收益与储蓄存款、基金、银行理财产品简单类比，夸大保险责任或者保险产品收益。

③ 将不确定利益的保险产品的收益承诺为保证收益。

④ 将保险产品宣传为其他金融机构开发的产品进行销售。

⑤ 通过宣传误导、降低合同约定的退保费用等手段诱导消费者提前解除保险合同。

⑥ 隐瞒免除保险人责任的条款、提前解除保险合同可能产生的损失等与保险合同有关的重要情况。

⑦ 以任何方式向保险公司及其人员收取、索要协议约定以外的任何利益。

⑧ 其他违反审慎经营规则的行为。

（2）商业银行及其保险销售从业人员在开展保险代理业务中不得有下列行为：

① 欺骗保险公司、投保人、被保险人或者受益人。

② 隐瞒与保险合同有关的重要情况。

③ 阻碍投保人履行如实告知义务，或者诱导其不履行如实告知义务。

④ 给予或者承诺给予投保人、被保险人或者受益人保险合同约定以外的利益。

⑤ 利用行政权力、职务或者职业便利以及其他不正当手段强迫、引诱或者限制投保人订立保险合同。

⑥ 伪造、擅自变更保险合同，或者为保险合同当事人提供虚假证明材料。

⑦挪用、截留、侵占保险费或者保险金。

⑧利用业务便利为其他机构或者个人牟取不正当利益。

⑨串通投保人、被保险人或者受益人、骗取保险金。

⑩泄露在业务活动中知悉的保险人、投保人、被保险人的商业秘密。

根据《商业银行代理保险业务管理办法》（银保监办发〔2019〕179号）的要求，商业银行及其保险销售从业人员在开展保险代理业务中不得有下列行为：

（1）欺骗保险公司、投保人、被保险人或者受益人。

（2）隐瞒与保险合同有关的重要情况。

（3）阻碍投保人履行如实告知义务，或者诱导其不履行如实告知义务。

（4）给予或者承诺给予投保人、被保险人或者受益人保险合同约定以外的利益。

（5）利用行政权力、职务或者职业便利以及其他不正当手段强迫、引诱或者限制投保人订立保险合同。

（6）伪造、擅自变更保险合同，或者为保险合同当事人提供虚假证明材料。

（7）挪用、截留、侵占保险费或者保险金。

（8）利用业务便利为其他机构或者个人牟取不正当利益。

（9）串通投保人、被保险人或者受益人，骗取保险金。

（10）泄露在业务活动中知悉的保险人、投保人、被保险人的商业秘密。

（二）证券营销人员行为规范

根据《证券经纪人管理暂行规定》（2020年修订），证券经纪人应当通过所服务的证券公司向中国证券业协会办理执业注册登记，并领取由所服务的证券公司颁发的证券经纪人证书，之后方可执业。证券经纪人要在执业过程中主动向客户出示证书。其执业活动不得超出证书载明的代理权限范围，不得有下列行为：

（1）替客户办理账户开立、注销、转移，证券认购、交易或者资金存取、划转、查询等事宜。

（2）提供、传播虚假或者误导客户的信息，或者诱使客户进行不必要的证券买卖。

（3）与客户约定分享投资收益，对客户证券买卖的收益或者赔偿证券买卖的损失作出承诺。

（4）采取贬低竞争对手、进入竞争对手营业场所劝导客户等不正当手段招揽客户。

（5）泄漏客户的商业秘密或者个人隐私。

（6）为客户之间的融资提供中介、担保或者其他便利。

（7）为客户提供非法的服务场所或者交易设施，或者通过互联网、新闻媒体从事客户招揽和客户服务等活动。

（8）委托他人代理其从事客户招揽和客户服务等活动。

（9）损害客户合法权益或者扰乱市场秩序的其他行为。

课堂讨论

王亮为某证券公司的证券经纪人，为招揽客户，他在互联网上发布了相关信息。证券投资者李强看到该信息后与王亮联系，王亮以李强原来开户的证券公司效益极差、客户全部亏损的谎言说服李强，并向李强承诺如果将账户转过来可以向其提供内幕信息，保证盈利。在王亮的说服下，李强决定转户到王亮处。王亮与李强签订分成协议，约定由王亮向李强提供交易信息，如果盈利，李强则分给王亮30%的收入，如果亏损，则由王亮进行全额补偿。

请说明王亮有哪些违规行为，并说明王亮与李强签订分成协议的有效性。提示：可参考证券经纪人行为规范回答。

（三）保险营销人员行为规范

1. 保险销售、理赔和客户服务人员行为规范

根据《保险从业人员行为准则实施细则》，在执业过程中，保险销售、理赔和客户服务人员行为准则是：

（1）主动出示《展业证》或《执业证书》等有效证件，使用所在机构统一印制的宣传资料。不得自行手写、印制、变更所在机构的宣传资料，不得使用或传播其他不合规的宣传资料。

（2）应根据客户的需求和经济承受能力推荐合适产品。在客户明确拒绝投保的情况下，不得强行继续向客户推销，干扰客户的正常工作和生活。

（3）客观、全面、准确地履行产品和服务的说明义务，代理机构代理保险业务应明确说明销售产品的经营主体，确保客户知晓其所购买保险产品的完整内容，对分红保险、投资连结保险、万能保险等投资产品应明确说明其费用扣除情况和投资风险及收益的不确定性。不得有虚假陈述、隐瞒真相、误导客户、违规承诺等行为。

（4）加强客户回访和跟踪服务，协助客户进行客观、公正、及时理赔。所在

机构对客户提出赔偿或者给付保险金请求作出拒赔决定的，应将所在机构出具的拒绝赔偿或者拒绝给付保险金通知书及时送交客户，并说明理由。

2. 保险代理人及其从业人员行为规范

根据《保险代理人监管规定》，保险代理人及其从业人员在办理保险业务活动中不得有下列行为：

（1）欺骗保险人、投保人、被保险人或者受益人。

（2）隐瞒与保险合同有关的重要情况。

（3）阻碍投保人履行如实告知义务，或者诱导其不履行如实告知义务。

（4）给予或者承诺给予投保人、被保险人或者受益人保险合同约定以外的利益。

（5）利用行政权力、职务或者职业便利以及其他不正当手段强迫、引诱或者限制投保人订立保险合同。

（6）伪造、擅自变更保险合同，或者为保险合同当事人提供虚假证明材料。

（7）挪用、截留、侵占保险费或者保险金。

（8）利用业务便利为其他机构或者个人牟取不正当利益。

（9）串通投保人、被保险人或者受益人，骗取保险金。

（10）泄露在业务活动中知悉的保险人、投保人、被保险人的商业秘密。

（四）金融产品网络营销行为规范

《金融产品网络营销管理办法（征求意见稿）》（简称《办法》）由中国人民银行、工业和信息化部、银保监会（现国家金融监督管理总局）、证监会、国家网信办、国家外汇管理局、国家知识产权局七部委联合发文，于2021年12月31日向社会公开征求意见。金融机构或受其委托的第三方互联网平台经营者开展金融产品网络营销，适用本办法。法律法规、规章和规范性文件对金融产品网络营销另有规定的，从其规定。

《办法》规定，金融产品网络营销宣传不得含有以下内容：

（1）虚假、欺诈或引人误解的内容。

（2）引用不真实、不准确或未经核实的数据和资料。

（3）明示或暗示资产管理产品保本、承诺收益、限定损失金额或比例。

（4）夸大保险责任或保险产品收益，将保险产品收益与存款、资产管理产品等金融产品简单类比。

（5）利用国务院金融管理部门的审核或备案为金融产品提供增信保证。

（6）法律法规、规章和规范性文件禁止的其他内容。

二、金融服务营销人员职业道德建设

（一）职业道德的特征

职业道德是同人们的职业活动紧密联系的、符合职业特点所要求的道德准则、情操与品质的总和，它是对人们的职业活动行为的要求以及对社会所担负的道德责任与义务。职业道德的特征主要表现在以下四个方面：

1. 鲜明性

职业道德的内容总是要鲜明地表达职业义务、职业责任和职业行为上的道德准则。职业道德是在特定的职业实践基础上形成的，着重反映职业特殊的利益和要求，表现为某一职业的人们所特有的道德传统、习惯、心理和品质。

2. 具体、灵活多样

职业道德和行为准则的表达形式比较具体、灵活多样。在实践中，主要采取诸如制度、章程、守则、公约、须知、誓词、保证、条例等表达形式。其目的是便于从业人员接受和践行，进而形成职业所要求的道德习惯。

3. 约束性

职业道德的调节范围主要是用来约束从事特定职业的人们。对于不属于特定职业的人或特定职业人员在该职业之外的行为活动，是起不到调节和约束作用的。概括地说，职业道德主要是调节两个方面的关系：一是从事同一职业人员的内部关系；二是与所接触的对象之间的关系。

4. 职业化和成熟化

在现实社会中，职业道德始终是在社会道德的制约和影响下存在和发展的。职业道德体现或包含着社会道德，反映着社会道德的要求和影响；社会道德寓于职业道德之中，并通过具体的职业道德形式来表现。职业道德会形成比较稳定的职业心理和职业习惯，并使个人道德品质"成熟化"。

从实践上看，职业道德建设具有调节从业人员内部及其与服务对象之间的关系；维护和提高企业的信誉；促进企业的健康发展；提高全社会的道德水平等重要意义。

（二）金融企业服务营销人员职业道德规范的主要内容

根据金融企业服务营销工作的专业性和特殊性，金融企业服务营销人员应当遵守的职业道德包括以下几个：

1. 守法合规

守法合规是职业道德建设的纲领，是公民的基本义务，是道德建设的基础，也是金融企业服务营销人员最基本的职业道德规范。在执业中，金融企业服务营销人员要时刻遵守各项法律法规和制度规范，积极配合监管。

2. 诚实守信

诚实守信是职业道德建设的灵魂，是市场经济活动的一项基本道德准则，是现代法治社会的一项基本法律规则，也是一种具有道德内涵的法律规范。在执业中，金融企业服务营销人员应当做到诚实守信，确保向客户作出的陈述和承诺准确无误；以维护和增进金融企业的信用和声誉为重，以卓著的信用和良好的道德形象赢得客户和社会的信任。

3. 勤勉尽责

勤勉尽责是职业道德建设的基准。勤勉尽责的核心内容是对受托尽责，即当委托代理关系建立以后，作为受托人就要以最大的善意、最有效的办法、最严格地按照当事人的意志完成委托人所托付的业务。金融企业服务营销人员是在所属金融企业授权范围内开展业务活动的，应当秉持勤勉尽责的工作态度，忠于职守，做好本职工作，努力避免在执业活动中出现失误。

4. 专业胜任

专业胜任是职业道德建设的力量。每种职业都担负着特定的职业责任和义务，这就要求其从业人员必须具备特定的职业素质。通过资格考试取得执业证书是金融企业服务营销人员从业的入门要求。此外，还应具备做好工作的专业知识、专业技能和能力。金融企业服务营销人员要不断加强学习，汲取新知识，大胆实践，以保持自己的专业胜任能力。

5. 客户至上

客户至上是职业道德建设的目标，是现代企业的经营观念。客户至上，即树立以客户为中心的观念，想客户之所想，急客户之所急，满足客户之所需。在执业中，金融企业服务营销人员要从客户的根本利益出发，主动避免利益冲突；把客户当作自己的衣食父母，做到不拒绝客户的合理要求，不给客户带来不愉快，不干扰客户，不冒犯客户。

6. 公平竞争

公平竞争是职业道德建设的根本，是市场经济的基本原则。在执业中，金融企业服务营销人员要尊重竞争对手，不诋毁、贬低或负面评价同业或非合作关系方及其从业人员、产品或服务；要遵守商业道德，依靠专业水平和服务质量开展合法合规竞争。

7. 保守秘密

保守秘密是职业道德建设的义务。在执业中，金融企业服务营销人员对所属公司、对业务涉及相关各方和客户均负有保密义务。营销人员对客户资料和交易信息要妥善保管，自觉保守相关各方的信息及商业机密。

8. 友好合作

友好合作是职业道德建设的源泉，是营销人员职业道德的基本要求，是完成营销任务、取得佳绩的前提条件。在执业中，金融企业服务营销人员既要与其他关系方保持密切友好的合作关系，又要与公司内部人员保持融洽和谐的合作关系。要与客户、公司同事相互尊重、加强交流、密切配合、取长补短、共同进步，从而促进整个行业的健康快速发展。

第三节 金融服务营销团队建设现状与策略选择

一、我国金融服务营销团队建设现状

随着金融改革的深入，我国的金融企业已经初步建设了一支有知识、懂专业、具有一定业务能力、素质优良、以客户经理为主的营销队伍。但是，在肯定成绩的同时，必须清楚地看到我国的金融企业营销团队建设还存在以下问题：

（一）营销理念陈旧，团队竞争活力不足

受原有管理模式的影响，我国金融企业营销活动的开展依然受到传统思想认识和营销理念的束缚，没有完全体现以客户为中心的经营理念。为了完成规定的揽存和理财任务指标，多数营销人员把工作重心放在开拓市场上，大搞所谓的"关系营销"，却忽略了团队合作；对于客户经理提供的客户需求信息，相关业务部门不能及时跟进，得不到团队强大的营销支持。往往前功尽弃，浪费资源，严重降低了金融企业的竞争力。

（二）营销机制落后，战略执行力不足

无论是个人业务，还是公司业务，金融企业营销人员更多的是孤军奋战。从市场调研一直到客户关系维护的营销全过程，几乎都由客户经理一人承担并完成。很少有专门的营销部门或营销团队共同针对一个市场、一项业务、一个客户

协同作战。金融企业高层注重长远战略方针的制定；基层则只注重业绩的提高。长远计划与短期目标脱节，从而造成战略执行力不足。

（三）考核机制不够科学，引导作用发挥不足

科学完善的激励机制既应重视对员工当期业绩的考核，又应重视在企业整体绩效提升下员工素养和未来绩效的改进提升。目前，我国金融企业的绩效评价体系，主要存在以下问题：一是营销人员的考核目标与企业发展战略无交集。营销人员绩效考核目标设置短期化趋向严重，企业发展战略评价目标定位模糊。金融企业更多是关注客户的当前价值，忽视客户的未来价值。二是工作目标分解或团队目标分解与营销人员的岗位职责不统一。通过目标分解形成的团队及员工的绩效与企业战略不能有机地统一起来，使激励机制不能有效地发挥其引导作用。

二、金融服务营销团队建设的策略选择

（一）金融服务营销团队建设的实践意义

金融服务营销团队建设意义重大，它具有目标导向功能、凝聚功能、激励功能、控制功能。

1. 目标导向功能

团队精神使员工齐心协力，拧成一股绳，朝着一个目标共同努力。对团队成员而言，团队要达到的目标即是自己努力的方向。团队的整体目标分解成各个小目标，在每个团队成员身上都能得到落实。

2. 凝聚功能

通过对群体意识的培养，以及团队成员在长期实践过程中形成的习惯、信仰、动机、兴趣等文化心理，来统一团队成员的思想，引导团队成员产生共同的使命感和归属感，逐渐强化团队精神，产生一种强大的凝聚力。

3. 激励功能

团队意识能激发团队成员的认同感和荣誉感，自觉进步，增强团队的战斗力。

4. 约束功能

团队精神会使团队内部形成一种观念和氛围，通过观念和氛围的影响去约束、规范团队成员的行为。

（二）金融服务营销团队建设的主要途径

金融是现代经济的核心，是实体经济的血脉。当前，我国进入高质量发展阶段，新时代下的金融政策更加注重深化金融体制改革和扩大金融制度型开放，对我国金融工作开展提出了更高水平、更现代化的要求。面对新的环境，如何进一步提升营销团队的整体战斗力，是金融管理者急需解决的战略问题。

1. 明确团队目标，共建团队文化

金融服务营销团队要形成合力，首要前提是团队成员应认同团队目标，使个人目标与团队目标趋于一致，团队成员的销售指标与企业总的营销目标一致。

（1）制定团队成员的具体目标。团队成员要参与具体目标的制定，并形成具体的营销计划。适度的目标有利于对团队成员进行激励。由于团队成员参与了目标和计划的制定，相信他们也会为目标的实现而努力。

（2）设计团队共同愿景。除了明确销售指标外，团队目标还要建立包含激励机制在内的团队共同愿景。愿景是团队更高层次的追求，是人们为之奋斗、希望达到的图景。愿景目前已经成为团队精神所必需的一种职业期许，有了愿景，并且能够兑现这个承诺，才能让团队成员更好地得到一种发展的设想与空间，才能更好地保持团队稳定性与战斗力，从而在一定程度上延长团队寿命。

（3）建设有特色的团队文化。一是结合营销团队的特点确定团队的文化基调；二是根据这种基调在团队内部营造一种文化氛围。通过积极建设团队文化改变金融服务营销人员心态，在团队中形成一股无形的约束力和行动力。

2. 建立健全团队管理制度，实现团队管理的制度化和规范化

除了需要制定团队的共同目标外，还需要建立有序的工作流程、畅通的沟通渠道、完善的管理体系，并配以科学的绩效考核监督机制，用以规范团队成员的言行和加快工作进度，防止人才流失，进而实现团队管理的制度化、规范化。

在团队管理的制度建设上，突出人文管理理念，打通团队互动的沟通渠道。沟通是团队成员间相互作用和解决问题的主要方式，是团队建设的有效手段；加强沟通，有利于形成平等、诚信、互助的交流平台，有利于团队成员之间的协作一致和经验共享。在平等、开放、顺畅的氛围下，团队成员都能发表自己的意见或见解，这对组织的创新无疑具有很大帮助。在团队沟通渠道的建设上，关键是确保沟通渠道规范有效，它不仅包括各种下行沟通渠道，如金融服务营销人员的每日工作例会、政策传达会、学习会等，而且包括上行沟通渠道，如经理信箱、领导走访等。

3. 制订培训计划，提高营销团队整体素质

培训计划应包括培训知识、方式、组织及培训后跟踪反馈等内容。在培训知

识方面,要遵循"授人以鱼,不如授人以渔"的原则,对团队成员进行全方位培训。对于新组建的团队,可以优选团队成员进行培训,保持组织的高素质与高效率。进行团队培训一般包括如下目标:

(1)提高团队成员的自我学习能力,教给他们如何把新型营销理念和做法进行归纳总结,并从中提炼出适合金融营销的新方法。

(2)促进团队成员树立先进的营销理念,用以指导工作并推动工作的发展。

(3)解决实际问题。对营销工作中遇到的实际问题,要进行有针对性的培训,通过培训着力提高团队成员的业务技能,坚定团队成员的信心,提升营销团队的工作业绩。

4. 调整团队结构,使其适应市场的特殊需要

团队合力大小与团队的结构是否优化有很大关系。对于金融服务营销团队而言,保持团队的活力和朝气至关重要,因此应在团队建设退步时,及时调整团队结构,充实新生力量。通过结构再造使团队成员都能适应市场发展的特殊需要。金融企业的营销团队需要分工明确,同时要友好合作。例如,在信息采集、信息分析、客户信息管理等日常工作中,应以团队目标作为个人目标,这样既能检验团队成员的专业技能,又有利于提高整个团队的战斗力。此外,团队结构的调整可以让金融服务营销人员在工作中发挥各自的专业优势,实现优势互补、促进工作的目的,并通过合理的制度安排,促进知识资源在团队内部的自由流动,实现资源的优化配置。

思考与练习

一、单选题

1. 金融服务营销人员工作的核心是( )。
   A. 倾听　　　B. 说服　　　C. 决策　　　D. 观察

2. 下列属于金融服务营销人员隐性职业素养的是( )。
   A. 知识　　　B. 技能　　　C. 责任心　　　D. 能力

3. "今天工作不努力,明天努力找工作",这句话说明了( )的重要性。
   A. 敬业精神　　　　　　B. 责任心
   C. 团队精神　　　　　　D. 职业操守

4. 下列属于金融企业服务营销人员职业道德建设力量的是( )。
   A. 勤勉尽责　　　　　　B. 专业胜任

C. 客户至上　　　　　　　　D. 公平竞争

二、多选题

1. 金融服务营销人员的职业操守主要包括（　　　　）。
   A. 保守机密　　　　　　　B. 作风正派
   C. 团队合作　　　　　　　D. 遵守企业法规
   E. 诚信的价值观

2. 银行销售人员从事理财产品销售活动，不得有（　　　　）的情形。
   A. 承诺进行利益输送，通过给予他人财物或利益等形式进行商业贿赂
   B. 诋毁其他机构的理财产品或销售人员
   C. 私自代理客户进行理财产品认购、申购、赎回等交易
   D. 与客户以口头或书面形式约定利益分成或亏损分担
   E. 经客户同意后更改客户交易指令

3. 下列关于银行信用卡营销人员行为规范的说法正确的是（　　　　）。
   A. 营销人员必须佩戴所属银行的标识，不得进行误导性和欺骗性的宣传解释
   B. 营销人员无须告知申请信用卡需提交的申请资料和基本要求
   C. 严格禁止营销人员从事本行以外的信用卡营销活动
   D. 营销人员开展电话营销时，录音资料应当至少保存1年备查
   E. 营销人员可以向客户承诺发卡，以快速发卡、以卡办卡、以名片办卡等名义营销信用卡

4. 金融服务营销团队建设具有（　　　　）。
   A. 目标导向功能　　　　　B. 协作功能
   C. 凝聚功能　　　　　　　D. 激励功能
   E. 控制功能

三、判断题

1. 金融服务营销人员的显性职业素养要比隐性职业素养更重要。（　　）
2. 对于金融服务营销人员而言，具有良好的语言表达能力是最重要的。（　　）
3. 金融服务营销人员必须严守客户的秘密。（　　）
4. 建立高效的营销团队主要是领导的事，与营销团队成员无关。（　　）

四、名词解释题

责任心　团队精神　职业道德　客户至上

五、简答题

1. 金融服务营销人员职业素养的内涵是什么？
2. 做好营销工作为什么需要有责任心和敬业精神？
3. 金融服务营销人员职业道德的主要内容有哪些？
4. 构建高效金融服务营销团队的途径有哪些？

— 技 能 训 练 —

两年前的某天，盛女士到市区某银行存钱。在银行大厅，一名自称大堂经理的何女士向她推荐办理了一种"高利率"的理财产品，并承诺可以随时支取。两年后，盛女士急需用钱，准备从银行支取当初购买的那笔理财产品的款项，却被告知要存满5年才能支取，否则要损失不少钱。盛女士咨询后，才得知自己购买的是一种银行代理的分红型保险产品，5年内不能取出，能有多少收益还要看保险公司的实际运作情况，最低收益要比银行一年期存款利率还要低。盛女士自觉上当，但又拿不出证据与银行评理，只得自认倒霉。

问题探索： 请分析银行大堂经理何女士有哪些违规行为？如果盛女士能够拿出证据，那么，何女士将受到怎样的处罚？

— 能 力 自 评 —

一、专业能力自评

专业能力自评表

	能/否	任 务 名 称
通过学习本章，你		了解/理解/解释金融服务营销人员的显性职业素养
		了解/熟悉/理解金融服务营销人员的隐性职业素养
		了解/熟悉/理解我国金融监管当局和各金融管理机构对营销人员的监管法规、制度及资格要求
		了解/熟悉/掌握银行、证券、保险等行业服务营销人员的行为规范、违规处罚的相关规定
		了解/熟悉/理解职业道德的特征及其建设的重要性

续表

能/否	任务名称
通过学习本章，你		了解/熟悉/掌握银行、证券、保险等行业服务营销人员职业道德规范的主要内容
		了解/熟悉/掌握我国金融服务营销团队的现状、存在问题及原因
		了解/熟悉/理解强化金融服务营销团队建设的实践意义和主要途径
		培养金融服务营销人员的职业素养

注："能/否"栏填"能了解/熟悉（理解）/掌握（解释、分析、辨析）/培养"或"否"。

二、核心能力自评

核心能力自评表

	核心能力	是否提高
通过学习本章，你的	信息获取能力	
	口头表达能力	
	书面表达能力	
	与人沟通能力	
	解决问题能力	
	团队合作精神	

自评人（签名）：　　　　年　月　日　　教师（签名）：　　　　年　月　日

注："是否提高"一栏可填写"明显提高""有所提高""没有提高"。

三、职业素养评价

职业素养评价表

	职业素养内容	分值	自我评价	小组评价	教师评价	综合评价
通过本章学习，你的	职业道德品质	20				
	严于律己意识	20				
	遵纪守法意识	20				
	组织协调能力	20				
	团队协作意识	20				
	合计	100				

存在的不足和努力方向：

自评人（签名）：

年　月　日

第三章 金融服务营销策略

学习目标

素养目标

1. 树立系统思维，坚持系统观念，学会整体把握事物内在的本质规律和逻辑关系；
2. 具体问题具体分析，培养严谨细致的工作态度。

知识目标

1. 理解金融企业关系营销、品牌营销、电子平台营销、体验式营销、媒体营销、人员营销等策略的含义、特征和实践意义；
2. 熟悉金融企业内部、外部关系营销的实施途径；
3. 解释品牌营销的核心战略和实施途径；
4. 掌握金融企业互联网营销、电话营销、自助服务终端营销等电子平台营销的形式和主要功能；
5. 掌握金融企业体验式营销、媒体营销、人员营销等策略选择的技巧。

技能目标

1. 能够分析金融企业关系营销、品牌营销、电子平台营销、体验式营销、媒体营销、人员营销等策略的特征和实践意义；
2. 能够辨析金融企业关系营销、品牌营销、电子平台营销、体验式营销、媒体营销、人员营销等策略的实施途径；
3. 能够选择和运用关系营销、品牌营销、电子平台营销、体验式营销、媒体营销、人员营销等策略；
4. 能够用本章所学理论知识指导金融服务营销的相关认知活动。

思维导图

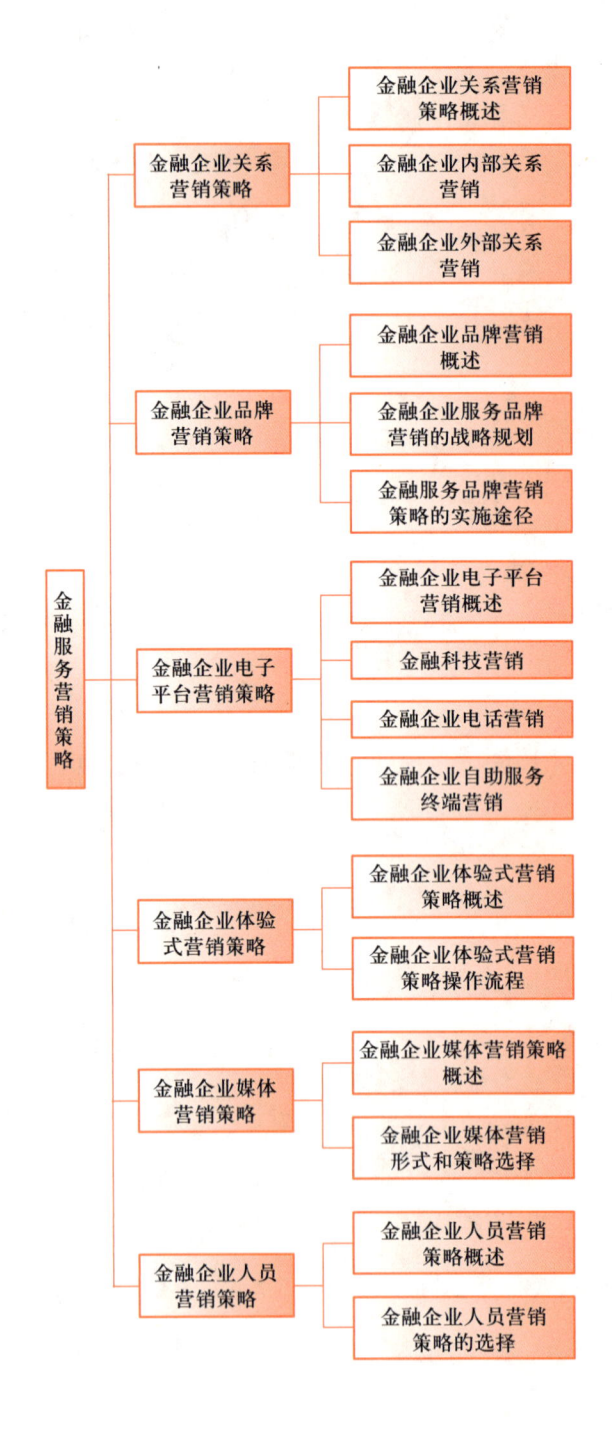

- 金融服务营销策略
  - 金融企业关系营销策略
    - 金融企业关系营销策略概述
    - 金融企业内部关系营销
    - 金融企业外部关系营销
  - 金融企业品牌营销策略
    - 金融企业品牌营销概述
    - 金融企业服务品牌营销的战略规划
    - 金融服务品牌营销策略的实施途径
  - 金融企业电子平台营销策略
    - 金融企业电子平台营销概述
    - 金融科技营销
    - 金融企业电话营销
    - 金融企业自助服务终端营销
  - 金融企业体验式营销策略
    - 金融企业体验式营销策略概述
    - 金融企业体验式营销策略操作流程
  - 金融企业媒体营销策略
    - 金融企业媒体营销策略概述
    - 金融企业媒体营销形式和策略选择
  - 金融企业人员营销策略
    - 金融企业人员营销策略概述
    - 金融企业人员营销策略的选择

引导案例

平安银行橙 e 网的客户关系营销网的建立

橙 e 网是平安银行旗下一个集网站、移动 App 等各项服务于一身的大型平台，专注服务于"熟人的生意圈"。橙 e 网协同核心企业、物流服务提供商、第三方信息平台等战略合作伙伴，让中小企业免费使用云电商系统，以实现其供应链上下游商务交易的电子化协同。

在橙 e 网构造的电商网络生态体系中，通过提供免费的生意管家"在线进销存"云服务，吸引了大量供应链上下游企业，形成了"熟人生意圈"，用户交易数据构成了数据库的内容，并通过与第三方信息平台合作，与这些平台交换订单、运单和发票等有效信息，基于大数据的分析为客户提供互联网金融服务。同时，平台还嵌入了交叉销售功能，将平安集团的保险产品等嵌入其中，从而为客户提供一站式的综合金融服务。此外，橙 e 平台还将微信订阅号、微信服务号和橙 e 网建成"O2O 营销""O2O 服务"和"O2O 金融电商"的协同互动架构，形成了微信订阅号营销导入流量、橙 e 网电商经营流量和微信服务号，以服务转化流量的良性循环，扩大和提升了平安银行以及整个平安集团的品牌影响力和盈利水平。

引例分析

在客户关系管理市场营销实践不断发展的今天，人们已经逐步意识到，建立密切的客户关系对企业在市场竞争中保持持久的竞争优势和利润收益的重要性。平安银行橙 e 网以免费、便利的综合金融服务平台吸引客户，并通过为客户创造价值来扩大客户规模，增强客户黏性，利用平安集团的金融资源优势，实现供应链上下游商务交易的电子化协同，构建了电商网络生态体系，从而为客户提供多方位的金融服务，扩大和提升了平安银行以及整个平安集团的品牌影响力和盈利水平。

金融业的本质是竞争性服务业，服务业的职能是提供高质量的服务。其中，高度的客户满意度或超出客户期望的服务水平是形成用户黏性的基础，服务沟通交流的机会则建立起用户对品牌、产品、服务的信心。这就要求金融业要具有系统观念，不能仅仅局限于满足客户的单一需求。一方面，要能够挖掘客户的隐性需求，引导客户消费，打造服务亮点；另一方面，要能够进行业务整合，从提供单一的服务业务逐步转化为提供整体解决方案，以满足人民群众日益增长的金融需求。

第一节　金融企业关系营销策略

一、金融企业关系营销策略概述

（一）金融企业关系营销的含义

关系营销是指基于客户关系管理的营销，即把营销活动看成是一个企业与消费者、供应商、分销商、竞争者、政府机构及其他公众发生互动作用的过程。关系营销的实质是在市场营销中与各关系方建立长期稳定、相互依存的营销关系，其核心是留住客户、关注客户满意度、提升客户忠诚度。

关系营销包括客户关系营销、政府和公众关系营销、内部关系营销三方面的内容。金融关系营销理论要求重视建立并维持与客户、政府部门、新闻媒体、社区的良好关系，保持与企业内部员工的融洽关系，促进与竞争者的合作关系。为此，要加强关系管理，对内要协调处理部门之间、员工之间的关系，增强公司凝聚力，完善内部营销；对外要妥善处理与客户、竞争者、影响者及各种公众之间的关系，加强沟通，化解矛盾，树立良好的企业形象。

在实际金融服务营销中，关系营销具有以下几点重要意义：互惠互利、实现双赢；有利于社会资源整合，提高服务水平；不断吸引新客户，留住老客户等。

（二）金融企业关系营销的特征

1. 双向沟通

在关系营销中，沟通应该是双向而非单向的。只有广泛的信息交流和信息共享，才可能使企业赢得各个利益相关者的支持与合作。

2. 协同合作

一般而言，关系有两种基本状态，即对立和合作。只有通过合作才能实现协同，因此合作是双赢的基础。

3. 双赢、多赢、共赢

关系营销旨在通过合作增加关系各方的利益，而不是通过损害其中一方或多方的利益来增加其他各方的利益。

4. 情感满足

关系能否得到稳定和发展，情感因素起着重要作用。因此关系营销不只是实现物质利益的互惠，还必须让参与各方能从关系中获得情感需求的满足。

5. 控制反馈

关系营销要求建立专门的部门，用以跟踪客户、分销商、供应商及营销系统中其他参与者的态度，由此了解关系的动态变化，及时采取措施消除关系中的不稳定因素和不利于关系各方利益共同增长的因素。有效的信息反馈，有利于企业及时改进产品或服务，更好地满足市场的需要。

6. 关注、信任、承诺和服务

在关系营销中，企业关注客户的利益，尽力满足甚至超越客户的期望。诚实守信，承诺提供高品质的服务，是关系营销中所必需的。信任和承诺是为了鼓励企业与交易方的合作关系，鼓励企业抵制有吸引力的短期替代者。

（三）金融企业关系营销的操作流程

金融企业开展关系营销的目的是要形成客户忠诚度，与客户达成一种良好的互惠关系。金融企业关系营销流程如图 3-1 所示。

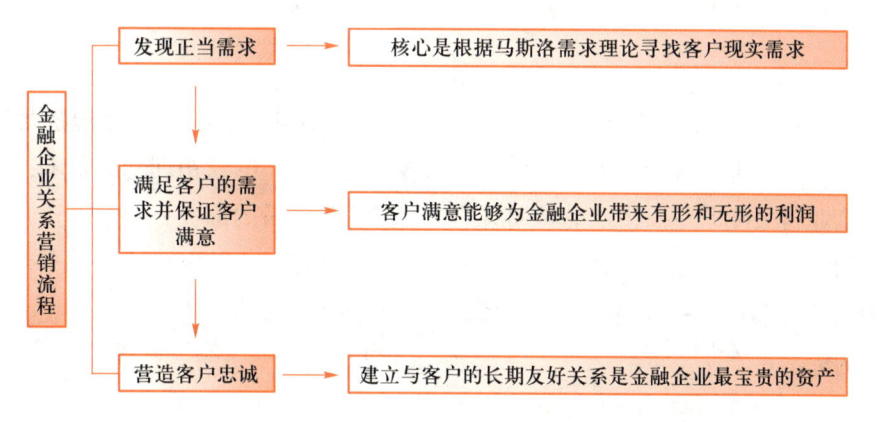

金融企业关系营销流程：
- 发现正当需求 → 核心是根据马斯洛需求理论寻找客户现实需求
- 满足客户的需求并保证客户满意 → 客户满意能够为金融企业带来有形和无形的利润
- 营造客户忠诚 → 建立与客户的长期友好关系是金融企业最宝贵的资产

图 3-1　金融企业关系营销流程

> **课堂讨论**
>
> 请解释金融企业关系营销流程，并说明如何满足客户的需求。从关系营销的现实意义和整体营销角度回答。

二、金融企业内部关系营销

（一）金融企业内部关系营销的含义

内部关系营销（Internal Marketing）是指通过一种积极的、目标导向的方法为创造客户导向的业绩做准备，并在组织内部采取各种积极的、具有营销特征的协作方式的活动和过程。金融企业内部关系营销主要是培养企业员工接受"以客户为中心"的理念，通过内部沟通加强部门之间的协调合作，使外部营销得以顺利开展。金融企业内部关系包括经营决策层、业务管理部门、市场拓展部门、人力资源管理部门、财务部门、后勤管理部门、基层经营单位等，这些相关部门和单位构成了企业营销管理的内部环境。金融企业内部关系营销策略的目标是确保金融企业内部部门协调运转和员工之间的互助合作，以及实现态度管理和沟通管理，处理好态度管理和沟通管理的关系。

金融企业内部关系营销是一项活动，活动的开展需要一个完善的支持平台。这个平台要满足三个条件：一是金融企业内部关系营销应该是金融企业营销战略的内容之一；二是管理者必须为金融企业内部关系营销过程提供持续的积极支持；三是金融企业内部关系营销过程需要管理部门的支持。

（二）金融企业内部关系营销策略的实施途径

1. 树立"以客户为中心"的营销理念

"以客户为中心"的营销理念的出发点是客户需求，其目的是通过满足客户的需求及欲望来实现企业盈利。树立"以客户为中心"的营销理念的要求：一是金融企业将关注的重点由产品转向客户；二是将仅注重内部业务的管理转向客户关系的管理；三是在处理客户关系方面，从重视如何吸引新客户转向所有客户生命周期的关系管理和对现有客户关系的维护上；四是将客户价值作为绩效衡量和评价的标准。

2. 建立全员营销的标准流程

金融企业要把各部门不同的业务处理流程有机结合起来，形成一个流畅的整体运作机制。这个机制是一个适用于所有部门之间联系和协调的标准流程，它没有一个固定的模式，根据各金融企业的具体情况不同而有所区别，但基本内容都是以客户为导向，强化内部服务意识。

3. 建立内部关系营销价值链

从非营销部门和营销部门之间的冲突和矛盾中可以看出，部门通常注重的是部门利益最大化，而不是金融企业和客户利益最大化，解决这个问题的途径就是建立内部关系营销价值链。如在授信业务中，可把一笔贷款创造价值和产生成本的过程分解到信贷管理部门、营销部门、基层网点和其他部门的具体活动中，根据每一项活动在价值链中的地位确定它的内部价值，落实到部门利益分配上。

4. 在加强风险管理的前提下适当授权

目前，我国金融企业普遍存在授权不足的现象，直接接触客户的营销人员没有足够的权力来解决客户的一般需求，内部部门的管理者没有足够的权力解决与员工之间产生的问题以及与其他部门之间的协调问题，这就在一定程度上影响了内部关系营销的顺利进行。

5. 建立畅通的内部信息渠道

在日常工作中，部门内部常常将注意力集中到部门分工上，部门之间的交流和沟通只限于交叉业务的结合点，这就造成了部门之间互相认识不足，一个部门出现了十万火急的工作，相关部门却没有引起足够的重视并及时给予配合，这种状况主要是由于部门之间的信息梗阻造成的。改变这一现状的最好办法就是让信息在部门之间流动起来：一是建立内部信息网络，通过在网络中展示各部门的工作及活动情况，加强部门之间的了解；二是采取部门负责人交流轮岗的方法，使部门领导对各部门的工作职能有一个全面的认识。

6. 建立内部对话机制

长期以来，我国金融企业习惯了一种单向服从式管理模式，上级金融企业与下级金融企业、机关管理者与中层管理者、中层管理者与普通员工之间，都是一种绝对服从的关系。近年来，这种状况有所改变，但还远远不够。在内部对话机制中，管理者起着关键作用。各级管理者要善于给下属创造一种公平开放的氛围，多与员工共同规划和决策，增强员工归属感。重视信息交流中的反馈，并积极引导对话的深入，对反馈做出积极、快速的反应。

价值引领

容易被忽视的内部营销

杨梅两年前从某重点财经院校毕业后进入一家商业银行工作，她在基层网点实习一年后，就被抽调到部门科室做业务监督工作。由于杨梅在工作中发现自己一年的基层工作经验远不足以做好本职工作，就主动申请到一个新成立的营业网点学习业务。她接待客户热情、主动、不厌其烦、耐心细致，客户都愿意把自己遇到的困难提出来，让她帮忙出主意。一来二去，杨梅掌握了很多重点客户的资料以及一些有潜力的客户信息。其中，华盛集团的会计朱烨，引起了她的关注。通过观察与接触，杨梅了解到，朱烨所在的公司华盛集团是C银行少数几个大客户之一，在C银行开立了基本账户，平常的余额都保持在上亿元的水平。同时，华盛集团在其他银行也都有不同金额的存款。杨梅私下走访了华盛集团几次，不过，只有财务室的科长马建伟与她交谈过。从几次交谈中得到的消息与集团对外宣传的信息差不多。

杨梅在大致掌握了朱烨的工作情况后，就主动打电话与其联系。一次杨梅从与朱烨的交谈中得知，朱烨正在为总经理出国准备美元，杨梅抓住这个机会，在总经理来银行办理外币业务时，主动向其推荐专供客户在国外使用的双币信用卡，总经理对这张信用卡很感兴趣，当场填写了申请表，并希望能够加急处理。按照惯例，信用卡由专门的客户经理贺英负责处理。杨梅找到贺英，但贺英还是按照自己的做事风格，不紧不慢地处理，并没有第一时间上传总经理的申请。为此，杨梅对贺英很有意见，而且这种情况也不是头一次了。很多次，前台好不容易收进来急需办理的信用卡，总是在客户催促了好几次后，贺英才加快处理速度。

杨梅与网点主管白亮谈及此事，白亮对能争取到华盛总经理的这个关系感到很兴奋，但是并没有对贺英的行为做出任何评价。只是嘱咐杨梅要关注这个事情的进展，并与华盛集团做好关系维护和后续开发。其实，白亮对网点人员的工作情况很了解，他清楚杨梅对工作的敬业，也清楚贺英的工作态度。贺英是名老员工，工作也很认真，是干完了分内工作就下班的那种员工，不愿多负一点责，不想多操一份心，人很聪明，对自己的岗位工作没什么可挑剔的，所以白亮也不打算对这件事情深究下去。

问题探索

请说明网点主管白亮为什么没有对老员工贺英的行为进行深究，他的做法是否合理？并阐明理由。

分析提示

金融企业营销不是一项独立的活动，而是一种全员性的营销，需要整合内部营销和外部营销，加强彼此的相互协作，强化营销效果，才能最终实现客户满意，从而实现企业的目标。而其中，内部营销更是一项必不可少的营销策略。专职营销人员对外营销时，不仅面临对外服务的压力，还需要内部兼职营销人员的支持，这就需要内部兼职营销人员也要具有一定的服务意识和营销能力，需要具备良好的职业素养。作为金融企业的管理者要对内部营销提供长期的、积极的认可与支持，这样才能将内部营销成功地推广给员工。

三、金融企业外部关系营销

（一）金融企业外部关系营销的含义

金融企业外部关系营销是相对于内部关系营销而言的，是企业运用营销手段在外部市场所进行的营销活动。实际上，外部关系营销就是一般情况下所说的市场营销，市场营销理论与方法在外部关系营销方面都可以应用。金融企业外部关系营销策略的目标是确保金融企业外部环境的良性运转，实现质量管理和客户关系管理。

（二）金融企业外部关系营销策略的实施途径

1. 塑造良好的公众形象

在外部关系营销中，金融企业可以积极参加社会公益活动，特别是要适时参与一些影响力大、覆盖面广的公益活动，如希望工程、扶贫，以及地方政府倡导的各类公益活动。这样既能够塑造良好的公众形象，又能够赢得政府和公众的好感，巩固企业与政府之间的关系。

2. 提供特色服务

金融企业通过向合作方提供一些特色的服务，渗透到合作方的内部，与其建立更为密切的关系。如广东省政府与中国银行在广州签署战略合作协议，充分发挥金融服务实体经济的作用，共同促进地方经济高质量发展，可以使金融企业与地方政府保持长期友好的合作关系。

3. 公开进行新业务签约发布

对于一些新产品或具有典型意义的金融企业或同业合作项目，金融企业可以公开举行签约仪式，通过各种新闻媒体进行宣传，体现自身实力和关系营销能力。如公开举行授信签约仪式、在媒体上发布合作消息、公开向优质客户发布信用等级证书等，在公众面前塑造实力强、善于合作的良好形象。

4. 部分出让产品冠名权

可以把金融产品冠之以合作者名称，既可以满足客户的需要，又可以起到良好的广告宣传效应。目前国内采用冠名权的做法比较突出的是银行卡业务，许多银行都发行了各种名义的联名卡，如银行和航空公司联合推出的联名信用卡等。

5. 合作投入

当投资项目较大，一家金融企业不能全部承担投资和风险时，多家企业可以联合投入以增强金融支持的强度，如银团贷款，一般由两家以上的银行共同投入，共同分享利润，分担风险。

6. 购买同业或企业部分股份

这种方式一般用于强势营销，金融企业通过购买股权，参与企业和同业的经营，能够加深对其了解，并将金融企业的经营理念渗透到企业或同业，在业务合作方面更能准确把握方向，有效控制风险。同时通过这种经营渗透，能够更加直接地从企业或同业合作中获得利润。

> **课堂讨论**
>
> 谈谈金融企业应该怎样处理好与地方政府部门、新闻媒体和金融同业之间的关系。请从金融企业外部关系营销策略的目标和实施途径方面思考。

第二节 金融企业品牌营销策略

一、金融企业品牌营销概述

品牌包括品牌名称和品牌标志两部分。品牌名称,也称品名,是品牌中可以用语言称呼的部分,如牡丹卡、长城卡、速汇通等。品牌标志,又称品标,是品牌中可以被记认、易于记忆,但不能用言语称呼的部分,通常由图案、符号或特殊颜色等构成。如中国建设银行的品标是一个艺术化的字母"C"字,它也是该行的行徽。

从广义上讲,品牌代表了企业和消费者之间的一种契约形式,一种把产品和消费者联系起来的有鲜明特色的长期承诺,它暗示了一种信任、一种消费者所期望的质量和价值。卡菲勒的品牌特性理论把品牌界定为品性、个性、关系、文化、消费者反映和自我形象六点特性。品牌特性是金融企业制定品牌营销战略的出发点。从本质上讲,金融企业品牌的背后是特定的客户群体,是企业与消费者之间的无形纽带,是市场竞争的焦点,是企业的优质资产。金融企业品牌营销,是金融企业品牌的创立、塑造、使用和维护的总体活动过程。

二、金融企业服务品牌营销的战略规划

(一)金融企业服务品牌营销的战略构成

从战略研究角度,品牌战略可以分为品牌竞争战略、品牌资产战略和品牌运行战略等。根据品牌竞争战略的特征,又可以分为品牌构建战略、品牌累积战略和品牌扩张战略等。

1. 品牌构建战略

品牌构建是指企业在竞争市场中从创立品牌到成功建立品牌的过程,处于品

牌的形成期。品牌构建战略主要包括品牌的命名、设计、分类、使用、归属、定位等战略。

2. 品牌累积战略

品牌累积是指品牌在竞争市场构建成功后的长期培育与发展过程，是品牌持续成长、培育、保持、累积和发展的过程。品牌累积战略的根本目的是品牌资源、资产、价值的累积与提升。品牌累积战略主要包括品牌的形象、关系、服务的提升战略，客户品牌度（知名度、满意度、美誉度、忠诚度、依赖度）战略和品牌保护（商标保护和市场保护）战略。

3. 品牌扩张战略

品牌扩张战略是指品牌在竞争市场的影响扩大或长久保持的战略，品牌扩张战略主要包括品牌的延伸、多元化、国际化等内容。

（二）金融企业服务品牌营销的核心战略

1. 品牌差异化战略

品牌差异化战略是指金融服务企业构建区别于其他同类品牌的品牌。品牌差异化战略的目的是创造易于同其他竞争者的品牌区分的独特性品牌，在客户心目中留下深刻、清晰的品牌印象，并能使客户产生愉悦感。品牌差异化战略主要包含品牌个性化、品牌人性化、品牌的定位、品牌商标注册等。

2. 品牌情感联系战略

品牌情感联系战略是指金融服务企业以品牌的特性为基础，通过品牌形象、品牌接触和品牌价值来加强与客户之间的情感联系。如在品牌命名、标识设计、品牌形象识别系统等要素中注入情感元素，为实施品牌情感联系战略提供支持。

3. 品牌内部化战略

品牌内部化战略是指金融服务企业品牌的构建和营销以组织内部员工为主要对象的战略。客户对品牌的感知很大程度上是在享受服务的过程中产生的，与客户接触的员工对品牌的构建和营销起着非常重要的作用。因此，要让员工积极地参与其中，培养员工的品牌理念与品牌服务意识，以促进品牌的构建与营销。

4. 品牌度战略

品牌度是品牌与客户之间的关联程度，是一个数量化、有层级的集合概念。品牌度战略是品牌管理战略之一，主要有品牌知名度战略、品牌联想度战略、品牌美誉度战略、品牌忠诚度战略和品牌依赖度战略等。

三、金融服务品牌营销策略的实施途径

金融服务品牌营销策略的实施途径主要有以下五个方面：

（一）建立品牌主导的品牌组合

金融服务是无形的，缺乏实体的展示和包装，因此客户在购买前无法产生对服务的直观感受，也无法进行客观的评价。在这种情况下，金融企业的实力、形象、口碑等往往成为直接影响客户做出购买决策和消费后评价的重要依据。

（二）创造强烈的组织联想

组织联想是指看到品牌而联想到企业，它是形成品牌特色或个性的关键因素。由于服务产品极易被模仿，因此对于客户而言，重要的是谁在提供服务和如何提供服务。企业人员、设备、专长等是影响客户评价服务质量组织联想的重要因素。基于企业文化、成员、资产、技术等特色所产生的组织联想有利于提高品牌的可信度。通过组织联想，企业可以使客户建立对品牌的感情。

（三）运用全方位的品牌因素

品牌回忆是影响服务决策的重要因素。作为品牌核心要素的品牌名称应易于记忆和发音，相应的文字和标识等重要标志物要仔细策划；服务的"外观"，如环境设计、接待区、着装、附属材料等的客户对品牌影响认知；其他品牌要素（如标志、人物和口号等），均可以用来辅助品牌名称，向客户展示品牌，建立品牌认知和品牌形象。

（四）建立合理的品牌科层结构

金融产品或服务的多样化是金融企业的一个显著特征。金融企业需要根据不同的市场和产品特性，推出相应的品牌。从横向看，金融企业建立品牌科层，有利于定位和瞄准不同的细分市场，突出不同产品或服务的特性。从纵向看，服务等级可以根据价格和质量来体现；纵向延伸需要采用合作或辅助品牌策略。

（五）金融服务品牌的内在化

金融企业的员工是向客户传递品牌的重要媒介，他们可以为品牌注入活力和生机。通过员工的行为，可以将文字—视觉品牌，转化为文字—视觉—行为品牌。品牌内在化涉及向员工解释和推广品牌，与员工分享品牌的理念和主张，培

训和强化与品牌宗旨一致的行为。需要明确的是，良好的服务品牌可以有效地传递和强化好的服务，但是却无法弥补差的服务。

调查研究

撰写一份金融企业品牌营销策略实施情况调研报告

活动要求：以小组为单位，利用课余时间，针对所在地区，从商业银行、保险公司或证券公司等金融企业中选择一家企业，调查该企业实施品牌营销策略的具体做法和成效。通过调查获取相关数据，完成一份不少于1 500字的金融企业品牌营销策略实施情况调研报告。

活动组织与步骤：

（1）组织设计：以小组为单位，指定1名学生负责录像，1名学生负责记录，1名学生担任评委，负责点评打分，组长主持调研并全程把控。

（2）前期准备：编写调研方案，确定调研渠道和调研对象——将金融企业的主要客户群体作为调研对象，在此基础上选取典型代表作为具体调研对象，构建指标体系，并据此设计调查问卷。

（3）实施调研：通过调研获取相关数据。

（4）撰写报告：整理分析调查数据，研讨形成调研结论，撰写调研报告。

（5）汇报形式：课上组长汇报，小组其他成员补充，汇报时间不超过5分钟。

（6）学生点评：评委根据组长的汇报情况和提交的调研报告，点评并给出小组成绩，汇总后取均值。

（7）成绩评定：教师点评并给出小组成绩，加总后一并计入小组成绩。

（8）成果展示：提交的调研报告由教师存档，并作为课堂学习成果展示；如有必要，可以将调研报告向被调研的金融企业反馈。

第三节 金融企业电子平台营销策略

一、金融企业电子平台营销概述

信息技术尤其是网络技术的发展，极大地推动了金融行业在组织机构、内部管理、业务开发、产品营销等各个方面的体制创新。基于信息技术发展起来的新电子营销渠道，金融企业电子平台在金融服务或金融服务产品分销中得到了广泛的应用。如网上银行、电话银行、手机银行等，银行可以利用电子营销渠道的客户服务方式，突破以往时间和区域的限制，为客户随时随地提供全天候的服务。这不仅改变了银行业传统的运作方式，而且改变了银行业传统的营销理念。因此，各家银行纷纷制定了电子渠道发展战略，开发、完善电子渠道系统，把电子渠道作为保持原有客户、发展新客户、拓展市场份额的有力营销手段。

二、金融科技营销

（一）金融科技的含义

金融科技是基于大数据、云计算、区块链、人工智能等一系列技术创新，全面应用于支付清算、借贷融资、财富管理、零售银行、保险、交易结算六大金融领域，是金融业未来的主流趋势。

金融科技将互联网、移动通信等技术作为服务金融业的重要手段，旨在延伸金融服务深度、拓宽金融服务广度、改变金融服务的组织形式、提高金融活动的整体效能。具体来说，就是运用大数据、云计算、区块链、人工智能等技术手段重塑传统金融的产品、模式、流程及组织等。

（二）金融科技在金融服务营销中的应用

本书从大数据、云计算、区块链和人工智能四个方面介绍金融科技在金融服务营销中的应用。

1. 大数据在金融服务营销中的应用

大数据，是一种规模大到在获取、存储、管理、分析方面大大超出了传统数据库软件工具能力范围的数据集合。而大数据技术则是指通过工具和技术对数据进行收集、存储、处理和分析的一种综合性技术，旨在从海量的数据中获取有价值的信息和洞见，以用来支持各种应用和决策。

大数据在金融服务营销中的应用主要体现在以下几个方面：

（1）客户分类。金融企业通过大数据技术对客户历史交易、社交网络、线上行为等数据进行分析，对客户进行分类，并针对分类后的客户提供不同的产品和服务，有效开展精准营销。

（2）需求预测。金融企业通过大数据挖掘，将客户行为转化为信息流，从中分析客户的个性特征和风险偏好，更深层次地理解客户的习惯，智能化分析和预测客户需求，从而进行产品创新和服务优化。

（3）策略调整。大数据分析作为促进营销的一种手段，能够与实际相结合，将分析结果转化为有效的营销行动，制定出具体的、差异化的营销策略，从而提高金融企业的经济效益。

（4）风险控制。金融企业通过大数据技术对客户的信用情况进行评价，评估客户的信用风险和违约概率，可以合理分配资源，增强对风险的把控能力。

2. 云计算在金融服务营销中的应用

"云"是对网络、互联网的一种比喻，表示互联网和底层基础设施的抽象。广义的云计算是与信息技术、软件、互联网相关的一种服务，这种计算资源共享池称为"云"，就像大量的水雾飘浮在空中聚合成了云一样，云计算把众多计算资源集合起来，通过软件实现自动化管理。狭义的云计算是一种提供资源的网络。用户可以随时随地按需从可配置的计算资源共享池中获取网络、服务器、存储器、应用程序等。这些资源可以被快速供给和释放，将管理的工作量和服务提供者的介入尽量减少。

云计算在金融服务营销中的应用主要体现在以下方面：

（1）降低资源获取成本。一方面，出于规模效应和专业化分工，云提供者能够以更低廉的价格向金融企业提供服务，安排专业人员对基础设施进行维护，降低了金融企业人力、物力、财力的消耗；另一方面，金融企业根据实际需求使用云上的资源，并按照实际使用量进行付费，减少了其他不必要的成本支出。

（2）减小资源配置风险。云计算可以随时随地、动态地获取所需的资源，可以根据金融企业的业务需求调整规模大小。云计算提供资源池及使用资源池的工具和技术，金融企业可以根据实际需求波动，自动或手动调整云上的资源，这样不会造成资源的限制，从而减少资源配置的风险。

（3）提高企业运营效率。云计算加快了金融企业信息共享的速度，提高了服务质量。同时，云计算还大大提高了金融企业的数据处理能力，能在短时间内从海量数据中快速提取有用信息，为企业的各类分析和商业决策提供了依据。

3. 区块链在金融服务营销中的应用

区块链是分布式数据存储、点对点传输、共识机制、加密算法等计算机技术的新型应用模式。其本质上是一种解决信任问题、降低信任成本的信息技术方案，可以通俗理解为一个共享数据库，存储于其中的数据或信息具有"不可伪造""全程留痕""可以追溯""公开透明""集体维护"等。而区块链技术就是一种开放的分布式分类账，能够以可验证的、永久的方式有效记录双方之间的交易，是可信任的、透明的、去中心化的可靠数据库。

区块链在金融服务营销中的应用主要体现在以下方面：

（1）增强流通效率。在区块链体系中，每个区块都携带了上一段交易的信息，并在链条上存储共享，减少了传统交易过程中需要依靠中介机构来完成交易主体之间具体清算事宜的复杂的流通程序，增强了金融企业之间的信息流通效率。

（2）降低服务成本。传统金融服务模式存在信息传输效率低下，金融服务成本较高等问题，区块链将不同公司之间的数据打通，相互参考，降低信息不对称的程度，提高金融服务效率并有效降低服务成本。

（3）防范金融风险。由于区块链的不可篡改性，金融交易被记录在区块链上，并且可以随时被验证，从而有效遏制了金融欺诈和洗钱等违法行为，有助于金融企业更好地加强数据安全与防范金融风险，保护客户权益。

（4）提升征信质效。因为区块链技术能够保证所有数据的完整性、永久性和不可更改性，可以有效解决征信管理在交易取证、追踪、关联、回溯方面的难点和痛点，极大程度提高了信用评估的准确率，实现质量效果的有机统一。

4. 人工智能在金融服务营销中的应用

人工智能是计算机科学的一个分支，是研究、开发用于模拟、延伸和扩展人的智能的理论、方法、技术及应用系统的一门新的技术科学。通俗地说，人工智能是对人类智能进行模仿的各种科学技术的总称。

人工智能在金融服务营销中的应用主要体现在以下几个方面：

（1）智能投顾。广义的智能投顾是指利用互联网进行资产管理。狭义的智能投顾是指机器人投资顾问，即利用计算机进行投资管理。智能投顾能够根据客户的财务状况、风险偏好、投资需求等，为客户提供定制的投资建议，投资更具个性化。同时，智能投顾背后依托的是大数据，大大降低了人工费用，成本低，投资门槛低，且能够有效避免投资过程中个人情绪化的影响。

（2）智能风控。智能风控在一定程度上突破了传统风控的局限，利用更高维度、更充分的数据降低了人为偏差，减少了风控成本。

（3）智能营销。金融企业通过智能营销，将海量存储数据变现为营销价值，通过客户画像、客户分层、客户定位实现金融服务营销的精准化、场景化、个性化，优化营销的质量与效率，降低人力成本，提高营销效率。

（4）智能客服。智能客服以大数据、云计算，特别是人工智能技术为基础，依靠知识图谱回答重复性问题，减少人工客服使用，为客户提供24小时全天候、不间断的服务。同时，还能够通过大数据分析客户的多层次需求，匹配更有针对性的服务，给客户带来更精准的个性化服务，从而提升整体服务的质量和水平。

> **课堂讨论**
>
> 请说明网上银行的优势和劣势各有哪些？网上银行给我们的生活带来哪些变化？结合1~2家商业银行的网上银行业务，对比传统的网点银行业务来综合回答。

三、金融企业电话营销

（一）电话营销的含义

电话营销是指客户通过电话向银行等金融企业发出交易指令、完成交易的服务方式。电话服务一般设有自动语音服务与人工接听服务两种，一般包括账户余额查询、银行对账单业务、申请支票账户、开户人不同账户之间的资金转移、申请旅行支票等。电话营销业务一般适用于个人银行业务。

作为在现代信息技术发展基础上出现的一种新兴金融营销电子渠道，电话营销具有使用简单、操作便利、手续简便、功能强大、成本低廉、安全可靠等特征。因此，电话营销最能适应当今快节奏生活和讲究效率的客户需求。

（二）商业银行电话营销的功能

我国商业银行电话营销常见的服务功能有：账户查询、转账服务、自助缴费、银证、银保、外汇买卖、业务咨询、受理投诉、账户挂失、传真服务、外拨服务、委托服务、预约服务和特约商户服务等。

四、金融企业自助服务终端营销

（一）金融企业自助服务终端的含义

随着科技的发展，出现了一种新的金融企业服务方式，就是自助服务终端服务，即自助银行。自助银行是指银行运用多媒体、网络、通信设施，为客户提供24小时不间断的自助综合银行服务。自助银行是客户通过操作自动柜员机实现自我服务，包括提取和存入现金、转账、查询、打印存折等业务。自助银行可分为大堂式、穿墙式、驾驶者式三种类型，目前我国使用的主要还是大堂式和穿墙式。

自助服务终端营销

（二）金融企业自助服务终端的特征

与传统银行网点相比，自助银行主要具有服务时间长、自助服务、简便节约、便于创建、提供多种业务、突破地域和时空限制、标准化操作、银行服务的延伸等特征。目前，自助银行在国内城市已经相当普及。作为一种新兴的银行模式，自助银行越来越受到欢迎，已为国内各家商业银行及广大客户所接受和认同，在我国得到广泛应用。

第四节　金融企业体验式营销策略

一、金融企业体验式营销策略概述

（一）金融企业体验式营销策略的含义

金融企业体验式营销策略是指金融企业通过采用让目标客户观摩、聆听、尝试、试用等方式，使其亲身体验企业提供的金融产品或服务，让客户实际感知金融产品或服务的性能或品质，从而促使客户认知、喜好并购买产品或服务的一种营销策略。这种策略以满足客户的体验需求为目标，以服务为平台，以产品为载体，经营高质量产品，拉近金融企业和客户之间的距离。与传统的金融营销模式相比，主动接近客户、充分考虑客户需求是体验式营销策略的最大优势。

金融企业体验式营销具有关注客户体验，以体验为导向设计、制作和销售金融企业产品或服务，检验消费情景，考虑客户的情感需要，确定"主题"来体验，运用多种方法和工具进行体验等主要特征。

（二）金融企业体验式营销策略的选择

一般来讲，人类的体验包括感官体验、情感体验、思考体验、行动体验和关联体验五种类型，与此相对应，金融企业体验式营销策略的类型也包括五种。

1. 感官体验式营销策略

感官体验式营销策略亦称知觉体验营销策略，是通过视觉、听觉、触觉、味觉与嗅觉等建立感官上的体验，主要目的是创造知觉体验，以区分不同金融企业及其金融产品的特色，引发客户购买动机和增加产品或服务的附加值等。

2. 情感体验式营销策略

情感体验式营销策略在营销中触动客户内在感情与情绪，使客户在消费或接受服务中感受到各种情感，如亲情、友情和爱情等，创造情感体验。情感式营销需要了解引起客户情绪的原因，以及使客户自然地受到感染，并融入情景中。

3. 思考体验式营销策略

思考体验式营销策略以创意的方式运用惊喜、计谋等方式，激发人们的兴趣，引发客户对问题集中或分散的思考，产生统一或各异的想法，创造性地让客户获得认识和解决问题的体验。

4. 行动体验式营销策略

行动体验式营销策略一方面，通过增加客户的切身体验，丰富客户的生活方式，使客户被激发或自发地改变生活形态；另一方面，通过偶像、影视明星、体育达人或公众人物等名人效应来激发客户，使其生活形态得以改变，从而实现产品或服务的销售。

5. 关联体验式营销策略

关联体验式营销策略通过实践自我改进的个人愿望，增加客户对金融企业的好感，使客户与较广泛的社会系统产生关联，从而建立起对某种品牌的偏好。关联体验式营销策略包含感官、情感、思考和行动等体验式营销策略的综合运用。该营销策略特别适用于系列、品牌等领域的体验式营销。

二、金融企业体验式营销策略操作流程

金融企业体验式营销策略操作流程如图3-2所示。

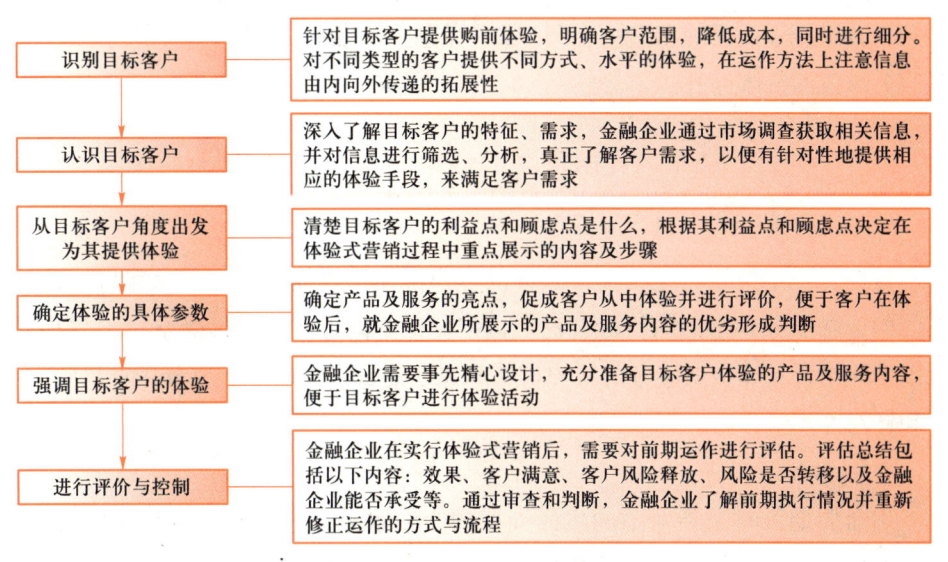

识别目标客户	针对目标客户提供购前体验，明确客户范围，降低成本，同时进行细分。对不同类型的客户提供不同方式、水平的体验，在运作方法上注意信息由内向外传递的拓展性
认识目标客户	深入了解目标客户的特征、需求，金融企业通过市场调查获取相关信息，并对信息进行筛选、分析，真正了解客户需求，以便有针对性地提供相应的体验手段，来满足客户需求
从目标客户角度出发为其提供体验	清楚目标客户的利益点和顾虑点是什么，根据其利益点和顾虑点决定在体验式营销过程中重点展示的内容及步骤
确定体验的具体参数	确定产品及服务的亮点，促成客户从中体验并进行评价，便于客户在体验后，就金融企业所展示的产品及服务内容的优劣形成判断
强调目标客户的体验	金融企业需要事先精心设计，充分准备目标客户体验的产品及服务内容，便于目标客户进行体验活动
进行评价与控制	金融企业在实行体验式营销后，需要对前期运作进行评估。评估总结包括以下内容：效果、客户满意、客户风险释放、风险是否转移以及金融企业能否承受等。通过审查和判断，金融企业了解前期执行情况并重新修正运作的方式与流程

图 3-2 金融企业体验式营销策略操作流程

> **课堂讨论**
>
> 随着体验经济时代的到来，体验式营销作为一种全新的营销理念开始在各行各业广泛应用，并受到越来越多的重视。伴随商业银行日益激烈的同业竞争，客户的需求日益多样化，忠诚度也更加难以把握。商业银行基层网点作为业务经营的主要阵地，传统的运营模式效率低，已不适应体验经济时代的要求，迫切要求银行基层网点转型与提升效率。
>
> 按照金融企业体验式营销策略的选择，讨论商业银行基层网点转型的策略方案。

第五节 金融企业媒体营销策略

一、金融企业媒体营销策略概述

（一）金融企业媒体营销策略的含义

金融企业媒体营销策略是指金融企业运用电视、网络、报纸、广播等手段来进行金融产品或服务的营销活动。对于金融企业而言，媒体既是企业进行营销的必要途径，也是实施客户关系管理的重要桥梁。实施媒体营销策略的实践意义是有利于金融企业的品牌塑造；有利于金融企业新产品的广而告之；有利于金融企业服务形象的整体提升。

（二）金融企业媒体营销策略的选择

1. 目标客户定位策略

目标客户定位策略是指金融服务的客户群体与媒体的目标受众保持一致性。不同的金融服务有不同的目标客户群体定位，不同媒体的目标受众也不尽相同，所以，应结合具体金融服务的客户群体和媒体的目标受众，形成营销宣传的一致性和针对性。

2. 生命周期策略

生命周期策略是指对不同生命周期的金融服务，应采取差异化媒体营销策略。如广告，在不同的生命周期应采用不同的广告策略，以达到不同的营销目标。关于产品不同生命周期媒体广告的使用策略如图3-3所示。

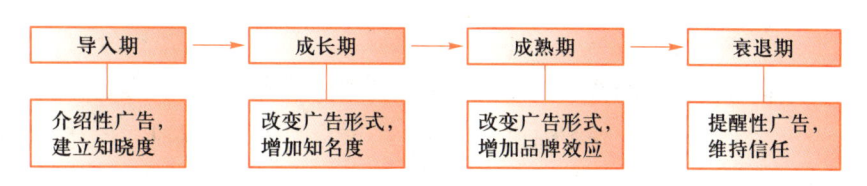

图 3-3 产品不同生命周期媒体广告的使用策略

3. 硬性与软性营销相结合的媒体营销策略

硬性营销是指满足客户对产品或服务本身的硬性需要的营销，客户获取的是产品或服务本身。软性营销是指满足客户对产品或服务之外的营销，如银行对信用卡普通用户的短信生日问候，对高端客户不定期地温馨回访等。在营销时，硬性与软性营销相结合，适当配以媒体广告，形成宣传效应：着力宣传企业品牌形象，服务功能的特征；报道金融企业营销人员爱岗敬业、热心服务的先进事迹；营造服务优良和产品热销的氛围；塑造服务品牌，提升金融企业的社会形象。

4. 性价比最高营销策略

在选择媒体营销时，要综合考虑媒体的性能和投放价格，根据性价比比较策略原则，选择同样效果下成本最低、性价比最高的媒体组合，以最少的营销投入达到最佳的传播效果。

5. 媒体组合营销策略

媒体组合营销策略是指运用媒体组合实现金融服务营销目标的组合策略。在营销金融服务时，可以在同一时间内运用两种以上的不同媒体，一方面可以使更多潜在客户获得认知，提高产品及品牌的知晓率；另一方面可以发挥不同媒体的各自优势，弥补单一媒体的缺陷。

二、金融企业媒体营销形式和策略选择

无论采取何种营销方式，营销活动的落地和传播都需要依托媒体进行，没有媒体，信息就没有承载的渠道，就无法传播。金融企业媒体营销形式主要有两种：一种是通过传统四大媒体，包括电视、广播、报纸、杂志等渠道进行传播的传统媒体营销；另一种是通过互联网、社交媒体、移动设备等新兴数字渠道进行传播的新媒体营销。

（一）传统媒体营销

1. 传统媒体营销的形式

（1）电视媒体营销的特点。电视媒体既具有传播内容丰富，真实直观；视觉冲击力大，艺术魅力强；覆盖面广，受注目程度高等优点。同时，也存在转瞬即逝、保存性差、费用较高等缺点。

（2）广播媒体营销的特点。广播媒体既具有传播速度快，能提高广告效果，能锁定目标客户，成本低廉等优点。同时，也存在消失快，保存性差；有声无形，直观性差；在对产品的牢固记忆方面不如其他媒体等缺点。

（3）报纸媒体营销的特点。报纸媒体既具有宣传面广，读者群广泛；营销传播迅速，便于随时查存；营销信息量大，选择性也大；营销可信度高，使读者产生信赖感等优点。也存在印刷效果粗糙，图画质量差；注目率低，选择对象能力差；有效时间短等缺点。

（4）杂志媒体营销的特点。杂志媒体既有目标对象明确，内容针对性强；印刷精美，图文并茂；信息生命周期长，可以反复阅读；保存期长等优点。也存在出版周期长，时效性差，版面小，信息容量小，受众数量少等缺点。

传统媒体除了上述四种主要形式之外，还有直邮、手机短信等形式。它们的特点比较如表3-1所示。

表3-1 传统媒体主要形式特点比较表

媒体	覆盖面	信息数量	传播速度	灵活性	保存性	保留时间	制作费用	印象效果
电视	广泛	较全面	快	很好	差	很短	较高	较好
广播	广泛	较全面	快	很好	差	很短	较低	较好
报纸	广泛	全面	快	好	较好	较长	较低	一般
杂志	较窄	全面	慢	差	好	长	较低	较好
直邮	较窄	详尽	快	一般	好	长	较高	较好
手机短信	较窄	一般	快	较好	一般	较短	较低	一般

2. 传统媒体营销策略的选择

（1）传统媒体营销的目标受众要与金融服务营销的目标客户群体保持一致。

（2）传统媒体营销要选择关注度高和千人成本低的媒体。

（3）传统媒体营销的发布时机要遵循目标客户定位策略原则选择目标受众；遵循生命周期策略原则选择适合广告投放的最佳时期；遵循性价比最高策略原则选择媒体的发布方式。

（二）新媒体营销

1. 新媒体的含义与类型

新媒体是一个相对的概念，是相对于传统媒体而言的，是继电视、广播、报纸、杂志等传统媒体之后发展起来的新媒体形态，主要包括网络媒体、手机媒体、数字电视等。凡是利用数字技术和网络技术，通过网络以及计算机、手机、数字电视等数字或智能终端，向用户提供信息和服务的传播形态，都可以视为新媒体。

目前常见的新媒体类型主要有：自媒体平台、社交类平台、问答类平台、新闻类平台、音频类平台、视频类平台、App 和小程序等。

新媒体的本质在于每个人都可以是生产者，每个人也都可以是传播者。传统媒体的生产者大部分都是比较专业的人，如编辑、制片人、主播等，普通大众在其中充当消费者的角色。而当新媒体出现之后，每个人都可以成为生产者，每个人都可以通过各类新媒体平台发出自己的声音。

2. 新媒体营销的特征

通过新媒体渠道开展的营销活动即新媒体营销，具有以下五个特征：

（1）成本低廉。按照吉尔德定律，随着通信能力的提高，每比特信息的传输价格朝着免费的方向下降，无限接近于零。新媒体营销借助新媒体平台，以文字、图片、音频、视频等形式面向消费者进行产品和服务宣传，能够更具针对性地为用户提供个性化营销方案，节约营销成本，提高经济效益。

（2）定位精准。现代科技的飞速发展为新媒体营销的精准定位提供了技术支持，企业借助大数据分析，构建客户画像，实现对消费者的精准定位，有效挖掘客户的个性化需求，为产品和服务的开发提供了市场依据。

（3）病毒传播。不同于传统媒体的单向传播，新媒体实现了以双向传播为代表的多样化传播，打破了信息传播双方的界限，企业与消费者都可以接收和发送消息，扩大了信息传播范围。同时，新媒体方便快捷、传播速度快、受众范围广、开放且受限少等特点为病毒传播提供可能。

（4）个性营销。在大众传播时代，消费者被动地接受信息，而在新媒体时代，消费需求越发个性化、复杂化，且消费者在获取信息上拥有了选择权，还能随时表达传递自己的想法，参与开发适合自己的个性化产品和服务。

（5）高度互动。参与和互动是新媒体营销的立身所在，也是新媒体营销受到企业和消费者欢迎的原因之一。一方面，消费者的积极参与能够通过口碑传播帮助企业扩大传播范围，开展营销推广；另一方面，企业能够与消费者形成良性互动，收集消费者信息，进一步改进产品和服务，更好地满足消费者需求。

3. 新媒体营销应具有的思维

（1）社交思维。新媒体时代的粉丝充当着重要角色，新媒体营销之战实际也是粉丝之战。新媒体营销的目标是获取高质量的粉丝。一个媒体平台如果不能"聚粉"，那么这个媒体将会失去价值。

（2）用户思维。用户思维是指在价值链的各个环节中都要以用户为中心，从用户视角，站在用户角度考虑问题，时刻为客户着想，针对用户的各种个性化、细分化需求设计个性化产品，提供有针对性的产品或服务，实现精准营销，真正做到"用户至上"。

培养用户思维，应从了解用户开始。用户思维的关键点就是到用户中去，看看他们最关心什么，对产品和服务有什么看法，他们是怎么描述产品的。打动用户要从用户最关心的价值点入手。

（3）流量思维。流量思维是指在价值链的各个环节中，都要以流量多少为核心来思考问题。金融营销人员在开展营销活动的过程中，需要注重带给企业、产品的流量和关注度的大小，将更多的用户关注度引导到营销对象上。

（4）大数据思维。新媒体是建立在数字技术和网络技术上的"互动式数字化复合媒体"。数据是十分重要的资源，大数据已经成为新媒体的核心资源，它是用来统计和分析受众心理、需求和行为习惯等的重要依据。分析、解读数据，探索并得出一种为受众提供个性化服务的新媒体运营方式，将成为新媒体营销在大数据时代赢得竞争的优势。

4. 新媒体营销策略的选择

（1）事件营销。事件营销是指通过策划、组织和利用一些具有新闻价值、社会影响或名人效应的人物或事件来吸引媒体、社会团体和消费者的兴趣与关注，以快速提高企业或产品的知名度、美誉度，树立良好的品牌形象，最终促成产品或服务销售的手段和方式。

事件营销方式具有受众面广、突发性强的特点，能够在短时间内使信息达到最大、最优的传播效果，节约大量的宣传成本。但是，事件营销的策划要谨慎、适度，切忌过度渲染。要做到不偏不倚，客观表述，加上诚恳、贴心的提醒，才会让整个事件营销获得成功。

（2）病毒营销。病毒营销是指利用公众的积极性和人际网络，通过提供有价值的产品或服务，让营销信息像病毒一样传播和扩散的营销方法。使用这种方法，营销信息可以被快速复制并传向数以百万计的受众。

开展病毒营销，对营销中传播的信息应注意以下事项：

① 要有好的标题。这样才能抓住受众心理，让受众在潜意识的控制下关注。

② 要有优质内容。分享一些对受众有益的内容，对内容传播更有帮助。

③ 要有高质量的配图。高质量的配图也能够提高受众的关注度。

④ 要能精准投放。选择一个精准的平台对于病毒营销极其重要。

⑤ 要多平台分享。要让信息传播的速度更快、范围更广，需要在多个平台投放。

（3）口碑营销。口碑营销是企业在调查市场需求的情况下，为用户提供所需要的产品和服务，同时制订一个口碑推广计划，让用户自动传播对企业产品和服务的良好评价，让人们通过口碑了解产品和服务，最终达到销售产品和提供服务的目的。

在今天这个媒体众多、信息爆炸的时代，人们对广告，甚至新闻都具有极强的免疫能力，企业只有制造新颖的口碑传播内容才能吸引大众的关注与议论。总的来说，口碑是目标，营销是手段，产品是基石。

（4）饥饿营销。饥饿营销是指商品提供者有意降低产量，以期达到调控供求关系、制造供不应求"假象"的目的，用来维护产品形象并维持商品的较高售价和利润率的营销策略。

企业先通过大量的促销广告宣传，引起消费者的购买欲望，然后采取饥饿营销的手段，让消费者苦苦等待，从而进一步提高购买欲望，这样，有利于提高产品销售价格，或为未来大量销售奠定基础，让品牌产生高额附加价值，为品牌树立高价值的形象。但是，这里要注意的是，要实施饥饿营销策略，首先，产品要得到消费者的认可，并且有足够的市场潜力，才会有施展的空间，否则会徒劳无功，甚至得不偿失。因此，企业如果在饥饿营销中实施过度，把产品的价格定得过低，导致消费者期望过大，同时又把产品供应量限制得太紧，超过消费者等待的时间或者可以承受的价格，就会使消费者的失望大于期望，从而转移注意力，寻找其他企业的产品。

（5）情感营销。情感营销就是把消费者的个人情感差异和需求作为企业品牌营销战略的核心，借助情感包装、情感促销、情感广告、情感设计、企业文化等策略来实现企业的经营目标。

（6）知识营销。知识营销是指通过有效的知识传播方法和途径，将企业所拥有的对用户有价值的知识传递给潜在用户，让潜在用户逐渐形成对企业品牌和产品的认知，从而将潜在用户最终转化为实际用户的各种营销行为。

采用知识营销的方式，要让用户在消费的同时学到新知识，要重视和强调知识的纽带作用，通过对相关产品知识的宣传、介绍，让用户知晓产品或服务的特点及优势。

（7）会员营销。会员营销是一种精准营销，它是基于会员管理的营销方法。新媒体通过将普通消费者转变为会员，分析会员的消费信息，挖掘会员的后续消费力及其终身消费价值，通过会员介绍等方式实现客户价值最大化，并且通过会员积分、等级制度等多种管理办法，增加会员的稳定性和活跃度，使会员生命周期持续延伸。

会员营销实质上是一种客户管理模式。会员是企业为了维系与客户之间长期、稳定的关系而演变成的一种营销模式和营销手段，通过提供差异化服务和精准的营销来提高客户的忠诚度和活跃度，从而提高企业的销售额。

（8）互动营销。互动营销是指企业在营销过程中充分利用消费者的意见和建议，用于产品和服务的规划和设计，为企业的市场运作服务。互动营销的核心在于精准定位目标客户，通过分析客户的消费需求和消费倾向，为客户提供适合的产品和服务。

互动营销的实施需要企业具有强大的综合实力，包括数据分析能力、产品设计能力和客户服务能力等。互动营销可以给企业带来四大好处：促进客户的重复购买、建立长期的客户忠诚、有效地支撑关联销售、实现客户利益的最大化。

价值引领

小广告，大文化

广告语，是金融企业精神理念的提炼和品牌核心价值的体现，优秀的广告语能够准确传达金融企业的服务宗旨，从而加深客户对金融企业及其服务的整体印象。优秀的金融企业广告语应该具备以下特征。

（1）主题明确，体现金融企业的核心价值。广告语是品牌核心特性的高度概括，是品牌标志性符号的一部分。金融企业广告语应做到主题明确、信息集中，使客户清晰地了解金融企业的品牌概念。

（2）在商言文，包含浓郁的文化底蕴。伴随着我国人民知识水平和文化素养的普遍提升，金融企业在品牌建设方面也应该契合这一普遍趋势，用文化武装金融企业的广告语，使金融企业的广告语具有文化底蕴，将金融企业的品牌文化建设提升到一个新阶段。

总之，主题明确，体现金融企业的核心价值；在商言文，包含浓郁的文化底蕴是广告语被广大客户记住、认同的关键。媒体策略的核心在于通过什么媒体去宣传，能否通过宣传抓住客户的心。请看下面五家银行的广告语：

中国银行——选择中国银行，实现心中理想

中国建设银行——善建者行，善者建行

中信银行——让财富有温度

招商银行——因您而变

中国民生银行——服务大众，情系民生

问题探索

请分析上述五家银行广告语的寓意，你认为最有品牌意识、最有文化底蕴的广告语是哪家银行？并阐述理由。

分析提示

从金融企业如何搞好网络营销角度思考。

调查研究

撰写一份金融企业媒体组合营销策略实施情况调研报告

活动要求：以小组为单位，利用课余时间，针对所在地区，从商业银行、保险公司或证券公司等金融企业中选择一家企业，调查该企业实施媒体组合营销策略的具体做法和成效。通过调查获取相关数据，完成一份不少于1 500字的金融企业媒体组合营销策略实施情况调研报告。

活动组织与步骤：

（1）组织设计：以小组为单位，指定1名学生负责录像，1名学生负责记录，1名学生担任评委，负责点评打分，组长主持调研并全程把控。

（2）前期准备：编写调研方案，确定调研渠道和调研对象——将金融企业的主要客户群体作为调研对象，在此基础上选取典型代表作为具体调研对象，构建指标体系，并据此设计调查问卷。

（3）实施调研：通过调研获取相关数据。

（4）撰写报告：整理分析调查数据，研讨形成调研结论，撰写调研报告。

（5）汇报形式：课上组长汇报，小组其他成员可以补充，汇报时间不超过5分钟。

（6）学生点评：评委根据组长的汇报情况和提交的调研报告，点评并给出小组成绩，汇总后取均值。

（7）成绩评定：教师点评并给出小组成绩，加总后一并计入小组成绩。

（8）成果展示：提交的调研报告由教师存档，并作为课堂学习成果予以展示；如有必要，可以将调研报告向被调研的金融企业反馈。

第六节 金融企业人员营销策略

一、金融企业人员营销策略概述

（一）金融企业人员营销策略的含义

人员营销是金融企业人员向客户直接营销产品或服务。从广义上说，凡是为营销产品进行业务推广而与潜在或现有客户直接打交道的人员均是营销人员。金融企业营销人员构成如图3-4所示。

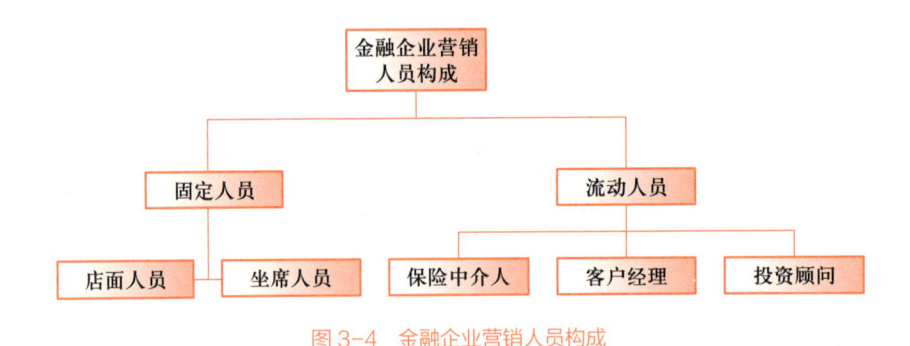

图3-4 金融企业营销人员构成

同其他营销方式相比，人员营销具有以下优势：

（1）营销人员与客户直接接触，通过面对面交流，使客户更加了解金融企业的产品或服务。

（2）及时化解矛盾，增加产品或服务被优先购买的可能性。

（3）便于与客户磋商价格和其他条件，坚定客户的信心，进而达成交易。

（4）便于向客户提供售后服务。

（二）金融企业人员营销策略制定流程

金融企业人员营销策略制定流程如图3-5所示。

二、金融企业人员营销策略的选择

人员营销可以采取坐席销售、电话营销、拜访、研讨会、路演、讲座和社区咨询活动等形式。

第三章 金融服务营销策略

```
第一步：确定人员     ├─ 推介：让潜在客户了解金融企业或产品
营销的目标           ├─ 塑造：借营销之机树立金融企业形象
    ↓                ├─ 了解：了解客户需求及客户对金融企业、产品的认知
第二步：选择和组     ├─ 解决：解答客户疑问，解决客户问题
合营销策略           ├─ 维系：通过具体的活动方式，维系老客户
    ↓                ├─ 发掘：通过具体的活动方式，发掘新客户
第三步：决定营销     ├─ 服务：为客户提供全方位的服务或解决问题的方案
人员的规模           └─ 调研：了解市场动态，搜集市场情报
    ↓
第四步：设计人员
营销的结构
    ↓
第五步：人员营销     ├─ 营销人员的选聘
的管理               ├─ 营销人员的培训
                     ├─ 营销人员的报酬
                     ├─ 营销人员的督导
                     ├─ 营销人员的激励
                     └─ 营销人员的评估
```

图 3-5　金融企业人员营销策略制定流程

（一）坐席销售

坐席销售是指金融企业专职客服人员的信息咨询、信息反馈、投诉处理、产品或服务推介、交易处理等服务营销活动。

（二）电话营销

电话营销是指金融企业专职或兼职电话营销人员，根据客户名单，对潜在客户通过电话拜访，达到邀约的目的，以实现销售金融产品或服务的目标。

（三）拜访

对于重点潜在客户，客户经理或投资顾问要入户拜访。其具体步骤为：选出重点客户，进行广泛拜访—通过初次拜访，筛选出潜力客户—对潜力客户进行重点跟踪拜访。拜访的目标是全面了解客户的状况和需求，全面推介企业的产品、服务和形象。这种拜访方式能够通过与客户的实际接触，了解其真实需求，提供个性化的金融服务，但缺点是成本高，拜访的成功率较低。目前，这种方式是金融企业普遍采用的一种方式。

（四）研讨会

金融企业可以实时发起或举办不同专题的研讨会，为客户提供学习相关专业知识和技能的机会，加深客户对企业的了解，提高客户对企业产品或服务的应用，突出企业的实力及优势，提升客户对企业的认知度，塑造企业良好形象。参加会议的人员除了潜在的重要客户外，还应包括著名学者、相关部门的领导、新闻媒体人员等。这种方式对机构客户进行业务推广尤为重要。

（五）路演

所谓路演，是企业在路上进行的各种演示活动，是由原本的证券发行推广方式演绎而来的各种产品宣传方式。主要包括媒体发布会、产品发布会、产品展示、优惠或者促销热卖、现场咨询、填表抽奖、礼品派送、有奖问答、歌唱比赛、文艺表演等融合多种吸引人眼球项目的现场活动。企业做路演的最大好处是可以通过场外活动与消费者面对面交流并起到宣传和推广产品的作用，相对各种媒体广告来说，不但费用节省很多，对于提高产品知名度和产品销量也有不可估量的作用。

金融企业的路演主要采用推介会和网上路演两种形式。

1. 推介会

新产品或服务问世时，常以推介会的形式进行宣传推广。推介会路演需要计划以下内容：配备推介人员，成立路演团队，确定推介会内容、邀请对象、时间安排及频率、地点及顺序安排，进行新闻媒体报道，进行认知度的评估。

2. 网上路演

网上路演，即借助互联网的力量来推广。网上路演现在已经成为金融企业推介新产品的重要方式。网上路演是网上互动交流模式和新闻发布模式的融合，已经由最初的证券公司新股推介演绎为业绩推介、产品推介、上市抽签、上市仪式直播、重大事件的实时报道等多种形式。

（六）讲座

对机构客户和个人客户，金融企业营销人员可以针对所印刷的宣传品采取讲座的形式，介绍企业的产品或服务的功能以及操作方法等，届时可以邀请媒体人员参加。讲座可以是免费的，也可以是收费的。通过讲座建立客户数据库，讲座的内容可以登载于网站上，以供长期查看。同时，可以发放调查问卷，深入了解、掌握客户的认知和计划等情况。

（七）社区咨询活动

对于个人客户，金融企业营销人员可以组织社区咨询活动，推介企业的产品或服务，介绍购买和操作方法等知识。

> **课堂讨论**
>
> 某商业银行网点地处繁华路段，以该网点为中心，方圆一公里范围内有一家大型超市、一所中学、若干写字楼、两个高档小区和若干老小区，还有两个服装批发市场、两座地铁站、一家健身俱乐部……
>
> 按照金融企业人员营销策略的选择，讨论商业银行区域业务开发方案。

思考与练习

一、单选题

1. 品牌知名度、联想度、美誉度、忠诚度和依赖度战略属于（　　）。
   A. 品牌差异化战略　　　　B. 品牌情感联系战略
   C. 品牌度战略　　　　　　D. 品牌内部化战略

2. 金融企业体验式营销策略不包括（　　）。
   A. 感官体验式营销策略　　B. 情感体验式营销策略
   C. 思考体验式营销策略　　D. 知觉体验式营销策略

3. 通过影视明星或其他公众人物等名人效应来激发客户，从而实现产品或服务的销售，这种营销策略属于（　　）。
   A. 情感体验式营销策略　　B. 行动体验式营销策略
   C. 关联体验式营销策略　　D. 感官体验式营销策略

4. 金融企业普遍采用，可为客户提供个性化，但成本较高的人员营销方式是（　　）。
   A. 电话营销　　　　　　　B. 坐席销售
   C. 拜访　　　　　　　　　D. 社区咨询

二、多选题

1. 关系营销包括（　　　　）。
   A. 客户关系营销　　　　　　B. 政府和公众关系营销
   C. 内部关系营销　　　　　　D. 矩阵营销
2. 根据品牌竞争战略的特征，可以分为（　　　　）。
   A. 品牌构建战略　　　　　　B. 品牌累积战略
   C. 品牌共享战略　　　　　　D. 品牌扩张战略
3. 金融企业服务品牌营销的核心战略包括（　　　　）。
   A. 品牌差异化战略　　　　　B. 品牌情感联系战略
   C. 品牌内部化战略　　　　　D. 品牌度战略
4. 金融企业媒体营销策略的选择一般包括（　　　　）。
   A. 目标客户定位策略
   B. 硬性与软性营销相结合的媒体营销策略
   C. 性价比最低策略
   D. 生命周期策略

三、判断题

1. 金融企业关系营销的核心是留住客户。（　　）
2. 基于金融企业的"大营销"概念来说，金融企业营销是一种外部性的营销。（　　）
3. 品牌情感联系战略是指金融服务企业以品牌的特性为基础，通过品牌形象、品牌接触和品牌价值来加强品牌与客户之间的情感联系。（　　）
4. 与传统的营销模式相比，主动接近客户、充分考虑客户需求是体验式营销策略的最大优势。（　　）

四、名词解释题

关系营销　品牌情感联系战略　金融企业　体验式营销策略　媒体组合营销策略

五、简答题

1. 简述金融企业关系营销的流程。
2. 金融企业外部关系营销策略的实施途径有哪些？
3. 简述金融企业体验式营销策略的操作流程。
4. 金融企业网络媒体营销策略应该如何选择？

— 技 能 训 练 —

随着互联网技术与应用的快速发展,互联网已经逐渐渗透到人们生活的方方面面,不断与越来越多的传统行业相融合。金融科技就是互联网"开放、平等、协作、分享"精神与传统金融行业相融合的新兴领域,是通过互联网和移动通信等手段,实现融资、支付等功能的一种新兴金融服务模式。与传统的以物理形态存在的金融活动不同,金融科技存在于电子空间中,形态虚拟化,运动方式网络化,其透明、开放和便利等特性使社会资金支付方式更加丰富和便捷、金融产品营销模式不断创新和深化、资本融通日益普惠和高效。迅猛发展的金融科技正在深刻影响和改变着我国传统的金融体系,对传统金融行业带来巨大冲击与影响,这种冲击本质上是营销变革带来的冲击,这对金融行业传统营销模式的变革创新和转型升级提出了更高、更紧迫的要求,也为其带来革命性的强大驱动力。传统金融与金融科技的融合已是大势所趋,这就要求传统金融行业要主动把握金融科技发展的机遇,不断进行自我革新,通过改进营销策略来提升自身的竞争力。

问题探索:请从金融服务营销策略视角,分析在金融科技时代传统金融行业面临的机遇与挑战,阐述现行营销模式存在的问题与不足,可以通过哪些营销创新来助力传统金融行业积极应对金融科技的冲击与影响。

— 能 力 自 评 —

一、专业能力自评

专业能力自评表

	能/否	任务名称
通过学习本章,你		了解/理解/解释金融企业关系营销、品牌营销、电子平台营销、体验式营销、媒体营销、人员营销等策略的含义、特征和实践意义
		了解/熟悉/分析金融企业内部、外部关系营销的实施途径
		了解/熟悉/解释品牌营销的核心战略和实施途径
		了解/熟悉/掌握金融企业互联网营销、电话营销、自助服务终端营销等电子平台营销的形式和主要功能
		了解/熟悉/掌握金融企业体验式营销、媒体营销、人员营销等策略选择的技巧
		了解/熟悉/会运用营销策略和营销技巧进行金融服务实战营销
		培养金融服务的主动营销意识

注:"能/否"栏填"能了解/熟悉(理解)/掌握(解释、分析、辨析)/培养"或"否"。

二、核心能力自评

核心能力自评表

核 心 能 力		是 否 提 高
通过学习本章，你的	信息获取能力	
	口头表达能力	
	书面表达能力	
	与人沟通能力	
	解决问题能力	
	团队合作精神	

自评人（签名）：　　　　　年　月　日　　　教师（签名）：　　　　　年　月　日

注："是否提高"一栏可填写"明显提高""有所提高""没有提高"。

三、职业素养评价

职业素养评价表

	职业素养内容	分值	自我评价	小组评价	教师评价	综合评价
通过本章学习，你的	系统意识观念	20				
	严谨认真态度	20				
	求实创新精神	20				
	自主学习能力	20				
	灵活应变能力	20				
	合计	100				

存在的不足和努力方向：

自评人（签名）：

年　月　日

第四章

金融市场调研与金融服务营销环境分析

学习目标

素养目标

1. 强化诚信意识,培养诚实守信的道德品质;
2. 发现问题、分析问题、解决问题,夯实调查研究的基本功,培养善于思考、勤于钻研的精神。

知识目标

1. 了解金融市场调研的目标;
2. 理解并能熟练掌握金融市场调研的方法;
3. 了解金融服务营销环境的构成;
4. 理解宏微观营销环境对金融企业营销活动的影响;
5. 认知金融服务营销环境与营销活动的动态适应关系以及金融企业如何去适应营销环境。

技能目标

1. 能够熟练掌握金融市场调研的流程;
2. 能够制定并实施市场调研方案,撰写市场调研报告;
3. 能够分析某一金融产品面临的宏微观环境并撰写分析报告。

思维导图

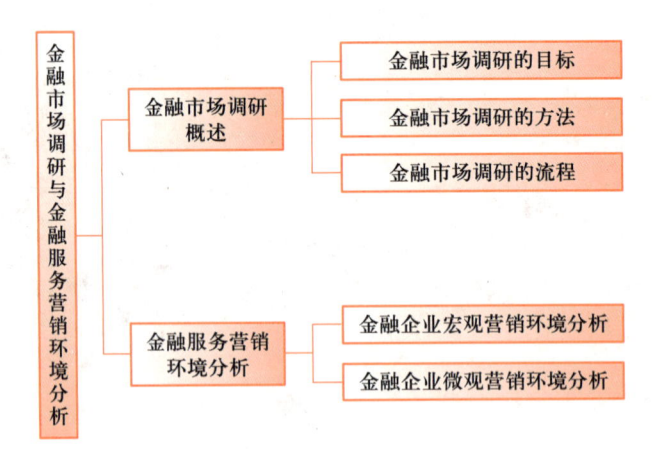

```
金融市场调研与金融服务营销环境分析
├── 金融市场调研概述
│   ├── 金融市场调研的目标
│   ├── 金融市场调研的方法
│   └── 金融市场调研的流程
└── 金融服务营销环境分析
    ├── 金融企业宏观营销环境分析
    └── 金融企业微观营销环境分析
```

引导案例

市场调研是金融服务营销的开始

A商业银行刚刚成立时，新任营销总监李俊接到行长交给的两项任务：一是全面调查本行所处的经营环境，为本行即将制定的营销战略提供参考；二是为本行正在策划的一款新基金产品进行市场需求、潜在客户、现有竞争对手、推广方法选择等内容的全面调研分析。

为了尽快完成这一任务，根据调研目标，李俊进行了以下工作：首先，李俊设计了调研方案，确定了获取信息资料的途径，设计了问卷。其次，收集资料，李俊将营销部的人员分为两组：一组进行实地调研，收集第一手资料；另一组从各大知名网站、报纸杂志、图书馆等渠道收集了大量相关的资料。最后，撰写报告。李俊亲自将本部门同事收集上来的全部资料进行归类整理，去粗取精、去伪存真，进行了由此及彼、由表及里的分析研究，并撰写了两份报告。行长看完报告后进行了批示：报告资料完整、分析透彻、可参考性强。希望各相关部门以此为依据，制定相应的营销战略和营销方案。

引例分析

2023年6月，习近平总书记在内蒙古考察时强调，要大兴务实之风，抓好调查研究。市场调研是金融服务营销的开始，它能准确地界定当前金融企业面临的营销问题，为营销决策提供准确的数据，市场调研已经成为金融企业业务经营、内部管理和制定市场战略发展的一个重要依据。

调查研究是做好工作的基本功，从事金融服务工作的服务营销人员要通过调研，深入了解客户需求，畅通联系渠道，提升服务品质，以实际行动为客户提供更优质、高效、便捷的服务。

第一节　金融市场调研概述

一、金融市场调研的目标

市场调研是市场调查与市场研究的统称，是调查者根据特定的问题，运用科学的方法，有目的、有计划地系统设计、收集、整理、分析、研究及报告的工作过程。对于金融企业而言，市场调研是金融服务营销的第一步，是基础环节。

设计一项市场调研项目，应首先明确调研目的，确定研究目标。只有将所研究的问题明晰而准确地提出，才有可能进行有的放矢的研究设计，选择恰当的研究方法，收集适合研究需要的资料，从而为制定决策、解决问题提供正确的依据。

对于金融企业而言，市场调研的目的主要包括：① 为金融企业产品的销售提供市场信息服务（产品和市场管理部门）；② 为改进提高金融企业的经营管理水平提供咨询服务（决策部门）；③ 为金融企业的发展和获得产品营销活动的最佳经济效益提供市场依据（产品销售部门）。

对于金融企业的产品销售部门而言，其市场调研的目标主要有以下几个方面：

（一）了解和发现客户需求

市场调研是了解和发现客户需求的主要途径。通过调研，可以比较全面地了解市场环境和客户需求的变化，更好地了解和发现客户需求，把握有利的营销机会。

（二）创造新的营销机会

市场调研是金融预测和创造新的营销机会的重要工具。通过市场调研，可以较为准确地评估、预测未来市场可能发生的变化及发展趋势，从而及时调整营销策略，创造新的营销机会。

（三）制定科学的营销战略

市场调研是金融决策的重要组成部分。通过市场调研而最终形成的调研报告，是营销决策的主要依据，据此制定营销战略和计划，可以减少决策的盲目性。

二、金融市场调研的方法

金融市场调研的方法，按照收集资料的性质不同，可以分为一手资料调研法与二手资料调研法；按照调查对象的范围不同，可以分为全面调查法、典型调查法、重点调查法、抽样调查法；按照搜集资料的方法不同，可以分为直接调查法、访问调查法、报表调查法、问卷调查法。

（一）一手资料调研法与二手资料调研法

1. 一手资料调研法

一手资料亦称原始资料，是指调查者为了当前的调研目的直接经过收集整理和直接经验所获得的资料。一手资料调研法包括访谈法、观察法、实验法。

（1）访谈法。访谈法是指调查人员通过某种方式向被调查者直接询问问题而收集所需要资料的一种调查方法。通常应该事先设计好询问程序及调查表或问卷，以便有步骤地提问。访谈法主要有面谈、网络、电话、座谈会等方法。

（2）观察法。观察法是指调查人员现场观察具体事物和现象，客观地收集资料的方法。这种方法的要点是避免直接向当事人提出问题，而代之以观察所发生的事实，据以判断当事人在某种情况下的行为、反应。常用的有直接观察、亲身经历、实际痕迹测量和行为记录等方法。

（3）实验法。实验法是指先选择较小的范围，确定 1~2 个因素，并在一定控制条件下对影响金融产品与销售的因素进行实际测试，然后对结果进行分析研究，进而再大范围推广的一种调查方法。如金融新产品的试销。

上述三种调查方法优点与缺点的比较如表 4-1 所示。

2. 二手资料调研法

二手资料亦称次级资料，是指特定的调查者按照原来的目的收集、整理的各种现成的资料。二手资料可以从金融企业的内部信息系统、外部的各种媒体、商业伙伴、政府部门等相关机构获取。二手资料使用得当，可以节约预算，有助于明确或重新明确探索性研究的主题。但是，有些二手资料缺乏准确性和可信度，必须进行严格审查与评估后方可使用。

表4-1 访谈法、观察法、实验法三种调查方法优点与缺点的比较

优缺点	访 谈 法	观 察 法	实 验 法
优点	1. 回答率较高 2. 可使用较复杂的问卷 3. 调查结果较为准确	具有掩饰性，避免产生以下四个方面的问题： 1. 受访者的判断能力与表达能力问题 2. 拒访问题 3. 因访问者的出现而影响人们行为的问题 4. 受访者故意迎合或恶意应付的问题	1. 可以使研究对象处在实验条件许可的条件中 2. 可以强化研究对象的某些条件 3. 具有可重复性，使实验现象有规律地重复出现
缺点	1. 调查成本高、周期长 2. 对调查人员要求较高 3. 受访者有一定心理压力	1. 只有事实性的行为、公开场合才适合观察 2. 只有重复、频繁，而且存在某种规律的行为才适合观察	实验环境下的行为与真实环境下的行为有时会有失真现象

（二）全面调查法、典型调查法、重点调查法、抽样调查法

1. 全面调查法

全面调查法是对市场调查对象总体的全部单位都进行调查。如某保险公司要对所在社区的汽车客户进行了解，他们利用10天时间，对社区内的500辆汽车用户逐一进行询问，获取了丰富的信息。

2. 典型调查法

典型调查法是在对市场现象总体进行分析的基础上，从市场调查对象中选择具有代表性的部分单位作为典型，进行深入系统的调查，并通过对典型单位的调查结果来认识同类市场现象的本质及其规律性。

3. 重点调查法

重点调查法是从市场调查对象总体中选择少数重点单位进行调查，并用对重点单位的调查结果反映市场总体的基本情况。重点单位是指在总体中单位数不多，但就调查的标志值而言，在总体中占有很大比重。通过对这些重点单位的调查，就可以了解总体某一数量的基本情况。如某银行为了了解所服务企业的存款变动情况，选择存款占全行存款比重达60%的10户企业进行了解，便可掌握存款变动的基本趋势。

4. 抽样调查法

抽样调查法是按照随机原则从调查对象中抽取一部分单位进行调查，用调查所得指标数值对调查对象相应指标数值作出具有一定可靠性的估计和推断的一种调查方法。抽样调查法分为随机抽样和非随机抽样两类。随机抽样包括简单随机

抽样、类型抽样、等距抽样、整群抽样。非随机抽样包括任意抽样、判断抽样和配额抽样。

（三）直接调查法、访问调查法、报表调查法、问卷调查法

1. 直接调查法

直接调查法是指调查人员亲自到现场对调查项目进行直接清点、测量以取得资料的一种方法。

2. 访问调查法

访问调查法是指派访问员向被调查者提问，根据回答情况来收集资料的一种调查方法。

3. 报表调查法

报表调查法是指由报告单位根据原始记录，依据一定格式及要求，由下及上报送资料的调查方法。

4. 问卷调查法

问卷是根据调查目的设计，由一系列问题、答案、代码表组成的文件，是调查中常用的工具。根据不同场合使用的情况，可以设计出不同类型的问卷，而且在设计中可长可短，方便实用，使用频率很高。

三、金融市场调研的流程

一个完整的市场调查流程一般包括确定市场调查的目标、探索性研究、设计调研方案、实验性调查、收集数据资料、整理资料、分析资料、撰写调研报告等步骤。金融市场调研流程如图4-1所示。

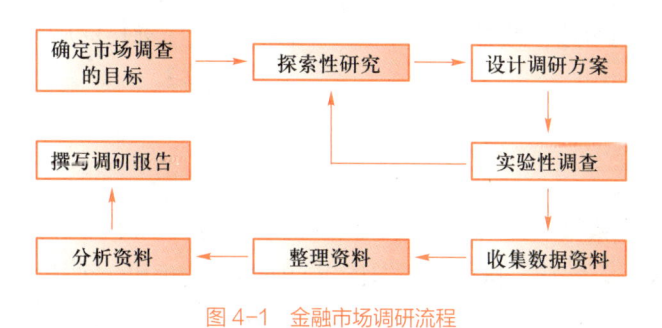

图4-1 金融市场调研流程

（一）确定市场调查的目标

确定市场调查目标要明确两个问题：一是调研所得信息是为了解决什么决策问题；二是在费用既定的情况下，调研所得信息要达到怎样的准确程度。调查目

标要和决策者沟通交流，根据实际情况作出准确定义，确定具体可行的市场调查目标。

（二）探索性研究

探索性研究是根据确定的调查目标，对承载调查目标的调查项目进行初步的认识，提供对调研问题的理解和观察，为以后的问卷及调研方案的设计打下坚实的基础。探索性研究是非正式调研，在对调研问题的认识、内容与性质不够明确和了解的情况下采用。

（三）设计调研方案

调研方案是整个市场调查的行动纲要。当决定进行正式调研以后，就要制定正式的调研方案。调研方案包括确定调研目标、确定具体调研项目、选择调查方法、确定调查的具体时间、调查人员及经费安排、设计调研问卷等相关问题。

（四）实验性调查

实验性调查是指在调查之前，先用小样本来验证调研方案是否可行以及是否存在漏洞。如果有问题的话，则可能要返回到探索性研究中，对调查项目及调研方案作重新修改。

以上四个阶段是市场调查的准备阶段，它为将要进行的收集和分析数据指明了方向，习惯上也称之为调研企划。

（五）收集数据资料

根据调查方案，具体实施调查。实施过程中，要注意资料来源渠道的选择和资料收集方法的选择要与调查方案相一致，以确保资料的质量，控制调查的误差。

（六）整理资料

首先，对收集来的资料要进行审核，审核的内容主要看资料是否具备及时、准确、完整这三个特征；然后，对审核后的资料进行编码，即把文字资料转化为计算机能够识别的数字符号；最后，把资料录入计算机。

（七）分析资料

根据调研方案的要求，对数据进行处理。在这一过程中，最简单的是先作频数分析，接着可以根据变量的特点，进行多变量或是建立模型分析。

（八）撰写调研报告

根据调查资料和整理结果撰写调研报告，提出问题的解决方案和建设性意见，为制订营销计划提供参考。调研报告具体包括调研目的、调研方法、调研结果及资料分析、对策建议和附录等。

第二节　金融服务营销环境分析

金融服务营销环境是指对金融企业有着直接或间接影响的各种因素和力量的总和，这些因素和力量可以分为宏观营销环境和微观营销环境两部分。任何金融企业都身处一定的环境之中，这种环境既给金融企业带来机遇，也带来挑战。

一、金融企业宏观营销环境分析

随着经济、社会、科技等诸多方面的迅速发展，特别是世界经济全球化进程的加快，全球信息网络的建立和消费需求的多样化，企业所处的宏观环境更为开放和动荡。这种变化几乎对所有企业都产生了深刻的影响，金融企业也不例外，正因为如此，对宏观环境的分析成为金融企业制定营销战略的开始。

宏观营销环境是指对社会各行各业产生影响的各种因素和力量的总和，这些因素和力量包括政治与法律环境、经济环境、人口环境、科学技术环境、社会文化环境和自然环境六个方面。对金融机构影响最大的因素是政治与法律环境、经济环境、人口环境、科学技术环境和社会文化环境五个方面。

宏观经济环境对房地产贷款的影响

（一）政治与法律环境

政治与法律环境的稳定与否是金融机构经营的基础性条件。政治环境是指金融机构面临的外部政治形势和状况，分为国内政治环境和国际关系。一个稳定的政治环境是金融机构开展营销活动的先决条件。法律环境是指国家或地方政府颁布的各项法规、法令和条例等，它是金融机构开展营销活动的准则。金融机构只有依法进行各种营销活动，才能受到国家法律的有效保护。

改革开放以来，我国经济能够取得长足进步，与我国处于一个相对稳定的国际、国内政治局势有着重大的关系。在涉及金融机构的法律方面，我国目前已经形成了国家法律、行政法规、部门规章、其他规范性文件等多层次的金融法律规章体系。2023年10月召开的中央金融工作会议聚焦加快建设金融强国，提出"要加强金融法治建设，及时推进金融重点领域和新兴领域立法，为金融业发展保驾护航"等一系列重要部署要求。新时代以来，随着《中华人民共和国保险法》《中华人民共和国商业银行法》等陆续修订，《中华人民共和国金融稳定法》草案进入审议环节，我国金融立法不断完善，立法质量和效率不断提升，各项立法相互促进、形成合力。为金融活动提供框架完整、逻辑清晰、制度完备的规则体系，确保在法治轨道上推动我国金融高质量发展。

随着2006年底我国金融业的全面开放、外资金融机构的进入，对于优质客户的争夺日趋白热化，使国内同业之间的竞争更加激烈。面对新的市场环境，采用何种竞争策略，才能在竞争中争取最大的市场份额，一方面需要金融机构竞争能力的不断提升；另一方面需要国家、行业法律法规的日益完善，为金融机构营造相对健康的市场竞争环境。

（二）经济环境

经济环境是指金融机构营销活动所面临的外部社会经济条件，其运行状况和发展趋势会直接或间接地对金融机构营销活动产生影响。经济环境具体是指一个国家或地区经济发展水平与发展速度、经济制度与市场体系、收入水平、财政预算、贸易与国际收支状况以及政府的各项经济政策等因素的变化对金融企业产生的各种影响。

在国家的经济政策中，财政及货币政策对金融企业影响巨大。宽松或从紧的经济政策，往往对金融市场起着直接的影响。同时，政府对金融行业采取的改革措施也深刻改变着金融行业的运行方式。这对金融机构有以下几点好处：让金融更好支持实体经济；增加金融机构获利能力；提高信贷质量等。但是，这也使金融机构经营压力增加，利率波动的风险增大。金融业必须密切注意这种趋势对行业产生的重大影响。

一个国家或者地区的宏观经济走势对金融机构的日常营销活动具有举足轻重的影响。这种经济趋势对金融机构的业务影响最为明显。在经济快速发展、形势大好的时期，金融机构往往不愁业务的开展，各行各业都离不开各种金融产品或服务，金融机构往往只需要加强金融产品的风险控制即可实现业务的发展。但是，在经济低迷、形势不容乐观的时期，经济活动的减少会影响金融机构的业务量，金融机构需要在营销活动上下苦功夫，才能保证在宏观经济走势下降的情况下维持机构的发展。2023年12月召开的中央经济工作会议指出，进一步推动经济回升向好需要克服一些困难和挑战，主要是有效需求不足、部分行业产能过剩、社会预期偏弱、风险隐患仍然较多，国内大循环存在堵点，外部环境的复杂性、严峻性、不确定性上升。要增强忧患意识，有效应对和解决这些问题。综合起来看，我国发展面临的有利条件强于不利因素，经济回升向好、长期向好的基本趋势没有改变，要增强信心和底气。当前形势的变化对金融工作也提出了新的更高要求。

（三）人口环境

人口环境主要是指一个国家的人口数量及增长趋势、地理分布、年龄、性别、家庭、职业等。人口是构成市场的首要因素，也是金融营销人员关注的环境因素，因为市场是由人组成的。人口规模决定了金融机构的市场规模，人口的结构变化也决定着金融机构的结构变化，因此，人口状况将直接影响金融机构的营销战略和营销管理。金融机构在进行营销规划、开展营销活动时，需要充分细致地分析一国或地区的人口数量、人口分布、年龄结构、婚姻状况等人口状况。

目前，我国人口老龄化现象对金融企业影响很大。国际上通常把60岁以上的人口占总人口比例达到10%，或者65岁以上人口占总人口的比重达到7%作为国家或地区进入老龄化社会的标准。根据国家统计局第七次人口普查的数据，2020年我国65岁及以上人口占13.5%，中国已经进入老龄化社会。一般来说，老年人口作为一个特殊群体，对高风险金融产品相对趋于回避，而对储蓄、养老保险和医疗保险等金融产品投入较多。因此，金融机构对老年人的营销活动，最好能够体现方便、简捷和稳定的特点。

（四）科学技术环境

科学技术是人类在长期实践活动中积累的经验、知识和技能的总和。科技是目前影响人类命运最引人注目的因素，其对金融机构影响巨大。经济转型需要金融与科技的深度融合，金融科技不是简单的"金融+科技"，而是通过一系列金融制度的创新安排，推进金融创新与科技创新的深度融合。同时，金融与科技的深度融合也有利于我国金融产业的健康发展。

金融科技涉及的技术具有更新迭代快、跨界、混业等特点，当前主要是大数据、人工智能、区块链技术等前沿颠覆性科技与传统金融业务与场景的叠加融合。如利用大数据及人工智能技术使得从金融市场收集和分析数据变得更加容易，更多地减少了信息不对称，重新定义金融市场的价格发现机制，提升交易速度，促进金融市场的流动性，提升金融市场的效率和稳定性，监管机构可以更高效地分析、预警和防范金融市场的系统性风险，从而帮助传统金融行业节省人力成本，减少员工重复劳动。又如随着大数据金融、互联网金融以及区块链技术的普及，可以让更多的人以更低的成本、更为便捷地获得金融服务。再如借助金融基础设施和科学信息技术管理，让"一带一路"共建国家分享我国金融科技成果，我国的移动支付已经开始助力"一带一路"共建国家经济与金融发展。

（五）社会文化环境

社会文化环境是指一个国家、地区的民族特征、价值观念、生活方式、风俗习惯、伦理道德、教育水平、语言文字等的总和。一个国家或地区都有自己传统的思想意识、风俗习惯、思维方式、艺术创造、价值观等，它们构成该国家或地区的文化，并直接影响人们的生活方式和消费习惯。因此，金融机构应该重视对社会文化环境的调查研究，制订适合当地文化和传统习惯的营销手段，只有这样才能得到当地人的认可，金融产品才能被接受。

构成文化的诸因素中，知识水平影响着人的需求构成以及对产品的评判能力。知识水平高的地区，复杂的金融产品会有很好的销路；而简单的金融产品则在知识水平低的地区才能找到销路。在文化因素中，还有一个不容忽视的方面，即传统的风俗习惯，金融市场营销活动必须尊重当地的风俗习惯，做到"入乡随俗"，否则，会引起当地人的反感抵触，导致营销活动的失败。

二、金融企业微观营销环境分析

金融企业微观营销环境是指对金融企业服务其顾客的能力构成直接影响的各种因素，如图4-2所示。

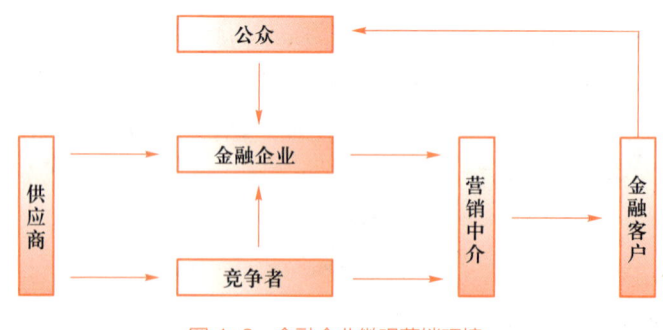

图4-2 金融企业微观营销环境

（一）金融客户

金融客户是指进入金融消费领域的最终消费者，也是金融企业营销活动的最终目标客户，具体包括企业客户和个人客户两类。

1. 企业客户

目前，广大金融企业服务的相当一部分客户是大型国有及民营企业。随着国企现代企业制度的建立，部分国有大型企业对金融企业的资金需求增大；国家要选择每个行业的龙头企业作为国有金融企业支持的重点；国有金融企业要支持一批大型企业，增强其市场竞争力。与此同时，2023年，国务院《关于推进普惠金融高质量发展的实施意见》发布，对普惠金融助力小微企业发展作出部署。鼓励金融机构开发符合小微企业、个体工商户生产经营特点和发展需求的产品和服务，通过完善金融产品、金融服务来提升小微企业的财务韧性、融资条件，提升其金融能力。

2. 个人客户

随着投资和消费观念的变化，个人客户对金融企业营销的影响日益加大：

（1）储蓄营销的难度不断增加，储蓄存款在银行资金中的比例将会继续下降。

（2）贷款需求尤其是消费性贷款需求呈上升趋势。

（二）公众

公众是指对金融企业实现其市场营销目标的能力有着实际的或者潜在的兴趣或影响的任何团体。具体包括政府公众、传媒公众、团体组织、内部员工等，目前政府公众及传媒公众对金融企业有着较大的影响。企业需要通过不断发展与各种社会公众团体的关系，协调好与它们的利益，以求得或保持一个最有利的营销环境。因此，公共关系已成为企业的一项重要的营销管理内容。

（三）供应商

供应商是指向企业及其竞争者提供生产产品和服务所需各种资源的企业或个人。例如，印刷企业为金融企业提供各类印刷品；设备制造商为金融企业提供各类设备，包括ATM、计算机、点钞机和复印机等。

（四）营销中介

营销中介是指为企业营销活动提供各种服务的企业或部门的总称。营销中介对金融企业营销产生直接的影响，只有通过有关营销中介所提供的服务，金融企业才能把产品顺利地送达目标消费者手中。例如，在保险企业中，营销中介包括保险代理人、保险经纪人、保险公估人、广告代理商、咨询公司、银行等。

（五）金融企业

金融企业是一个复杂的整体，内部由各职能机构组成。如在保险企业内部的职能部门主要有最高管理者、营销部、核保部、理赔部、人力资源部、市场研发部、财务部等。营销部门只是保险企业的内部机构之一，其工作需要其他各相关部门协作与配合，所有这些部门都同营销部门发生着密切的关系，如图4-3所示。

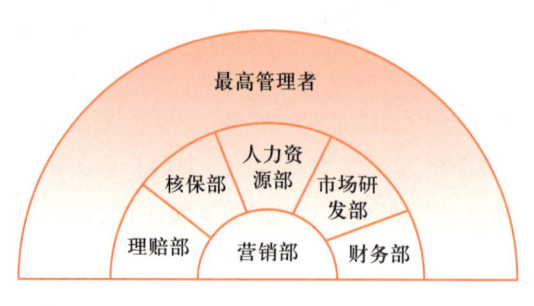

图4-3 保险企业内部职能部门

（六）竞争者

金融行业的竞争既包括银行与非银行金融企业间的金融竞争，也包括金融企业间的同业竞争。这种竞争格局的产生一方面造成我国银行企业的储蓄存款不断下降，增加了银行的储蓄竞争与营销难度，促使我国金融业向低利和微利方向发展，使其失去行业优势。另一方面，打破了国有银行"一统天下"的局面，激发和增强了金融竞争。

营销环境的特征决定了它对金融企业的生存与发展、营销活动及决策过程产生有利或不利的影响，形成不同的制约作用和效果。一方面，它为金融企业提供了市场营销机会；另一方面，市场营销环境也会给金融企业造成某种威胁。

金融企业对营销环境具有一定的能动性和反作用，它可以通过各种方式影响和改变环境中某些可能被改变的因素，使其向有利于金融企业营销的方向变化，从而为金融企业创造良好的外部条件。

价值引领

重庆银行：打造智慧银行　推动金融数字化转型

当前，金融业迎来技术转折点，新一轮金融变革正在推进，金融行业将逐步实现功能化、数字化，与新兴的互联网场景融合，共同推进金融业态的质变。重庆银行抓住新一轮金融改革机遇，持续加快数字化转型步伐，将金融科技建设作为时代命题中坚守的支点，夯实科技基础，打造"智慧银行""数字银行"，建设"坚守本源、特色鲜明、安全稳健、价值卓越"的全国一流上市商业银行。

一、强化与治理：稳固数据发展根基

在数字化转型的重大机遇下，重庆银行主要负责人牵头组建"数字化创新工作领导小组"，凝聚行内合力，统筹研究部署，连续4年项目化、清单式实施90余项数字创新重点项目，把好项目准入关、推进关、效果关，超预期完成大数据智能化创新工作。同时，探索建立数据治理联合团队、数字化信贷创新项目组、数据实验室等敏捷化组织，开展重点攻关，再造业务流程，迭代产品模式，促进业务与技术深度融合，形成稳态与敏态有机结合的双模创新驱动机制，提升跨部门、跨条线的协同协作能力和研发创新能力。

二、探索与创新：数字信贷在线诉讼模式首创落地

在数字化转型的"浪潮"下，2021年年底，重庆银行前瞻性探索金融纠纷司法解决的数字化模式，以法律关系清晰、数字化程度高、证据标准规范的自主研发数字信贷业务"好企贷"为蓝本，逐步探索将行内数据系统与法院诉讼平台对接，实现双方数据传输，与重庆市江北区人民法院共同探索数字信贷业务在线诉讼新模式，使重庆银行成为全国首家落成了集"在线公证、在线仲裁、在线诉讼"为一体的多元化金融纠纷解决渠道的城市商业银行。

三、普惠与用户：数据赋能服务竞争力

一直以来，重庆银行坚持服务城乡居民，依托金融科技，加快零售服务数字化转型，提高金融覆盖率、可得性和便利性，着力综合服务能力的提升，锻造核心竞争力。在零售业务领域，重庆银行以数据洞察能力和互联网全渠道布局作为业务转型的核心，应用大数据、人工智能等技术，构建了基于数据驱动的智能化运营体系，为普惠金融发展提供了新的思路。通过整合、挖掘与分析客户的行为数据，结合业务场景，梳理影响用户服务的因素，正确地总结产品、服务和服务方式的改进方向。同时，通过对用户行为的理解，给用户行为智能打标签，利用标签将用户形象具象化，建立并不断迭代用户画像，对用户进行全面分析，挖掘用户真实需求，把用户、服务、情感有机结合起来，专注于发展、维护、增进与用户的信任关系，为进一步提升金融服务能力奠定基础。在以金融资产、性别、职业、年龄等用户分层基础上，重庆银行将用户的金融服务需求、日常的消费行为和消费路径结合起来，理解用户的服务需求，通过打通用户前端消费和后端产品体系，快速

响应、贴近用户需求，提供"接地气、有温度"的差异化产品服务和营销服务。在惠及金融消费者的同时，也增强了银行的可持续发展能力和服务民生、服务大众的能力。

四、行稳与致远：风控发展"两手抓"

重庆银行在授信政策调整、客户精准营销、业务风险监测、流程数字管控、审计智能分析、反洗钱风险识别、员工行为管理等诸多领域进行了创新探索与应用实践，逐步形成了全业务线、全流程化的综合数字风险管控体系，有效提升了全行金融服务供给效率与内控管理质效。

2022年7月，在全国73家金融机构的150个案例参与评选的"2022第三届中小金融机构数智化转型优秀案例评选"中，重庆银行一举囊括"数智化创新先锋"等7项大奖，成为获奖最多、获奖面最广的城市商业银行。

问题探索

重庆银行是如何推动转型发展的？对于变革中加快速度升级的金融企业有何借鉴意义？

分析提示

在当前新形势下，金融企业既迎来机遇也面临挑战，企业要积极应对，全力以赴，抓住机遇，将压力转化为前进的动力，只有这样才能持续发展。

调查研究

撰写一份金融企业营销环境调研报告

活动要求： 以小组为单位，利用课余时间，针对所在地区，从商业银行、保险公司或证券公司等金融企业中选择一家企业，调查该企业所面临的宏观与微观环境情况。通过调查获取相关数据，完成一份不少于1 500字的金融企业营销环境调研报告。

活动组织与步骤：

（1）组织设计：以小组为单位，指定1名学生负责录像，1名学生负责记录，1名学生担任评委，负责点评打分，组长主持调研并全程把控。

（2）前期准备：编写调研方案，确定调研渠道和调研对象——将金融企业的员工作为调研对象，在此基础上选取典型代表作为具体调研对象，构建指标体系，并据此设计调查问卷。

（3）实施调研：通过调研获取相关数据。

（4）撰写报告：结合相关资料查询，整理分析调查数据，研讨形成调研结论，撰写调研报告。

（5）汇报形式：课上组长汇报，小组其他成员可以补充，汇报时间不超过5分钟。

（6）学生点评：评委根据组长的汇报情况和提交的调研报告，点评并给出小组成绩，汇总后取均值。

（7）成绩评定：教师点评并给出小组成绩，加总后一并计入小组成绩。

（8）成果展示：提交的调研报告由教师存档，并作为课堂学习成果予以展示；如有必要，可以将调研报告向被调研的金融企业反馈。

思考与练习

一、单选题

1. 对于金融企业的产品销售部门而言，其市场调研的目标不包括（　　）。
   A. 了解和发现客户需求　　B. 创造新的营销机会
   C. 制定科学的营销战略　　D. 事实性调研

2. 构成文化的诸因素中，影响人的需求构成及对产品的评判能力的因素是（　　）。
   A. 宗教信仰　　B. 风俗习惯　　C. 民族特征　　D. 知识水平

3. 金融客户主要是指个人客户和（　　）。
   A. 国有企业客户　　B. 民营企业客户
   C. 企业客户　　D. 政府客户

4. 企业与各种社会公众团体进行关系协调的方法是（　　）。
   A. 内部调整　　B. 公共关系　　C. 宣传　　D. 广告

二、多选题

1. 一手资料的收集方法有（　　）。
   A. 访谈法　　B. 观察法　　C. 实验法　　D. 问卷调查法

2. 随机抽样包括（　　）。
   A. 简单随机抽样　　B. 类型抽样
   C. 等距抽样　　D. 整群抽样

3. 金融企业宏观营销环境包括（　　　　）。
   A. 政治环境　　B. 法律环境　　C. 经济环境　　D. 社会文化环境
   E. 技术环境　　F. 人口环境
4. 金融企业微观营销环境包括（　　　　）。
   A. 供应商　　B. 营销中介　　C. 金融企业
   D. 竞争者　　E. 公众

三、判断题

1. 目前，我国人口老龄化现象对金融企业影响不大。（　　）
2. 对于金融企业营销人员来说，经营活动必须适合当地的文化和传统习惯，才能得到当地人的认可，金融产品才能被人们所接受。（　　）
3. 目前政府公众及传媒公众对金融企业有着较大的影响。（　　）
4. 金融企业不能选择、改变营销环境，但可以努力地影响环境，能够规避市场环境威胁，使环境有利于金融企业的生存和发展。（　　）

四、名词解释题

重点调查法　探索性研究　经济环境　营销中介

五、简答题

1. 金融市场调研的方法主要包括哪几大类？
2. 简述访谈法的优点。
3. 简述金融市场调研的流程。
4. 在确定调研目的时应明确哪两个问题？

— 技 能 训 练 —

1. 2023年第二季度，中国人民银行在全国50个城市进行了2万户城镇储户问卷调查，结果显示：① 收入感受指数。本季收入感受指数为49.7%，比上季下降1.0个百分点。② 就业感受指数。本季就业感受指数为37.6%，比上季下降2.3个百分点。③ 物价和房价预期。对下季度，物价预期指数为57.7%，比上季下降0.9个百分点。对下季房价，15.9%的居民预期"上涨"，54.2%的居民预期"基本不变"，16.5%的居民预期"下降"，13.4%的居民"看不准"。④ 消费、储蓄和投资意愿。倾向于"更多消费"的居民占24.5%，比上季增加1.2个百分点；

倾向于"更多储蓄"的居民占58.0%，比上季增加0.1个百分点；倾向于"更多投资"的居民占17.5%，比上季减少1.3个百分点。居民偏爱的前三位投资方式依次为："银行、证券、保险公司理财产品""基金信托产品"和"股票"，选择这三种投资方式的居民占比分别为43.8%、20.4%和15.2%。

问及未来三个月准备增加支出的项目时，居民选择比例由高到低排序为：教育（27.1%）、医疗保健（26.6%）、旅游（26.0%）、社交文化和娱乐（19.8%）、大额商品（17.7%）、购房（16.2%）和保险（13.0%）。

资料来源：中国人民银行网站．2023年第二季度城镇储户问卷调查报告．

问题探索：如果你是一位基金经理，以此份报告作为背景，制定第三季度的投资策略。

2. 2023年11月27日，中国人民银行发布的《2023年第三季度中国货币政策执行报告》指出，2023年以来，我国宏观调控组合政策发力显效，经济运行持续好转，积极因素不断积累。稳健的货币政策精准有力，加强逆周期调节，巩固经济回升向好态势。9月末，企（事）业单位中长期贷款比年初增加11.9万亿元，在全部企业贷款中占比为75.8%。制造业中长期贷款余额同比增长38.2%，比全部贷款增速高27.3个百分点。普惠小微贷款余额同比增长24.1%，比全部贷款增速高13.2个百分点；普惠小微授信户数6 107万户，同比增长13.3%。

问题探索：请根据上述资料，分析金融企业应如何开展金融营销活动？

能力自评

一、专业能力自评

专业能力自评表

	能/否	任务名称
通过学习本章，你		了解/熟悉/理解金融市场调研的目标
		了解/熟悉/掌握金融市场调研的方法
		了解/熟悉/掌握金融市场调研的流程
		了解/理解/分析宏微观营销环境对金融企业营销活动的影响
		了解/理解/掌握客户需求调查问卷设计
		了解/熟悉/掌握市场调研报告写作
		会撰写金融企业宏观、微观营销环境分析报告

注："能/否"栏填"能了解/熟悉（理解）/掌握（解释、分析、辨析）撰写"或"否"。

二、核心能力自评

核心能力自评表

核心能力		是否提高
通过学习本章，你的	信息获取能力	
	口头表达能力	
	书面表达能力	
	与人沟通能力	
	解决问题能力	
	团队合作精神	

自评人（签名）：　　　　　年　月　日　　教师（签名）：　　　　　年　月　日

注："是否提高"一栏可填写"明显提高""有所提高""没有提高"。

三、职业素养评价

职业素养评价表

	职业素养内容	分值	自我评价	小组评价	教师评价	综合评价
通过本章学习，你的	诚实守信意识	20				
	勤于钻研思考	20				
	调查研究能力	20				
	精益求精精神	20				
	爱岗敬业精神	20				
	合计	100				

存在的不足和努力方向：

自评人（签名）：
年　月　日

第五章

金融服务营销目标市场选择与定位

学习目标

素养目标
1. 学习市场细分、目标市场选择与市场定位，树立大局意识，学会用全局的眼光看待问题；
2. 通过对品牌的认识与了解，培养品牌意识。

知识目标
1. 理解市场细分的含义、实践意义、原则；
2. 掌握市场细分的方法、流程；
3. 理解目标市场选择的含义、依据；
4. 熟悉金融企业目标市场选择策略；
5. 理解市场定位的含义；
6. 掌握市场定位的方法、流程；
7. 熟悉市场定位的策略；
8. 掌握金融企业品牌的创造过程。

技能目标
1. 能够运用市场细分的方法进行有效市场细分；
2. 能够根据目标市场的选择依据运用相关策略确定目标市场；
3. 能够运用市场定位的方法，并运用相关策略进行市场定位；
4. 能够根据金融企业品牌的创造过程进行品牌定位、推广和维护。

思维导图

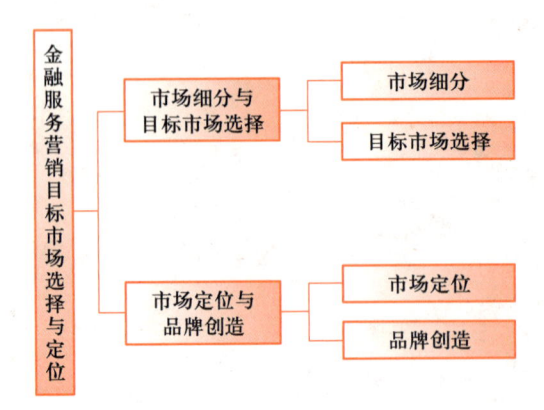

```
金融服务营销目标市场选择与定位
├── 市场细分与目标市场选择
│   ├── 市场细分
│   └── 目标市场选择
└── 市场定位与品牌创造
    ├── 市场定位
    └── 品牌创造
```

引导案例

华夏基金：国内养老金管理及养老目标基金运作的"先行者"

随着人口老龄化的不断加剧，养老成为大众十分关注的问题。作为基本养老保险的重要补充，个人养老金制度的建立不仅是完善我国养老保障体系的一大重要举措，也是大众养老的另一重保障。因此，不仅中老年群体对个人养老金制度有着迫切需求，甚至大量90后、00后的年轻人也高度关注。

华夏基金管理有限公司（简称"华夏基金"），一直积极投身我国养老金事业，不仅首批获得全国社保、基本养老和年金业务投资管理资格，还发行成立了市场上首只养老目标基金。针对养老3.0时代的挑战，华夏基金在个人养老金方面做了相当充足的准备。

一是建立适合养老金管理的制度框架。

二是借鉴国际先进的资产配置理念，持续提升FOF（Fund of Funds）[①]管理经验。

三是搭建完善产品线，提供丰富的养老产品选择。

四是建立以养老账户为核心的综合投资顾问能力，线上线下相结合为投资人提供全面养老规划。

五是持续开展投资者教育和陪伴工作，通过持续且多样化的陪伴帮助投资者树立长期、理性养老投资意识，更好地做好养老规划。

在2016年，华夏基金就率先在行业内组建了资产配置部，2018年9月，发行了国内首只公募养老基金。此后，华夏基金始终保持对个人养老金业务的前瞻性和敏锐度，持续布局深耕，目前已经成立了11只养老目标基金，产品数量行业第一，同时有9只养老目标基金增设Y类份额，符合纳入标准的产品数量多，具有良好的业务推动基础条件。从产品线来看，华夏基金打造了行业极为完备的养老目标基金产品线，针对不同年龄段退休的客户群体，布局了2035、2040、2045、2050等养老目标日期产品，实现了对退休人员的全覆盖，以适应不同年龄退休人群的不同风险收益要求和波动率要求。

鉴于专业的投资管理能力和丰富的养老金管理经验，华夏基金无论是管理规模还是组合数量都居于行业前列。

[①] FOF（Fund of Funds）：是一种专门投资于其他证券投资基金的基金。

引例分析

金融机构通过细分市场、精准定位目标市场、开发和创新产品服务等策略，使其在日趋激烈的市场经营环境中，扬长避短发挥自身优势，形成了自己的服务品牌。华夏基金作为国内养老金管理及养老目标基金运作的"先行者"，取得了不俗的业绩。

党的二十大报告指出："必须坚持在发展中保障和改善民生，鼓励共同奋斗创造美好生活，不断实现人民对美好生活的向往。"我国金融发展的最终目标是"为人民服务"，从事金融服务工作的服务营销人员要牢记这一点，坚持以人民为中心，并要将这一思想体现到为人民服务的金融服务工作中去。

第一节 市场细分与目标市场选择

一、市场细分

为了在激烈的市场竞争中取胜，当一家金融企业决定进入某一大的市场时，通常不大可能将该市场的所有客户都作为自己的目标客户。因为市场人数众多，需求各异，而金融企业资源有限。此时，金融企业往往会在对市场进行调研分析之后，把自己更擅长、更有优势的产品或服务投放到某一部分人群中，以此来满足他们的需求。这一部分人群就是目标客户，其所在的市场就是所谓的细分市场，即目标市场。在目标市场上进行的营销就是目标营销。目标营销流程如图5-1所示。

市场细分 Segmenting	确定目标市场 Targeting	目标市场定位 Positioning
确定细分变量和细分市场	评估和选择目标细分市场	确定每一目标细分市场的市场定位

图5-1 目标营销流程

（一）市场细分的含义

市场细分是金融企业根据客户需求的不同，把整个市场划分成不同的客户群的过程。其客观基础是客户需求的异质性和金融企业资源的有限性。进行市场细分的主要依据是异质市场中需求一致的客户群，实质就是在异质市场中求同质。市场细分的目标是为了聚合，即在需求不同的市场中把需求相同的客户聚合到一起。所以，客户需求的绝对差异是市场细分的必要性，客户需求的相对同质性则使市场细分有了实现的可能性。金融企业为了有效地进行竞争，必须进行市场细分，选择最有利的目标细分市场，集中有限资源，制定有效的竞争策略，以取得和增加竞争优势。

市场细分的过程实际上就是市场调研和分析的过程。金融企业依据客户行为、人口状况、心理素质等要素，把市场划分为不同的客户群，以便制定与特定市场相适应的金融产品或服务的营销策略。市场细分的本质是把区分客户群及其需求作为金融企业营销的手段。这样，金融企业可以根据客户的需求变化，不断改善其金融产品或服务的功能，调整市场营销策略，以取得最佳的经营效果。

（二）市场细分的实践意义

1. 分析机会，选择市场

通过市场细分，金融企业既可以了解到不同客户的需求情况，又可以掌握细分市场中其他竞争者的营销实力及市场占有率，使金融企业能够发现潜在市场需求，选择最适合自身发展目标的细分市场。由于不同的细分市场对金融产品需求存在着差异性，金融企业可以根据自己的优势，进行目标市场定位，以制定相应的市场营销组合策略。

2. 集中资源，以弱胜强

通过市场细分，金融企业可以在激烈的市场竞争中把握住机会，为自身选择有利的细分市场，将有限的人、财、物及信息等一切资源投入到该细分市场，做到内部资源的优化配置，发挥竞争优势，以取得最佳的经济效益。

3. 增强营销策略的有效性

在细分市场上，客户需求基本相似，金融企业能够密切注意市场需求变化，并能迅速准确地调整市场营销战略，从而取得市场主动权。

（三）市场细分的原则

市场细分属于一项创造性的工作，它要求金融企业对市场结构、潜在客户的特点，以及本企业所具有的优势有一个全面、清楚的认识。因此，要使市场细分真正有效，必须遵循以下几个原则：

1. 可衡量性

可衡量性是指用以细分市场的各种因素变量是可以测量的，而且据此细分出来的各个细分市场的规模和购买力水平也是相对确定的。

2. 可盈利性

可盈利性是指细分市场的规模要具备足以盈利的潜力和程度。

3. 可进入性

可进入性是指金融企业能够通过适当的营销战略打入其所测定的细分市场，并为之提供有效金融服务的可能性。

（四）市场细分的方法

按照客户性质，可以分为个人客户和公司客户两大市场。

1. 个人客户市场的细分

个人客户市场，一般有以下细分方法：

（1）地理因素细分法。这里的地理因素主要是指与个人客户相关的地理位置和地理环境，包括地理区域、地形、气候、人口密度、风俗习惯、生产力布局、交通运输及通信条件等。金融企业根据个人客户的地理位置和地理环境设计出不同的营销策略。如人口密度对金融企业分支机构的设立和经营规模的分析有着重要的影响，因为人口密度是决定储蓄资源和借款需求量大小的重要因素。按照此种方法分类，金融企业的个人客户市场大体可以分为城市、乡镇和农村，发达地区、中等地区和落后地区，大、中、小城市，国内和国外等。

（2）心理因素细分法。心理因素细分法根据消费者的个性心理的不同来确定需求变化及其特征，借以对不同的客户群体采取不同的营销策略。按心理因素可将客户划分为好强型、交际型、权欲型、懒惰型、勤奋型等。

心理因素细分法对金融企业经营具有以下作用：① 通过预测客户行为和区分客户细分市场，了解客户为何对与金融企业有关的决定感兴趣，金融企业可以据此估算出某种反应的可能性；② 在心理细分过程中，客户与金融企业职员之间能够更好地交流思想、沟通感情、增进了解和友谊；③ 根据从客户那里得到的有价值的信息，金融企业将更有效地分析未来客户的需求，为开发业务项目提供指导。

（3）人口因素细分法。人口因素包括年龄、性别、收入、职业、教育程度、家庭规模、家庭生命周期等。客户年龄不同，其对金融企业服务的要求也不相同。老年人群要求金融企业提供养老保障或管理财产之类的服务，而一些年轻人群则要求金融企业提供创造事业及建设现代家庭的金融产品。按照收入因素细分，个人客户市场大体可以分为高、中、低三个收入阶层。按照家庭生命周期因素细分，个人客户市场大体可以分为单身、新婚、满巢、空巢和孤独五个阶段。

（4）利益因素细分法。客户对所寻求的利益的优先排列次序是不同的，可以根据客户在购买金融产品时所追求的不同利益来细分市场，据此采取不同的营销策略。从利益角度也可以分为盈利、方便、安全、情感（如显示自尊）、友谊等不同的动机。不同的客户所寻求的主要利益是不同的。低收入阶层的客户把方便和安全放在首位，高收入阶层的客户则突出其自我提高价值和丰厚收益的动机。当然，有些利益如诚实可靠、位置便利等是任何客户都希望的。由于不同的消费者追求的利益不同，所以金融企业必须使自己的金融产品突出个性，最大限度地吸引某一消费群体。

（5）行为因素细分法。不同地位、不同文化背景和不同性别的客户在接受金融企业服务时，其行为是不同的。行为因素主要包括购买时机、购买方式、购买数量、使用状况等。金融企业只有在深入研究不同群体、不同民族、不同性别等客户行为的基础上，才能因地制宜、因人而异地制定出不同的营销策略，采用不同的营销手段。

2. 公司客户市场的细分

公司客户市场，一般有如下细分方法：

（1）行业细分法。不同的行业在不同的发展时期，其经营效果或发展形势是不同的。因此，金融企业都非常注意研究不同时期的不同行业的发展态势，从而制定金融企业支持和限制发展的策略。在我国，国家倡导做好创新驱动发展、科技金融、绿色金融、普惠金融、养老金融、数字金融、重大战略和重点领域的金融服务，这些领域的行业企业将成为金融机构竞争的主要焦点。

（2）业务关系细分法。就商业银行的公司客户而言，按客户与银行的业务关系划分，大体有这样几类：主办行公司，非主办行公司，既有贷款和存款、又有结算关系的客户，只有结算和存款关系的客户，单一存款户等。实际上，商业银行对这些不同的客户，其营销业务的手段是不一样的。如对确定本行为主办行的企业，商业银行往往从资金、外汇、结算、信息咨询等方面提供全方位服务。

（3）公司规模细分法。按公司规模将其划分为大、中、小型企业的做法在我国体现得更加明显。如中国企业500强排行榜企业，中国企业创新能力1 000强排行榜企业均是各商业银行业务竞争的重点。

（4）企业性质细分法。在我国，企业属性上的差别更加明显，有国有企业、股份制企业、集体企业、合伙企业、私营企业等。

（5）企业等级细分法。如将企业划分为AAA级、AA级、A级、BBB级、BB级、B级等，金融企业据此掌握对不同客户的授信方式和授信额度。

在进行市场细分时，金融企业必须注意以下问题：

（1）市场细分的标准是动态的，是随着社会生产力及市场状况的变化而不断变化的。如年龄、收入、城镇规模、购买动机等都是可变的。

（2）不同的金融企业在市场细分时应采用不同的标准。因为各金融企业的条件、资源、财力和营销的产品不同，所采用的标准也应有区别。

（3）金融企业在进行市场细分时，可采用一项标准，即单一变量因素细分，也可采用多个变量因素组合或系列变量因素进行市场细分。

（五）市场细分的流程

金融企业的市场细分流程如图5-2所示。

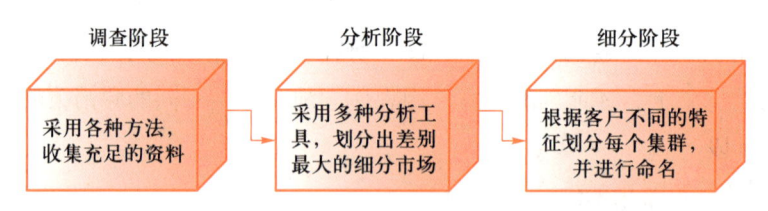

调查阶段	分析阶段	细分阶段
采用各种方法，收集充足的资料	采用多种分析工具，划分出差别最大的细分市场	根据客户不同的特征划分每个集群，并进行命名

图5-2 金融企业的市场细分流程

1. 调查阶段

调查人员与客户进行非正式交谈，并将他们分为若干组以便了解其动机、态度和行为。在此基础上，调查人员将准备的正式问卷分发给样本客户以收集资料。问卷内容包括对金融企业知名度的了解、服务的感觉和评价、与金融企业关系的广度和深度、对金融企业需要新产品的建议和具体意见等。为了收集充足的资料，精确地细分市场，抽样的人数越多越好。

2. 分析阶段

分析人员用因子分析法分析资料，剔除相关性很大的变量，然后用集体分析法来划分出一些差别最大的细分市场，每个集群内部同质，但从外部来看，集群与集群之间的差异很大。

3. 细分阶段

根据客户不同的态度、行为、人口变量、心理变量和生活习惯等划分每个集群，再根据主要集群的不同特征为每个细分市场命名。

价值引领

泰康人寿为养老生活助力

第七次全国人口普查结果显示，我国人口老龄化问题日益突出，助力解决社会养老难题成为多行业共识，如何养老也成为社会高度关注的问题。作为现代服务业的重要组成部分和金融业三大支柱之一的保险业，在支持养老事业发展方面具有先天优势，保险企业在设计保险产品、落地养老社区、提供养老服务等方面有着深度探索，并发挥着积极作用。近年来，除了基本养老保险产品外，人们对商业养老保险的需求也在不断增加。与社保相比，商业养老保险丰富了养老保险的种类，提供了更多的选择。各保险公司针对中老年人的相关需求纷纷推出系列产品。

泰康人寿保险股份有限公司（简称"泰康人寿"），针对老年人医疗需求，推出了老年恶性肿瘤医疗险、"孝无忧"特定疾病医疗保险等产品；针对财富管理需求，推出了泰康赢家稳利终身寿险投资连结型产品等。除了推出丰富的创新养老保险产品外，泰康人寿还推出了更有温度的便老服务，帮助老年群体顺利融入数字时代。泰康人寿于2020年推出泰生活App，为顾客提供保单投保、保全、理赔等一站式32项服务，为方便老年人使用线上系统，泰生活App还上线大字版，根据老年客户需求进行"泰生活"改版，将常见功能置于首页，大字体展示，极简清晰。除了线上服务外，对于60岁以上的理赔案件报案人，泰康人寿会根据客户需要安排理赔人员专人对接，联合代理人协助客户完成理赔后续申请工作。同时，在柜面增加老花镜、放大镜、便民药箱、服务提示备忘便签等便民服务设施，方便老年客户在业务办理中随时使用。

伴随着我国人口老龄化速度加快，"银发经济"所催生的养老产业链对于保险业而言，显然不是彼时的试水心态，而是大举进军，抢占市场。一方面养老产业大资金投入、长周期回报的特点，与保险资金追求长期稳定收益的特点具有先天的契合性；另一方面保险公司拥有大量的高端消费客户，尽管保险产品可以为他们提供晚年生活所需的充足、稳定的资金需求，但是却无法解决他们未来养老生活的方式和路径问题，这个需求促使越来越多的保险公司将眼光投向高品质养老社区和服务。泰康人寿除了扩大老年产品和服务消费外，也加快了康养社区的建设。早在2007年，泰康人寿便投身养老和医疗产业，开创"保险+医养"的模式，目前已经覆盖全国22个重点城市，其中北京、上海、广州、成都、苏州、武汉、杭州七地社区配建康复医院已经正式投入运营。泰康医疗也已经在长三角、华中、大西南和粤港澳大湾区等核心区域投资建设医学中心。以泰康人寿为代表的保险企业加速布局养老产业，引领了养老产业的新潮流。

问题探索

泰康人寿通过什么方式，不断发现新的市场机会并逐步形成了自己的特色与行业竞争优势，其值得借鉴的经验有哪些？

分析提示

从金融服务目标市场划分与选择方面来回答。

二、目标市场选择

目标市场选择与定位

（一）目标市场选择的含义

目标市场选择是指金融企业在众多的细分市场中选择一个或几个准备进入的细分市场。金融企业在市场中选择一个或者几个特定的客户群，集中资源满足其金融需求，同样也带来企业自身的利润和成长潜力。进行目标市场细分的目的在于为金融企业选择客户和研究开发金融产品提供市场导向，使金融企业能够根据市场划分的情况选择适合自己的目标市场，有效地动员和分配金融企业的经营资源，发挥经营特色，吸引客户和占领市场。如业内流行的20/80理论，即20%的客户创造了80%的利润，这20%的客户就是主要的目标市场。如何选择目标市场以及怎样占领目标市场，是金融企业进行市场选择所要解决的问题。

对于金融企业而言，目标市场的选择具有以下现实意义：有利于分散金融企业经营风险；有利于维持和提高市场占有率；有利于扩大金融企业的利润来源；有利于保持金融企业的长期可持续发展。

（二）评价目标市场需考虑的因素

确定了目标市场后，就要开始评价目标市场并决定为其提供产品或服务。在评价目标市场时，金融企业要重点考虑以下因素：

1. 潜在市场的特征

为了找出目标市场，金融企业要分析所面对的主要环境、趋势、机会和威胁，对第一潜在市场的选择要进行详细考察，以便了解该市场的主要特征，确定该市场需求的规律性与稳定性，使金融企业能够进入并开发这一市场。

2. 市场结构的吸引力

从盈利的观点来看，具有理想的规模和发展特征的细分市场，未必具有吸引力。根据波特五力分析模型，有五种力量决定整个市场或其中任何一个细分市场长期的内在的吸引力，即同业竞争的威胁、潜在的竞争者、替代产品的威胁、客户选择能力的威胁、资金市场。金融企业应结合这五种力量进行评估分析。

3. 金融企业的资源与竞争优势

在众多的细分市场中，可能有许多市场对金融企业都有吸引力。但是金融企业却不能贸然进入这些市场，在选择目标市场时，必须发挥本地的资源与竞争优势，选择适合自己的目标市场。

（三）金融企业目标市场选择策略

金融企业可采用的目标市场选择策略主要有以下四种。

1. 单一性市场策略

单一性市场策略是指金融企业选择一个细分市场进行集中经营，将人力、物力和财力等资源集中投入这一市场。如专门经营房地产信贷业务的金融公司，专门办理房地产融资业务，为需要房屋和地产开发的客户提供服务。

2. 密集性市场策略

密集性市场策略是指金融企业把自己的力量集中在某一个或几个细分市场上，实行密集性经营，而不是全面撒网的经营；它追求的并不是在较大市场上占有一定份额，而是在较小的细分市场上占有较大的份额。这种策略的优点是分散经营风险，即使金融企业在某一个细分市场上失利，仍可以在其他细分市场上盈利。这种"抓住重点、各个击破"的经营手段，在欧美商业银行中最为流行。

3. 差异性市场策略

差异性市场策略是指金融企业在市场细分的基础上，根据自身的条件和环境，同时在两个或更多的市场上从事营销活动。这是近年来现代商业银行最主要的营销策略。采用这种营销策略，能更有效地发展现有客户业务，更有计划地拓展新市场，更合理地配置资源，从而最终达到获取优厚盈利的目的。例如，银行对大众市场提供各种低成本的电子服务，对高收入的客户，提供广泛的私人银行业务，对富有的中上层客户，提供更加个性化的服务。

4. 无差异市场策略

无差异市场策略是指金融企业把整个市场看作一个大目标市场，认为所有客户对某种金融产品或服务有着共同的需求，忽视它们之间实际存在的差异，而用各种产品或服务满足各种客户群体的需求，在所有的市场上同时开展业务。这种策略只有大型金融企业才有能力采用。

第二节 市场定位与品牌创造

一、市场定位

（一）市场定位的含义

金融企业根据竞争者的产品或服务在市场上所处的地位以及客户对于该产品或服务的重视与偏好程度，确定自己在目标市场上的战略。金融企业市场定位包括以下两个方面的含义：

1. 金融市场定位

金融市场定位，也称产品或服务定位，根据客户的需要以及客户对金融产品或服务某种属性的重视程度设计出有别于竞争对手的具有鲜明个性的金融产品或服务，从而使金融产品或服务能在客户的心目中占据一个适当的位置。

2. 金融企业形象定位

金融企业形象定位是指通过设计和塑造金融企业的经营理念、企业标志、产品商标、户外广告、象征图案等，在金融客户心中留下与众不同、印象深刻的企业形象。

（二）市场定位的方法

金融企业市场定位方法包括首次定位、再定位、避强定位和迎强定位四种。

1. 首次定位

首次定位是金融企业对初次投放市场的产品或服务确定市场地位的活动。

2. 再定位

再定位是金融企业为已经在某市场销售的产品重新确定某种形象，以改变客户对其原有的认识或态度，争取有利的市场地位的活动。如国家开发银行成立之初定位为政策性银行，需要财政给予补贴或支持。后来逐渐摸索出一条服务国家战略、依托信托信用支持、不靠补贴、市场运作、自主经营、注重长期保本微利、财务可持续的路子。2015年起，国家开发银行重新定位为以开发性业务为主，辅以商业性业务的开发性金融机构。

3. 避强定位

当对手实力强劲时，避开强有力的竞争对手，选择新的金融产品和新的企业形象定位。避强定位市场风险小，成功率高。如台州银行成立之初，规模小、实力弱，只能选择无法得到大的金融机构服务的个体工商户作为目标客户。通过精耕细作经营，小微企业客户、个体工商户、"三农"成为台州银行主动的市场战略选择，做"小"也能做大。

4. 迎强定位

迎强定位是金融企业与市场上占据支配地位的竞争对手进行直接竞争。通常采用迎强定位的金融企业能够提供更有优势的金融产品，并且有充足的资源以维持市场竞争。如高端客户业务是各商业银行激烈争夺的焦点，招商银行始终坚守高端客户的价值定位，不断推出精细化定位的产品，用不断升级的服务品质提升用户体验，使产品和服务相辅相成，赢得高端客户的长期认同与信赖。

（三）市场定位的流程

市场定位的流程是指在调查研究的基础上，金融企业明确潜在的竞争优势、选择本企业的相对竞争优势以及显示独特的竞争优势的方案策划的活动过程。市场定位流程如图5-3所示。

图5-3 市场定位流程

1. 明确潜在的竞争优势

（1）竞争者的定位状况。在市场上客户最关心的是金融企业的产品或服务的属性和价格。因此，金融企业首先要明确竞争者在目标市场上的定位，准确衡量竞争者的潜力，判断其有无潜在竞争优势，据此进行本企业的市场定位。

（2）目标客户对产品或服务的评价标准。要了解客户对其购买的金融产品或服务的最大偏好和愿望，以及他们对金融产品或服务优劣的评价标准，作为定位的依据。

（3）明确竞争的优势。竞争优势产生于金融企业为客户创造的价值。竞争优势有两种基本类型：一是成本优势；二是产品差异化，即能够提供更多特色以满足客户的特定需要。

2. 选择本企业的相对竞争优势

经过分析，金融企业会发现许多潜在的优势，然而并不是每一种优势都是企业能够利用的，企业要善于发现并利用自身存在或创造出来的相对竞争优势。相对竞争优势是企业能够比竞争者做出更好的工作业绩或在某方面胜过竞争者的能力，它可以是现有的，也可以是潜在的。

3. 显示独特的竞争优势

选定的竞争优势不会自动地在市场上显示出来，金融企业要进行一系列活动，使其独特的竞争优势进入目标客户的眼球。企业应通过理念识别系统、行为识别系统和视觉识别系统，向客户表明自己的市场定位。要做到这一点必须进行创新策划，强化本企业及其产品与其他企业及其产品的差异性。企业独特的竞争优势主要在于创造产品、服务、人力资源、企业形象等。

（四）市场定位的策略

金融企业市场定位的策略主要有以下几种：

1. 市场领导定位策略

在大市场或细分市场上，占有较大的市场份额、居于主导地位、影响和控制其他金融企业的行为是公认的市场领导者。

2. 市场追随定位策略

在大市场或细分市场上，如果居于主导地位的企业的力量十分强大和牢靠，最好的选择就是暂时放弃与之针锋相对，成为主导型企业的追随者；或者酌情定位于主要竞争对手，从侧翼蚕食其市场份额，不断发展壮大自己的力量。我国的股份制商业银行有很多是采取这种市场定位策略。

3. 特色服务定位策略

特色服务定位策略以目标客户最关心和迫切需求的产品或服务作为特色服务项目，为客户提供极具人性化、定制式的产品或服务。中小金融机构主要选择这种市场定位策略。

4. 市场补缺定位策略

根据自己的条件，另辟蹊径，在一些领域取得相对优势，这是一种市场补缺式营销策略。如一家银行避开大银行的目标市场，选择那些新的、发展速度较快、其他银行又不愿意介入的中小企业为目标市场。一旦确定目标市场，便集中精力，采取一系列营销活动来实现其经营目标和满足客户要求。小微金融机构一般选择这种市场定位策略。

我国金融业要始终践行公平与正义，不断提升金融服务的覆盖率、可得性、满意度，不断满足人民群众日益增长的金融需求，使其获得价格合理、便捷安全的金融服务，使金融服务不断突破时空限制，拓展辐射范围，增进社会总体福利。

二、品牌创造

（一）金融企业品牌

金融企业品牌的最基本特征就是"服务"。金融企业以信用为基础，生产"服务产品"。在创立品牌的过程中，从选择目标市场、制订规划、产品设计到市场营销宣传等，都必须围绕服务来进行。金融企业品牌构成的第二个特征是"增值"。在我国，金融企业提供的各类服务存在很大的雷同性，因此，在竞争日趋激烈的前提下，"增值"服务便成为品牌竞争的核心内容。目前，金融企业的"增值"服务主要包括以下几种：

（1）减少客户的错误选择和风险损失，维护品牌美誉度，如网上银行交易所使用的U盾（网上银行的密码保护介质）。

（2）增加客户的利益，从而有利于提升品牌形象，如信用卡增值服务，网上银行、手机银行服务等。

（3）提升附加利益，如为客户提供舒适的环境、免费培训、咨询服务等。

（二）金融企业品牌的创造过程

金融企业品牌创造过程包括品牌定位、品牌推广和品牌维护三个过程。

1. 品牌定位过程

品牌定位包含产品的定位。产品是品牌的载体，是品牌和消费者接触的基础。一个好的产品是一个好的品牌的扎实基础。金融企业的品牌定位过程是一个创造品牌差异的过程，其流程如图5-4所示。

图5-4　金融企业品牌定位流程

（1）市场细分。通过市场细分把市场分割成界定清晰的子市场，以利于金融企业根据自身的资源和能力选择服务对象。

（2）确定目标市场。在市场细分的基础上，充分考虑各目标群体的需求容量、自身资源优势、经营管理能力、主要的竞争者和可盈利性等因素，选择一个或几个特定目标市场，为其提供产品或服务，并确定产品服务类型、价格、服务内容以及促销方式等。

（3）品牌定位。品牌定位是为企业的品牌在客户的心目中确定一个特定的位置，是建立一个与目标市场有关的品牌形象的过程与结果，是勾画品牌形象与提供价值的行为，目的是使目标客户理解和认识某品牌区别于其他品牌的特征。在金融品牌定位中，要遵循客户导向、差异化、个性化等原则。

2. 品牌推广过程

金融企业品牌的推广即打造品牌知名度。金融企业品牌推广主要通过人员推广、广告、公共关系、公共宣传等方式及其组合来推动。选择好大众传媒具有非常重要的作用，目前，金融企业可选择的媒体有以下四类：一是大众传媒，包括报纸杂志、广播电视等，这既是传统的媒介，也是目前营销的主要渠道之一。二是交互式，包括各种公关活动、商业赞助、俱乐部、热线电话、展示会等。三是单向传递式，包括电子邮件、逢年过节的贺卡、产品目录等。四是新媒体，包括网络、微博、微信、抖音等社交媒体，其在金融企业的品牌推广中处于越来越重要的地位。

3. 品牌维护过程

品牌是一种无形资产，可以为品牌拥有者带来巨大的利润，但是真正的资产乃是客户对品牌的忠诚。品牌的忠诚度是来自于消费者在品牌消费过程中对产品或服务满意度的积累，只有使消费者对品牌感到满意，才能最终建立起品牌忠诚度。

品牌维护可以从以下几个方面入手：① 质量是金融品牌的生命，要从服务质量入手，保证金融企业品牌的内在品质；② 加强内部营销，通过员工培训、管理支持、独立授权、信息交流等方式保证全体员工对品牌的支持；③ 建立品牌档案，开展数据库营销，不断培养消费者的品牌忠诚度；④ 不断进行金融企业的品牌创新，在创新过程中，要保持品牌的核心价值不变，加强对金融企业品牌的维护。

价值引领

民生银行主动融入数字中国建设，切实当好金融消费权益的守护者

自2023年"金融消费者权益保护教育宣传月"活动开展以来，民生银行积极落实各项要求，紧贴金融消费者需求，为民办好实事，切实保障金融消费者的合法权益。尤其是在数字化浪潮下，民生银行立足"敏捷开放银行"的战略定位，主动融入数字中国建设，聚焦生态创建和场景应用，依托敏捷创新项目机制，从产品设计源头打造数字化生态金融模式，切实履行金融为民、金融便民、金融惠民的消保理念，贡献民生力量。

一、为民办实事

民生银行在"三农"金融领域开启数字化新模式。产品基于国家权威农业数据、核心企业经营数据，应用移动互联技术、卫星遥感技术，专门面向北大荒垦区的种植农户，推出线上化操作、自动化审批、智能化风控的经营类信用贷款产品，首款全数字化农贷产品——"北大荒农垦农贷通"，农户申请贷款无须任何纸质材料要求，农户从手机APP一键申请，贷款额度根据农户实际种植需要进行测算，贷款周期适配农户资金回笼期，支持随借随还，或到期一次性还本付息，有效满足农户资金需求，切实减轻农户的融资负担。近年来，民生银行积极践行国家乡村振兴战略部署，以客户为中心，主动融入乡村振兴，搭建"哈尔滨农贷通""新疆棉农贷""南宁糖业贷"等多项特色普惠涉农产品体系，满足客户区域化、个性化、特色化的金融服务需求，助力广大农民群众共同富裕。

二、便民解困局

针对政府采购场景，民生银行打造"政采快贷"金融服务，在产品设计上，建立以客户为中心的数字化产品模式，坚决落实消保管理要求；在服务渠道上，规划统一数字化服务渠道，线上线下协同服务；在营销宣传上，精准洞悉客户需求，规范营销宣传行为，提升线上经营能力；在经营管理上，借助数字化技术与工具，建设全流程、智能化的风控体系，打造数字化运营能力，实现决策支持体系智能化。借款人实现全流程通过电子渠道在线申请、审批、签约、支用和还款，极大提高了贷款使用效率，解决了客户中标后的资金周转难题。

在推动政务服务智慧化方面，民生银行与生态伙伴携手创新、共建场景，深度参与数字政府和智慧政务建设，提升"数字化、生态化"的线上服务层次，升级客户的政务服务体验，既服务好政府客户，又更有效地方便人民群众和广大中小微企业。民生银行2022年推出的"民生快贷——关税保函"产品，是该行首个面向"单一窗口"场景下小微企业的线上化、纯信用、法人授信产品。通过直连"单一窗口"平台，借助大数据手段，由系统自动核定客户授信额度，并专项用于开立海关税款担保保函，为小微企业减少缴税频率，降低人力成本，提升资金收益，实现流程和场景的突破，实现生态场景下的一体化综合开发。

三、惠民助发展

在为中小微企业提供普惠服务方面，民生银行整合金融与非金融一体化服务能力，从降低负担成本、规避操作风险、提升工作效率等维度，提供一站式、集成式服务，赋能实体经济。该行积极打造中小微企业生态服务平台，围绕中小微企业"人、财、事"，打造业务、财务、金融融合的综合解决方案，为中小微企业数字化转型提供普惠服务，重点解决中小微企业经营管理软件多、软件使用成本高、数据安全存在隐患及系统稳定性低等痛点。开通平台服务的中小微企业，可以实实在在地享受到省钱、省力、省心、安全、易用的普惠性服务，助力中小微企业持续快速发展。

民生银行践行以人民为中心的发展思想，坚持人民至上，落实金融为民、金融惠民、金融便民，保护好金融消费者长远和根本利益，也是民生银行消费者权益保护工作的初心和使命。

问题探索

民生银行是如何进行产品创新的？

调查研究　撰写一份金融企业品牌定位与品牌创造实施情况调研报告

活动要求：以小组为单位，利用课余时间，针对所在地区，从商业银行、保险公司或证券公司等金融企业中选择一家企业，调查该企业品牌定位与品牌创造的具体做法和成效。通过调查获取相关数据，完成一份不少于1 500字的金融企业品牌定位与品牌创造实施情况调研报告。

活动组织与步骤：

（1）组织设计：以小组为单位，指定1名学生负责录像，1名学生负责记录，1名学生担任评委，负责点评打分，组长主持调研并全程把控。

（2）前期准备：编写调研方案，确定调研渠道和调研对象——将金融企业的主要客户群体作为调研对象，在此基础上选取典型代表作为具体调研对象，构建指标体系，并据此设计调查问卷。

（3）实施调研：通过调研获取相关数据。

（4）撰写报告：整理分析调查数据，研讨形成调研结论，撰写调研报告。

（5）汇报形式：课上组长汇报，小组其他成员可以补充，汇报时间不超过5分钟。

（6）学生点评：评委根据组长的汇报情况和提交的调研报告，点评并给出小组成绩，汇总后取均值。

（7）成绩评定：教师点评并给出小组成绩，加总后一并计入小组成绩。

（8）成果展示：提交的调研报告由教师存档，并作为课堂学习成果予以展示；如有必要，可以将调研报告向被调研的金融企业反馈。

思考与练习

一、单选题

1. 按（　　）可将客户划分为好强型、交际型、权欲型、懒惰型、勤奋型等。

　　A. 地理因素　　　　　　　　B. 行为因素
　　C. 利益因素　　　　　　　　D. 心理因素

2. 采取无差异市场策略的金融企业一般是（　　）。

　　A. 大型机构　　　　　　　　B. 中型机构
　　C. 小型机构　　　　　　　　D. 微型机构

3. 在金融企业的市场定位中，必须以（　　）为中心。

　　A. 金融企业　　　　　　　　B. 客户
　　C. 产品　　　　　　　　　　D. 竞争对手

4. 金融企业品牌的最基本特征是（　　）。

　　A. 定价　　　B. 服务　　　C. 利益　　　D. 风险

二、多选题

1. 市场细分的基本原则有（　　）。

　　A. 可衡量性　　　　　　　　B. 可进入性
　　C. 可盈利性　　　　　　　　D. 可退出性

2. 个人客户市场细分的方法有（　　）。

　　A. 地理因素细分法　　　　　B. 人口因素细分法
　　C. 心理因素细分法　　　　　D. 行为因素细分法
　　E. 利益因素细分法

3. 金融市场定位的方法有（　　）。

　　A. 首次定位　　　　　　　　B. 再定位
　　C. 避强定位　　　　　　　　D. 迎强定位

4. 金融企业品牌定位的步骤主要是（　　　）。
 A. 市场细分　　　　　　　　　B. 确定目标市场
 C. 品牌定位　　　　　　　　　D. 客户定位

三、判断题

1. 一般来讲，市场细分的标准是静态的，主要是为了保证营销政策的稳定性。（　）
2. 选择目标市场的主要依据是细分市场的吸引力以及选择细分市场是否与企业的目标和资源相匹配。（　）
3. 金融企业形象定位是指通过设计和塑造金融企业的经营理念、企业标志、产品商标、户外广告、象征图案等，在金融客户中留下与众不同、印象深刻的企业形象。（　）
4. 品牌定位是为企业的品牌在客户的心目中确定一个特定的位置。（　）

四、名词解释题

金融市场细分　目标市场选择　差异性市场策略　金融市场定位

五、简答题

1. 简述市场细分的实践意义。
2. 简述金融企业选择目标市场的依据。
3. 简述金融企业市场定位的策略。
4. 简述金融企业的"增值"服务主要包括哪些内容。

— 技 能 训 练 —

文斌和小王是某城市商业银行市场部从高校刚招聘的两名大学生。由于该银行揽储任务重、压力大，市场部的所有员工整天都在外面跑业务，文斌和小王甚至还没有来得及完成业务培训就被经理成发派出去揽储。成发打算过了这段忙的时间再把培训补上。文斌和小王两个人满怀信心，对该市一些大企业又是上门拜访又是打电话，向企业营销该银行的协议存款、通知存款等储蓄产品。一个星期过去了，那些企业不是说他们已经与其他银行合作了，就是说城市商业银行不是他们选择的对象，有的企业电话也不接，甚至有过分的企业保安连门都不让他们进。这让文斌和小王很受打击，稍有点内向的小王甚至开始怀疑自己是否适合在银行工作。

问题探索：请分析该案例中文斌和小王为什么总是遭到客户的拒绝？为什么没有找到合适的客户？他们的理想客户在哪里？如果你是他们的朋友，你会对他们俩提出什么样的建议？银行市场部经理成发的做法是否妥当，为什么？

— 能 力 自 评 —

一、专业能力自评

专业能力自评表

	能/否	任务名称
通过学习本章，你		了解/理解/解释金融服务营销市场细分的含义和方法及流程
		了解/理解/解释金融服务营销目标市场选择的含义依据及策略
		了解/理解/解释金融服务营销市场定位的含义、方法及流程
		了解/理解/解释金融服务营销金融企业品牌创造的内容及过程

注："能/否"栏填"能了解/熟悉（理解）/掌握（解释、分析、辨析）/培养"或"否"。

二、核心能力自评

核心能力自评表

	核心能力	是否提高
通过学习本章，你的	信息获取能力	
	口头表达能力	
	书面表达能力	
	与人沟通能力	
	解决问题能力	
	调查研究能力	
	团队合作精神	

自评人（签名）：　　　　年　月　日　　教师（签名）：　　　　年　月　日

注："是否提高"一栏可填写"明显提高""有所提高""没有提高"。

三、职业素养评价

职业素养评价表

	职业素养内容	分值	自我评价	小组评价	教师评价	综合评价
通过本章学习，你的	全局意识观念	20				
	持续学习能力	20				
	创新思想观念	20				
	较强的执行力	20				
	主动担当作为	20				
	合计	100				

存在的不足和努力方向：

自评人（签名）：

年　月　日

第六章

金融服务营销目标市场介入

学习目标

素养目标
1. 擅于观察、乐于倾听、勤于思考，培养社会交往能力；
2. 通过有效沟通，培养积极向上、乐观向前的心态。

知识目标
1. 理解客户挖掘、识别和评估的方法与流程，掌握潜在客户转化的技巧；
2. 了解客户购买需求与决策的心理过程，熟悉引导客户需求和洞察客户心理特征的基本方法；
3. 熟悉并掌握约访客户、与客户沟通和金融服务展示的流程与基本方法；
4. 熟悉谈判确立成交的流程和基本方法，掌握促成合作的基本策略。

技能目标
1. 能够按照规定的步骤和方法对客户进行识别、评估和引导；
2. 能够撰写客户需求调研问卷和调研报告；
3. 能够按照规定的流程与方法约访客户、进行电话交流和销售面谈；
4. 能够撰写金融服务营销方案；
5. 能够按照规定的流程和方法进行金融服务谈判；
6. 能够草拟客户需求方案。

思维导图

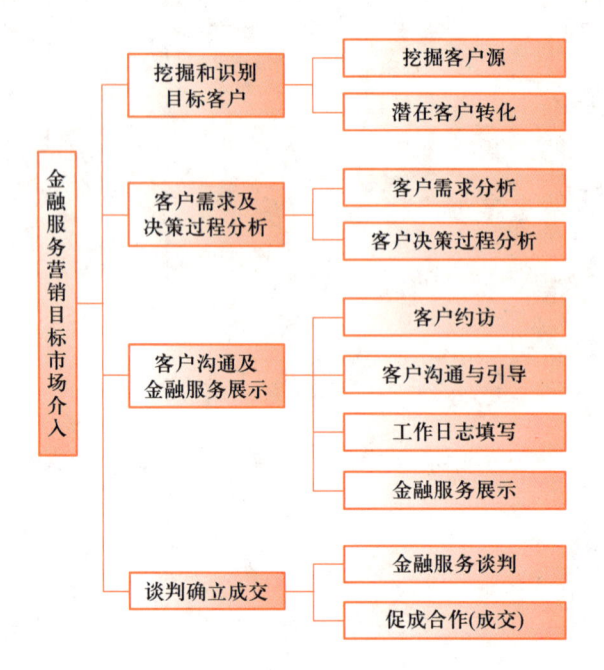

```
金融服务营销目标市场介入
├── 挖掘和识别目标客户
│   ├── 挖掘客户源
│   └── 潜在客户转化
├── 客户需求及决策过程分析
│   ├── 客户需求分析
│   └── 客户决策过程分析
├── 客户沟通及金融服务展示
│   ├── 客户约访
│   ├── 客户沟通与引导
│   ├── 工作日志填写
│   └── 金融服务展示
└── 谈判确立成交
    ├── 金融服务谈判
    └── 促成合作(成交)
```

引导案例

金融服务就应该如此营销——热情、真诚为客户解决问题

一天,中国工商银行某网点来了一位中年男子。由于正处于业务高峰期,大堂经理小王正在叫号机前引导、分流客户。见到这位客户,小王礼貌地问道:"您好,请问需要办理什么业务?"客户回答说:"想咨询点理财业务方面的问题。"小王问:"您买过我行的理财产品吗?"客户回答:"在他行买过,但已经很长时间啦。我经常在你行办理个人结算业务,看到你们的服务环境和服务水平都不错,想咨询你行代理的理财产品。"听到这里,凭借多年的工作经验,小王判定该客户为一名优质客户,便马上引导他来到贵宾客户理财区,由理财经理周宏提供服务。周宏热情地招呼客户坐了下来,并倒上一杯热茶。通过交流,周宏逐步了解到客户名叫张军,近期收回一笔临时不用的款项。不久前,曾在他行买过200万元300指数基金,收益还不错。但手续较麻烦,由于他行理财人员业务不熟练,在赎回过程中造成了一些不愉快。了解情况后,周宏向张军详细介绍了工行的产品,就基金的投资收益、风险和走势进行了全面而深入的分析后,并向张军推荐了工行的理财金账户卡和快捷方便的网上银行,同时向张军反复作了操作演示,直到张军自己会独自操作为止。面对周宏热情、周到、专业、高水准的服务,张军十分感动,当场办理了理财金账户,并开通了网上银行。不久之后,张军把他行的存款全部转入到工行理财金账户上,而且通过网上银行顺利地购买了大额理财产品。

引例分析

金融产品是一种特殊的商品,其无形性和不可分割性的特点使其营销比普通商品更难,这就要求金融服务营销人员要牢固树立"以客户为中心"的营销理念,提升自身服务水平,帮助客户高效解决问题。必须意识到,只有在满足客户利益的前提下,才能收获更多的客户。案例中,周宏展现出的热情、专业的理财服务,就是金融客户营销中非常重要的一环。

同时,作为一名金融服务营销人员,必须认识到,"客户"是市场经济条件下金融行业的主要服务对象。客户利益高于一切,要牢固树立为客户服务的理念,这不仅是金融从业人员的基本素养,更是金融服务营销人员重要的道德规范。

第一节　挖掘和识别目标客户

一、挖掘客户源

挖掘客户的关键在于如何确定目标客户的范围。

（一）金融客户挖掘的方法

1. 缘故法

缘故法就是通过熟悉的人来搜寻客户。

缘故法的对象主要有：① 已经认识的人；② 生活圈子中的相关人员，如亲属、同学、同事、邻居、同乡等。

缘故法的特点主要有：准客户的资料容易收集、被拒绝机会较小；成功的机会较大等。因此，缘故法对于新入职的金融服务营销人员，在刚刚开始客户挖掘工作时十分有效，比较容易取得成功，同时也可以培养从事金融服务营销的坚强信心，被誉为打开营销之门的第一把"金钥匙"。

2. 转介绍

转介绍是通过已有客户或其他人脉资源，来寻找并接触新的客户。该方法具有耗时少、成功率高、成本低等优点，是比较简单易行的营销方式。

转介绍的方法可以分为两种：一是普通的转介绍，就是通过较为一般的人际关系进行转介绍；二是优质的转介绍，就是通过已有的客户、朋友、同学等人际关系进行转介绍。

转介绍需要注意以下问题：

① 要求对方转介绍的时机。可以考虑在客户表示满意或处于兴奋状态的时候要求转介绍，当然也可以考虑在营销失败时要求转介绍。

② 转介绍过程中礼品的使用。无论转介绍是否成功，一定要给介绍人送一些小礼品，以便于再次请求对方的帮助。但要注意赠送礼品的关键在于用心，要针对不同对象的需求，同时要控制成本。

③ 需要主动要求客户转介绍。要谨记的是，除非营销人员要求客户去做转介绍，否则客户是不会主动去做的。

3. 建立影响力中心

任何一个人都不是孤立的，它属于某个单位、某个社区、某个人群、某个层面，在这些团体中建立影响力中心，就像建立起一个营销网点。它会像磁铁一样，影响和吸引周围的人，源源不断地提供更多的客户，使客户挖掘工作事半功倍。

影响力中心是指在个人特定的工作生活交际圈子中具有一定号召力，能够影响甚至代替周围人群的思维、决定与行为，人们一般不会怀疑他的判断（眼光）的正确性。

建立影响力中心的流程如图 6-1 所示。

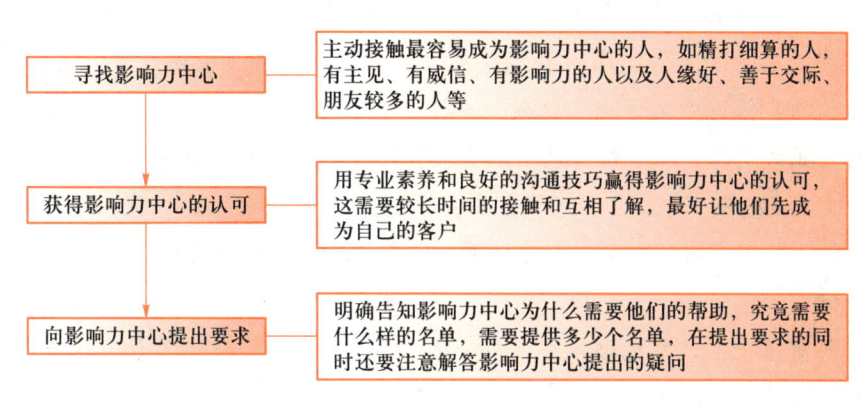

```
寻找影响力中心 —— 主动接触最容易成为影响力中心的人，如精打细算的人，
                有主见、有威信、有影响力的人以及人缘好、善于交际、
                朋友较多的人等

获得影响力中心的认可 —— 用专业素养和良好的沟通技巧赢得影响力中心的认可，
                      这需要较长时间的接触和互相了解，最好让他们先成
                      为自己的客户

向影响力中心提出要求 —— 明确告知影响力中心为什么需要他们的帮助，究竟需要
                      什么样的名单，需要提供多少个名单，在提出要求的同
                      时还要注意解答影响力中心提出的疑问
```

图 6-1　建立影响力中心的流程

4. 利用新媒体获客

随着数字信息技术的迅猛发展，互联网和移动终端加速融合，新媒体作为一种新兴的传播媒介，具有个性化、交互性、开放性和多元性等传统媒介无法比拟的优势。新媒体营销深入各行各业，并逐步成为企业营销的新方式。金融服务营销人员也要不断创新工作方式，运用各类平台，如微信、微博、今日头条、抖音、小红书、知乎、贴吧等，拓展获客渠道。

以上四种是较为有效的客户挖掘方法。此外，还有陌生拜访法、电话营销法等。但是无论采用哪种方法，作为金融服务营销人员只有端正态度，诚信地对待每一位客户，在工作中求真务实、保持信心，才能取得预期的效果。

价值引领

网商银行，挖掘精准的客户群体

随着信息化、网络化时代的到来，人们的生产经营、商务活动等众多领域产生了海量的数据资源，越来越多的行业企业开始思考，如何运用这些数据发现问题、解决问题。数据是信息时代的重要产物，金融业作为一个与信息服务高度相关的行业，既是数据的重要产生者，又高度依赖于信息技术。

2023 年 10 月，中央金融工作会议在北京举行。会议指出优化资金供给结构，把更多金融资源用于促进科技创新、先进制造、绿色发展和中小微企业。网商银行依托阿里系电商百万商家、近10亿消费者，以及10亿级金融支付用户、供应链物流等数据池，与B端小微商户保持高度关联。利用客户积累的信用数据，网商银行精准刻画用户画像并有针对性地向潜在客户推广信息，使得众多小微企业不用担保和抵押，凭借信用即可贷款。

根据网商银行《2022年度报告》，2015年成立至2022年年末网商银行累计为5 000多万小微客户提供了数字信贷，他们中既有电商卖家、街边小店，也有货车司机和做生意的农户。网商银行与全国超1 200个涉农区域开展县城数字普惠金融合作，深入县城普惠金融服务，将金融服务带向田间地头。同时，网商银行助力国家"双碳"目标，推动《小微企业绿色评价规范》团体标准正式发布，让小微绿色金融有标可依。截至2022年年末，网商银行已累计完成623万家小微企业的绿色评级，并累计为42万家小微提供绿色利率优惠，通过产品引导小微企业选择更加绿色，环保的经营模式。

问题探索

网商银行在客户挖掘方法上与传统方法相比有哪些区别？该方法有怎样的应用前景？结合金融客户挖掘的方法来回答。

（二）金融客户识别的流程

客户识别是贯穿整个金融服务营销过程的一条主线，也是金融服务营销人员挖掘、保持客户关系的根本依据。金融客户识别流程如图6-2所示。

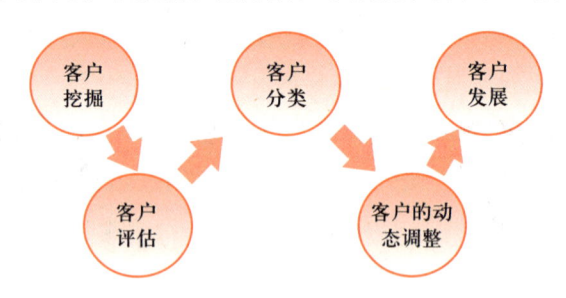

图6-2 金融客户识别流程

1. 客户挖掘

客户挖掘是客户识别的基础，通过各种客户挖掘方法，列出潜在客户名单，客户识别才有了具体的对象。

2. 客户评估

由于不同的客户具有不同的特征，因此需要对每一位客户进行综合评估。

3. 客户分类

依据客户评估的结果对客户进行分类，从而确定对不同类别的客户采用的营销策略。

4. 客户的动态调整

客户分类会一直伴随着金融服务营销的全过程，要用动态的、发展的眼光看待客户，根据客户的实际情况随时调整客户级别。

5. 客户发展

为了更好地了解当前客户的价值，需要采取有针对性的营销方案来发展客户，从而降低成本，提升客户营销活动的效果。

（三）金融客户评估的方法

由于金融服务需求的差异性，所以，金融服务营销人员要学会客户评估，进而有针对性地开展服务营销。

1. 金融客户评估的依据

金融客户评估可以从自身环境、社会环境两个方面进行。

（1）自身环境评估。自身环境评估主要从客户的职业、家庭情况、性别、年龄、文化教育水平等方面进行。

（2）社会环境评估。社会环境评估主要从两个方面进行：一是从社会阶层，如人们的收入、社会地位等因素进行评估；二是从相关群体，如影响力中心的"示范效应"进行评估。

2. 设计客户等级评估表

根据对金融客户评估的依据以及客户挖掘的方法，结合每一位潜在客户的实际情况，可以编制客户等级评估表。

3. 金融客户的分类级别及相应对策

根据客户等级评估表中每位客户的实际得分，可以将金融客户分为VIP、A、B、C四个不同的级别，并据此制定相应的对策。

客户等级评估表

二、潜在客户转化

（一）潜在客户的含义

潜在客户是指对金融企业提供的金融服务确实存在需求并具有购买能力的任何个人或组织，业内把潜在客户称为准客户。潜在客户必须具备两个基本特征：一是存在对金融服务的需求；二是具有一定的购买能力。实务中，B级以上的客户都可以视为"潜在客户"，可以有针对性地将其转化为正式客户。

(二)潜在客户转化的要点

在确定了潜在客户之后，就要通过各种营销手段将金融服务的有关信息传递给潜在客户，以促进其向正式客户转化，在转化过程中需要注意的要点有以下几点：

1. 以客户为中心，重视客户的需求

促进潜在客户转化为正式客户的关键要点在于金融服务营销必须从客户的实际需求出发。只有强调了金融服务的特点与客户需求之间的一致性，潜在客户才会逐渐接受该项金融服务。

2. 提高自身专业水平，熟悉金融服务信息

一般来说，营销人员要想事先掌握所有潜在客户的需求是一件非常困难的事情，往往只能在进一步的沟通中发现对方的真实需求。因此，营销人员必须提高自身的专业水平，熟悉金融服务的相关信息。

3. 了解客户购买的阻力，化解客户提出的疑问

潜在客户准备购买金融服务的决策过程中往往会遇到各种阻力，这些阻力可能来自经济、社会、时间、心理等方面，它们影响着潜在客户的购买决策。只有了解了这些阻力，才能及时调整策略，消除阻力。

4. 提供便利化服务，降低客户交易成本

由于多数潜在客户可能没有办理过类似金融服务的经历，对于如何办理各种业务的程序不了解，因此金融服务营销人员要站在潜在客户的角度考虑如何解决这些问题，让他们以最便捷的方式来办理金融服务，从而降低其交易成本。

第二节　客户需求及决策过程分析

一、客户需求分析

(一)引导客户的需求

营销的本质是满足客户的需求。金融服务营销与其他产品的营销一样，都必须以客户的需求为出发点，用已有的金融服务来满足客户的需求。因此，做好金融服务营销，首先要发现客户的需求，并通过有效的沟通来引导客户需求，最终实现金融服务的销售。引导客户需求流程如图6-3所示。

以客户实际需求为中心

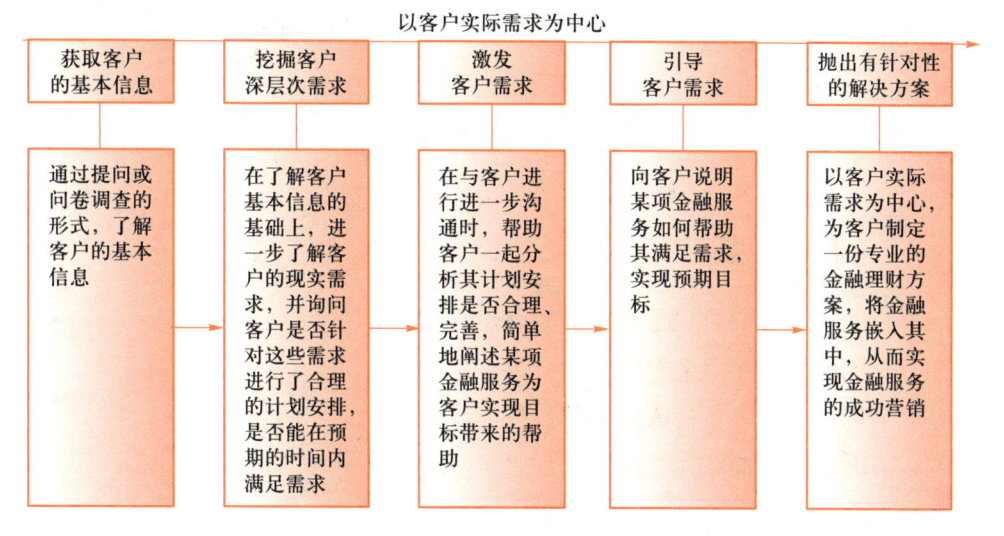

获取客户的基本信息	挖掘客户深层次需求	激发客户需求	引导客户需求	抛出有针对性的解决方案
通过提问或问卷调查的形式,了解客户的基本信息	在了解客户基本信息的基础上,进一步了解客户的现实需求,并询问客户是否针对这些需求进行了合理的计划安排,是否能在预期的时间内满足需求	在与客户进行进一步沟通时,帮助客户一起分析其计划安排是否合理、完善,简单地阐述某项金融服务为客户实现目标带来的帮助	向客户说明某项金融服务如何帮助其满足需求,实现预期目标	以客户实际需求为中心,为客户制定一份专业的金融理财方案,将金融服务嵌入其中,从而实现金融服务的成功营销

图 6-3 引导客户需求流程

在探寻客户需求的过程中,金融服务营销人员要避免喋喋不休、滔滔不绝地介绍产品,要注意使用询问的方式来引导客户、了解客户的真实需求,让客户讲出心里话,谈话中要及时对客户需求进行总结,并获得客户的确认。这里要注意,只有客户认可的需求,才是真正的需求。

客户需求询问

(二)客户需求调研问卷的编写

客户需求调研问卷是金融服务营销人员为了了解客户金融服务需求,按照一定的理论假设设计出来的,由一系列问题、调查项目、备选答案及说明组成的向客户收集资料的一种工具。

1. 调研问卷的形式

根据发放方式,可以将调研问卷分为送发式、邮寄式、报刊式、人员访问式、电话访问式以及网上访问式六种;后三种属于访问式问卷,也是在金融营销的实际工作中使用较多的问卷形式。

2. 调研问卷的格式

调研问卷一般由开头部分、正文部分和结尾部分三部分组成。

(1)开头部分。开头部分主要包括问卷标题和说明信。问卷标题概括说明了调查研究的主题。说明信是给被调查者写的一封简短信,是用来取得对方协助的开场白。

(2)正文部分。正文部分主要包括背景资料问题、主体问题两部分。背景资料问题包括被调查人的性别、年龄等内容。主体问题部分通常包括两类,一类是评价被调查人对金融服务的认知程度;另一类是引导客户发现或满足现实需求。

（3）结尾部分。结尾部分主要包括感谢语、作业证明记载。

二、客户决策过程分析

（一）客户的购买决策流程

客户的购买决策流程是指客户为满足需求而发生的购买和使用金融服务的行为，是由一系列的环节、要素构成的完整过程。客户的购买决策流程如图6-4所示。

图6-4 客户的购买决策流程

1. 识别需求

需求是整个购买决策的起点，是客户购买金融服务的欲望。当一个人的理想和现实存在差距时就会产生需求，这个需求可以被内在或外在的刺激触发。金融服务营销人员必须了解客户的需求，以便选择新的、适合客户的金融服务，进行更有效的沟通，以更友善的营销方式去满足客户的需求。

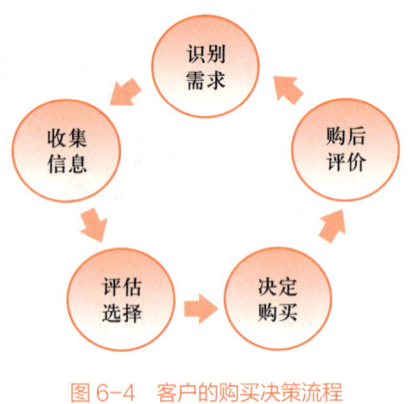

2. 收集信息

客户收集的金融服务信息主要来自两个方面：一是由金融企业提供的，如广告、促销、企业网站和网点宣传单等市场导向渠道的信息，这是客户最主要的信息来源渠道；二是从各个方面，如同事、朋友、家庭以及媒体等非市场导向渠道获取的信息，这是客户最有效的信息渠道。

3. 评估选择

评估标准是个人需求、价值观、生活方式等在某项特定金融服务上的反映。客户即使购买同一项金融服务，评估指标的差异也会很大。在评估选择中，产品的特征对客户具有重要影响。产品的特征通常包括两个方面：一是突出性特征，包括费用、售后服务等；二是决定性特征，包括风险、功能等，这些特征的变化随时会影响客户对金融服务种类和品牌的选择。

4. 决定购买

在购买阶段，客户一般会表现出试购、重复购买和仿效购买三种购买决策行为。此外，客户可能会感知到诸如功能、价值、社会、心理及时间等各种风险。金融服务营销人员应积极主动地说明风险，引导客户降低决策过程中的各项风险。

5. 购后评价

客户使用金融产品后会涉及用后评价问题。在此阶段，客户会对金融产品或服务提出满意或不满意的评价。客户的满意度是客户以后购买决策的重要参考。

需要强调的是,在实际的购买决策中,某些客户在面对某些金融服务时,并不总是依次通过这五个阶段,可能会越过或颠倒某些阶段。

(二)影响客户购买决策的因素

影响客户购买决策的因素是多方面的,在做出购买决策时,不管客户多么理性,由于环境因素的影响,都可能出现冲动购买、从众消费等情况,甚至有可能勉强购买无用的金融服务。影响客户购买决策的因素主要有以下几个:

1. 购买环境

购买环境会影响客户购买金融服务的决策及对金融服务的评价。购买环境包括物质环境,如营销地点的氛围;也包括客户的心情,如营销时的情绪状态等。

2. 从众消费

从众是指个人的观念与行为受到群体的影响,而与多数人保持一致的现象。从众消费是指个体消费者基于群体压力或寻求社会归属感,把其他消费者的期望或行为作为自己行为参照的准则,进而在自己的产品评价、品牌选择以及消费方式上表现出迎合公众舆论或其他消费者期望的消费现象。因此,金融服务营销人员在与客户的沟通中,应把握客户的从众心理,适当强调某项金融服务的客户保有量、发行量等数据,让客户觉得该金融服务是多数人共同的选择,从而大大提升客户的信任度。

3. 顺从消费

顺从是指个体接受他人的请求,做出别人期望的行为的现象。与从众一样,顺从也是人与人之间发生相互影响的基本方式。顺从消费是指客户接受营销人员的请求,进行购买决策的行为。

4. 社会助长效应

社会助长效应也称社会促进效应,是指由于个体受到他人意识的影响而使行为效率提高的现象,包括别人在场、与别人一起活动的情况下所带来的行为效率的提高。

(三)洞察不同客户的心理特征

作为一名金融服务营销人员,必须像研究自己一样彻底地研究客户,下面就从几个简单的方面来说明如何去洞察不同客户的心理特征。

1. 通过口头语言洞悉客户心理

客户口头语言反映的心理特征及金融服务营销人员的营销策略见表6-1。

表6-1　客户口头语言反映的心理特征及金融服务营销人员的营销策略

序号	客户口头语言	客户的心理特征	金融服务营销人员的营销策略
1	在谈话中喜欢夹杂一两个英文单词	这类客户通常虚荣心比较强，爱炫耀自己的优势	可以多使用一些赞美的语言，对客户的地位、业绩给予充分的肯定
2	经常使用"真的""我说的不是假话"	这类客户大多缺乏自信，唯恐自己所言之事的可信度不高，因此一再反复地强调	应让客户尽可能地感觉到被信任，可以经常重复对方的话语，并表示自己的认同
3	经常使用地方方言	这类客户一般自信心都很强，有属于自己的独特个性，他们未必喜欢听太多赞美的语言，可能觉得比较做作	应表现出应有的自信，让对方认同自己
4	经常使用"你必须""你应该""你不能"等命令式词语	这类客户多固执、骄横、有强烈的领导欲望	应尽可能地满足客户的合理需求，以"下属"的身份自居，多用"明白了""马上按您的意思办"等语言来应对
5	经常使用网络流行词汇	这类客户大多缺乏个性和主见，喜欢浮夸	应多与客户聊天，谈一些客户感兴趣的话题，客户会把金融服务营销人员当成一位志同道合的朋友

2. 从习惯动作洞悉对方心理

客户习惯动作反映的心理特征及金融服务营销人员的营销策略见表6-2。

表6-2　客户习惯动作反映的心理特征及金融服务营销人员的营销策略

序号	客户习惯动作	客户的心理特征	金融服务营销人员的营销策略
1	习惯双脚并拢或自然直立，把双手背在背后	这是一种充分表现自信心理的姿态，这类客户一般来说都具有一定的优越感，更准确地说是具有一定的社会地位和知识水平，能够担当起领导别人的责任	应格外地尊重对方，并且可以投入更多的时间与精力，努力将其培养成为影响力中心
2	两脚自然站立，两手习惯性插在衣服或裤子口袋里	这类客户多数是比较小心谨慎的，凡事想的要比做得多	要在需求引导上多下功夫，此外要帮助客户多承担一些责任，多用"是我做得不够""对不起，我没有考虑周全"等语言
3	喜欢拍脑袋	这类客户比较容易紧张	要尽量创造一个舒适的环境，缓解客户的紧张情绪，最好能有轻缓的音乐做背景，效果会好很多

续表

序号	客户习惯动作	客户的心理特征	金融服务营销人员的营销策略
4	喜欢摸头发	这类客户个性多是十分鲜明而又突出的，具有一定的胆识和魄力，有比较良好的人际关系，为人处世慷慨大方，不会斤斤计较	应主动积极，大胆地向客户介绍新的金融服务理念，并尽量争取客户帮助自己做转介绍或成为影响力中心
5	喜欢打手势	这类客户通常自信心都很强，具有果断的决策力，凡事说做就做，有一股雷厉风行的劲头。同时，这类客户多属于较外向的人，喜欢把自己打造成一个核心人物	一定要学会趁热打铁，尽量在第一时间促成交易

第三节 客户沟通及金融服务展示

一、客户约访

"预约"是与客户进行正式沟通前必须经过的一个步骤。在预约时除应注意必要的礼节外，金融服务营销人员还应做好预约拜访的准备工作，与客户讲清楚必要的商谈内容。同时，在沟通过程中金融服务营销人员还应注意激发客户的兴趣，让客户对约访充满期待。

（一）约访时间安排

金融服务营销人员初次约见客户时要以客户为中心，不能总是站在自己的角度来安排约访客户的时间，如果急于求成，很可能是欲速则不达。在预约时应注意以下内容：

1. 以客户为中心，兼顾时效性

在与客户确定见面时间时，金融服务营销人员不要擅作主张，要尽量为客户着想，最好先由客户确定或由客户主动安排时间。当然，约访客户的时间越早越好，切忌推迟，金融服务营销人员要让客户尽早了解所要营销的金融业务。因此，约访客户需要注意时效性。

2. 注意不同客户的预约方式

金融服务营销人员不能一味地追求早见面，应根据客户不同的态度随机应变。对于熟悉的客户，可以判定客户的空闲时间后，提前向客户发出邀约，如

"王先生，下周三我刚好去××大厦附近办事，到时候您有空一起喝个茶吗？"对于较为陌生的客户，在初步接触后可以试探性地询问，如"梁女士，我们可以见面聊一下吗？对您关心的保险方面的疑问，我想详细跟您沟通一下，您看您明天是否方便？"这时，客户可能会说不方便，但是只要有兴趣，客户最终还是会给一个见面的机会。对于优柔寡断的客户，则可以明示日期和时间，如"我这边本周三的下午、周四的上午和周五的下午都比较空，您看您哪个时间点方便，我来拜访您？"

（二）确定约见地点

因为洽谈的环境将会影响客户的购买决策，因此约见客户时，金融服务营销人员可以根据不同的客户类型选择不同的约见地点。约见地点选择的原则是：环境舒适、方便客户、利于成交。

1. 在客户办公室见面

金融服务营销人员去客户的办公室见面是一种最普遍的拜访形式。选择客户办公室作为约见地点，可以节省客户的时间。

2. 在客户家里见面

在客户居住的地方见面也是不错的选择，不过这要看客户的意愿，特别是对于私营企业主或高层管理者，在其家中见面更容易营造良好的氛围。

3. 在公共场所见面

美国著名的营销学家斯科特·卡特利普曾说过："最好的推销场所也许不在顾客家中或办公室里。可能在午餐会上、网球场边或高尔夫球场上。"金融服务营销人员能约客户一起喝个茶、品个咖啡、打场网球都是不错的选择。

4. 在云端见面互动

数字信息化时代，金融服务营销人员还可以通过微信视频、钉钉会议、腾讯会议等形式与客户在云端见面互动，让双方距离不再是阻碍。无须线下见面即可以深度沟通，节省了大量的时间、精力成本。

（三）电话预约的方法

约见客户的方法有许多种，而其中电话预约是最主要的方式，也是最经济、最方便的方法之一。金融服务营销人员在运用电话预约时要讲究技巧，谈话要简明扼要、心平气和，千万不可强求。

1. 电话预约前的准备工作

电话预约前的准备工作是非常重要的，所谓"知己知彼，百战不殆"。准备好需要的资料、与客户谈话的方式，会使电话预约更加稳妥和顺利。具体来说，金融服务营销人员要做好以下准备工作：

（1）打电话前的资料准备。在打电话前，金融服务营销人员要先准备下列资料：客户的姓名与职务、准备推荐的金融服务的最大特点、最有吸引力的表达方法等，最好能够先列在纸上，以免与对方通话时由于兴奋或紧张而忘记要讲的内容。

（2）打电话前的内容准备。金融服务营销人员在打电话前，必须想清楚打电话的具体内容，否则可能会结结巴巴、词不达意，这是对客户不礼貌的表现。因此，在拿起话筒之前，金融服务营销人员应该考虑以下问题：如果客户不在怎么办、应该如何寒暄、怎样的开场白最有吸引力、客户拒绝了怎么办等。

（3）选择合适的通话时间。每个人都有自己的行为习惯，客户也一样。如果不能在某个时间段打通他们的电话，就要从中吸取教训，尝试在其他时间打电话。通常，拨打电话的时间应该选择非高峰和非休息时间，如10点到11点、15点到17点之间等。

2. 电话预约的技巧

因为电话预约有可能引起客户的猜忌，因此，金融服务营销人员必须熟悉电话预约的原则，掌握电话预约的正确方法。

（1）第一声问候。在电话接通前，金融服务营销人员要保持良好的心情，要让客户听到亲切、优美的声音，并被声音所感染，从而产生良好的印象。

（2）自我介绍。金融服务营销人员在进行自我介绍时，要先说自己的姓，然后再说自己的名字，这样既是尊重自己，同时也可以加深客户对自己的印象。

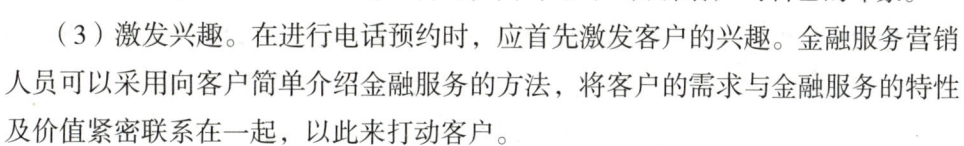

（3）激发兴趣。在进行电话预约时，应首先激发客户的兴趣。金融服务营销人员可以采用向客户简单介绍金融服务的方法，将客户的需求与金融服务的特性及价值紧密联系在一起，以此来打动客户。

（4）阐明目的。电话预约的最终目的是和客户见面，因此，金融服务营销人员在与客户交谈后要明确表达自己的目的并请求面谈。

（5）注意礼貌。电话约定了面谈的日期后，在结束谈话前，金融服务营销人员应向客户客气地说一声"谢谢""再见"，然后等对方讲完后再轻轻挂上电话，切不可只顾自己讲完就挂断电话。

电话约访范例

二、客户沟通与引导

成功预约客户后，金融服务营销人员要为约见客户这个环节做充分的准备，给客户一个良好的印象。与客户见面是每位金融服务营销人员最重要的工作内容，要精心设计与客户寒暄、如何做好开场白、如何进行正式面谈等环节。

（一）与客户寒暄

寒暄又叫打招呼，是见面时的应酬语言。它能使不相识的人相互认识，使不熟悉的人相互熟悉，使单调的气氛活跃起来。尤其是初次见面时，由于彼此都不太了解，往往容易陷入无话可谈的尴尬场面，这时，适当的寒暄可以营造交谈气氛，沟通情感。常用的寒暄方式主要有问候式寒暄、关怀式寒暄、谈论式寒暄、夸赞式寒暄、攀认式寒暄。

1. 问候式寒暄

问候是对他人友好或者关心的表示，问候的目的是使双方关系融洽，往往见面的短暂沟通就能对一个人的素养做出评价。如"您好，好久不见"等。

2. 关怀式寒暄

通过真挚深切的关怀，可以加深人与人之间的感情。如"天冷了，注意保暖""工作再忙，也要注意身体""这边生活还习惯吗"等。

3. 谈论式寒暄

很多金融服务营销人员喜欢用谈论式寒暄方式打破初次见面的沉默，这是最有效的沟通方法之一。谈论的内容一般针对那些人尽皆知的内容，但要注意不要选太敏感或太专业的话题。如"雪后的西湖太美了""3月份的扬州将迎来一年中最美的时刻"。

4. 夸赞式寒暄

心理学家根据人的天性作过如下论断：能够使人们在平和精神状态中度过幸福人生的最简单的法则，就是给人以赞美。客户需要别人的肯定和承认，需要别人的诚意和赞美。金融服务营销人员应抓住客户即时即地的"闪光点"，对客户进行由衷的赞美，使客户得到心理上的满足。如"您这件衣服真漂亮，您穿了既得体又显气质""我听过您的演讲，棒极了，今天终于有幸见到您本人了！"等。

5. 攀认式寒暄

金融服务营销人员要抓住与客户的共同点或相似点，并以此为出发点进行发挥性问候，以拉近双方的关系。如"在同一所学校学习过""在同一个地方生活过""有共同的兴趣爱好"等。

与客户寒暄的正式程度和时间长短应该根据双方关系的远近程度来决定。寒暄时不能含糊其词，应力求幽默，争取在见面的前几分钟就能够给客户留下良好的第一印象。

（二）做好开场白

开场白是演出或其他开场时引入主题的道白，比如文章、介绍或讲话等开始的部分。在与客户进行简单的寒暄后,就要进入开场白环节了。开场白的好坏,几乎可以决定营销的成败。有些关键性的对话,往往都是由那些看似不起眼的开场白引出的。如果跳过开场白,一见面就马上进入正题,往往会让人感觉气氛紧张。

1. 开场白的目的

通常来说,金融服务营销的开场白要达到的目的主要有:① 拉近与客户的距离;② 与客户建立信任感;③ 激发客户的兴趣。

2. 开场白的内容

一般而言,开场白主要包括以下四部分内容:① 问候或自我介绍;② 感谢客户的接见并寒暄、赞美;③ 说明此次来访目的(通过突出客户的价值,以吸引客户注意);④ 转向探测客户需求(以问题结束,引导客户开口说话)。

3. 开场白的注意事项

在与客户沟通的过程中,开场白是很重要的一部分,好的开场白可以引起客户的兴趣,促使客户继续沟通下去;而糟糕的开场白往往让客户对金融服务营销人员产生反感、鄙视甚至是厌恶,不利于沟通的深入进行。因此,开场白应尽量避免出现以下情况。

(1)急于求成。金融服务营销人员不能急于求成,要理清自己与客户的关系,摆正心态与客户沟通。

(2)左右客户。左右客户的思想,显得较为突兀,会让客户产生被胁迫的感觉,容易打消客户的购买兴趣,引发客户的怀疑和不满。

(3)敏感话题。在营销过程中,金融服务营销人员必须以尊重客户为前提,要避免一些涉及政治立场、宗教信仰、个人隐私等敏感话题。

(4)赞美过度。对客户的赞美可以,但是要有度,适当的赞美可以让客户心情愉悦。但是,过度的赞美会让客户感到虚假,甚至产生反感。

(三)正式面谈

好的开场白,是双方见面的"润滑剂",当用一个完美的开场白开启了与客户的沟通,让客户接受了自己,接下来的交流就容易多了。

1. 如何捕捉客户的有效信息

进入正式面谈阶段后,金融服务营销人员就要了解客户的需求,只有了解客户的需求,才可以根据需求的类别和大小判断如何将金融产品介绍给客户,以及介绍什么样的金融服务给客户。

2. 如何应对客户的询问

客户会有很多疑问,有时候还会请金融服务营销人员来帮助自己选择。在这种情况下，金融服务营销人员首先要表现出自己的专业性，自信而谦虚地为客户解答疑问，并将最终决定权留给客户。

3. 如何消除客户的疑虑

在临近成交之际，有些客户的戒备心很强，各种顾虑蜂拥而至。此时，金融服务营销人员要展示自己的真诚，让客户感到放心，再通过巧妙地询问和认真分析，想办法消除客户的疑虑，让其接受自己推荐的金融服务。

三、工作日志填写

金融营销服务人员在邀约、拜访、面谈后，要养成每日填写工作日志的习惯，记录客户相关信息及面谈进展情况，以便下一次营销跟进。每日活动记录表见表6-3。

表6-3 每日活动记录表

姓名	性别	年龄	电话	地址	面谈问题及推荐产品	续访时间

四、金融服务展示

（一）如何撰写金融服务营销方案

金融服务营销方案没有一成不变的格式，应该根据不同金融服务的不同要求来撰写，在方案的内容与格式上也可以有变化。总的来说，金融服务营销方案应包括的内容如图6-5所示。

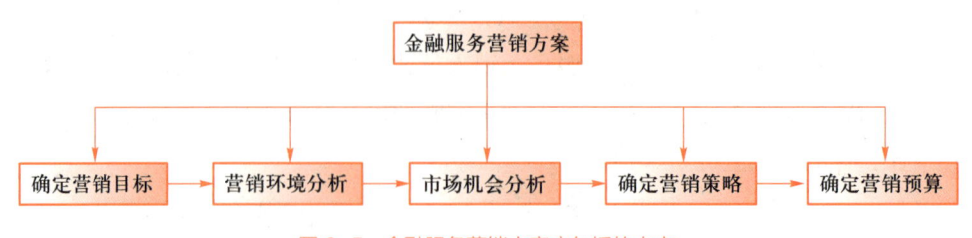

图6-5 金融服务营销方案应包括的内容

1. 确定营销目标

金融服务营销要取得怎样的预期效果，是实现客户数量的明显增加，还是成交金额的显著上升，或是强化金融企业品牌，提高某项金融服务的知名度、影响力等，这些都可以作为金融服务营销的目标。

2. 营销环境分析

营销环境分析是指确定目标市场，并对目标市场的状况及宏观环境有一个清醒的认识。营销环境分析的内容主要包括以下两个方面：

（1）目标市场状况及前景分析。目标市场状况及前景分析主要包括：① 通过调查初步确定并分析目标市场的容量及潜在客户数量；② 市场竞争状况，目标市场是否存在同类竞争的金融服务，其营销策略及效果如何；③ 客户的接受性，根据已掌握的资料分析该金融服务在目标市场的发展前景。

（2）影响营销效果的因素分析。影响营销效果的因素分析主要是对影响金融服务的不可控因素进行分析，如潜在客户的经济条件、平均文化水平、金融理财意识等。

3. 市场机会分析

营销方案是对市场机会的把握和策略的运用，因此分析市场机会，就成为营销方案能否成功的关键。只要找准了市场机会，营销活动就成功了一半。

4. 确定营销策略

（1）产品策略。通过市场机会分析，选择合适的金融服务或金融服务组合，以达到最佳效果。金融服务选择的关键在于能否抓住客户的需求，使金融服务迅速占领市场。

（2）促销策略。金融服务促销是指协调所有营销资源，建立推广金融服务的信息渠道，以影响消费者的行为和态度。其目的在于：使客户了解新的服务，加深客户对金融企业的了解，提升金融企业的形象和地位，增加金融服务营销的成交量等。促销的方法包括：路演展示、人员推销、公益宣传及优惠刺激等。

（3）价格策略。由于金融服务的价格决定权往往不在金融服务营销人员手中，而在于金融企业的决策管理层，因此在金融服务营销过程中可以使用的价格策略并不多。但是很多金融企业会在特定的时期、针对特定的人群推出一些价格优惠的金融服务。另外，金融服务营销人员本身也可以控制一部分服务价格，可以适当地将自己的部分提成作为优惠"让利"给客户，在降低金融服务价格的同时，也与客户拉近了距离。

（4）渠道选择。金融服务营销渠道是指将金融服务通过各种便利手段和途径推向客户的过程。对于金融服务营销人员来说，可以选择的渠道通常包括：兼职代理、网络营销、群体组织以及合作机构等。

5. 确定营销预算

营销预算应包括整个营销方案推进过程中的费用投入，具体包括总费用、费用明细，其原则是以较少的投入获得最优的效果，要充分考虑"成本—效益"原则。

（二）金融服务展示

金融服务因其无形性而不同于普通的产品，客户看不到金融服务本身，只能看到服务工具、设备、信息资料、价格表等相关的线索。由于客户必须在无法真正见到金融服务的条件下来理解它，而且要在做出购买决定前知道自己该买什么，为什么买，所以他们会对相关的线索格外关注。因此，对于金融服务营销人员而言，应通过对相关信息的展示，增强客户对金融服务的认识和理解，为客户做出购买决策传递关键的线索。

1. 金融服务介绍

在与客户进行一对一交流的时候，需要向客户详细地介绍金融服务。这个环节要求金融服务营销人员能够针对不同客户的需求，生动地、充分地展示金融服务。其内容主要包括以下几方面：

（1）金融服务的基本特征。如果说促成销售95%靠的是热情，那么剩下的5%靠的就是营销人员所掌握的产品知识。因此，金融服务营销人员首先必须熟知金融服务的基本特征，并在为客户讲解时能够流畅地讲出来。

（2）金融服务的优势。面对众多的同类金融服务，如何让客户做出选择呢？这就需要金融服务营销人员充分展示金融服务的优势。一项金融服务的优势可以从品牌效应、价格优势及特殊优势三个方面体现。

（3）金融服务的收益。在向客户介绍金融服务时，金融服务营销人员要尽可能地展示该项金融服务为客户带来的收益和好处。

（4）售后服务。客户对于自己办理的金融服务有没有售后服务、售后服务的期限、态度以及质量等十分关注。因此，即便金融服务营销人员在介绍金融服务时介绍到了这一点，也要在最后特别强调，以让客户安心办理手续。

2. 金融服务营销路演

除了与客户一对一的交流，金融服务营销人员还要学会面对众多客户来展示金融服务，其中最常见的方法就是金融服务营销路演。路演最初是国际上广泛采用的证券发行推广方式，指证券发行商发行证券前针对机构投资者的推介活动，是在投融资双方充分交流的情况下促进股票成功发行的重要推介、宣传手段，现在也广泛地运用在各类金融服务的展示过程中。金融服务营销路演流程如图6-6所示。

目标市场调查 → 预热活动 → 塑造品牌形象 → 建立榜样群体

图 6-6　金融服务营销路演流程

（1）目标市场调查。每一次路演活动开展前，要派专人对目标市场进行详细的摸底，包括市场规模、客户群体定位、消费层次等。同时，还要对是否有其他可利用的宣传媒体（如互联网、公告栏等），竞争品牌在该区域的举动等情况进行细致、规范地了解。

（2）预热活动。提前用样品展示和外围广告进行宣传，并在路演区域的公告牌（或者网上等）上发布路演信息和促销预告，使现场营销活动信息得以迅速传播。

（3）塑造品牌形象。用醒目的、夺人眼球的品牌视觉形象吸引更多的目标客户。在路演区域通过太阳伞广告、喷画、易拉宝等形式进行宣传。还可以利用多媒体影音展示，把金融品牌宣传片、金融服务办理流程和促销活动细则等演示出来。

（4）建立榜样群体。把使用金融服务并乐于传播的客户培养成为影响力中心，将其标杆作用发挥到极致，最终掀起路演活动的热潮。

第四节　谈判确立成交

一、金融服务谈判

（一）金融服务营销谈判流程

金融服务营销谈判是金融服务营销人员与客户之间沟通交流的全过程，一次成功的金融服务营销谈判的结果是达成成交协议。金融服务营销谈判流程如图 6-7 所示。

1. 准备阶段

（1）信息收集与分析。谈判前应收集与分析的信息主要包括金融服务的信息、客户的需求信息、市场信息、竞争者信息等几个方面。

准备阶段 → 开局阶段 → 磋商阶段 → 协议阶段

图 6-7　金融服务营销谈判流程

（2）谈判人员的准备。谈判人员应具备的基本素养包括：有良好的心理素质、有团队合作的意识、有较为全面的知识结构、有一定的经验积累以及有一定的组织与应变能力等。

（3）谈判地点的准备。一般来说谈判地点应该宽敞、优雅、舒适，以便于双方能够以轻松、愉快的心情进行谈判。

2. 开局阶段

（1）营造气氛。在开始谈判前，要建立一种有利于己方的气氛。有个顺利的开端，可以为双方接下来的融洽谈判奠定良好的基础。

（2）开场陈述。阐明自己的基本立场、观点和利益，让客户了解自己的期望和意图。同时，还可以利用开场陈述进一步观察客户，以获取更多的信息。

3. 磋商阶段

磋商阶段是谈判的中心环节，在整个谈判过程中所占的时间比重最大。

4. 协议阶段

在经过了磋商阶段之后，金融服务营销人员要学会正确判断终结时机，并运用好结束策略来促成最后的成交。

（二）金融服务营销谈判的基本方法

1. 激将法

激将法是指在谈判过程中，运用一定的语言技巧刺激客户的心理，使客户产生逆反心理，从而取得谈判主动权的技巧。

2. 锐角法

在营销谈判中有一种说法：只要反应够机敏，及时将客户的反对意见灵活地转变成购买理由，就可以占得主动。这种把反对意见转换为相应购买理由的方式就如同几何学中将一个锐角转换成钝角一样，被称为锐角法。

3. 忽略法

在谈判过程中，客户提出的意见固然需要重视，但并不见得任何意见都要予以同样的重视。有时可以忽略客户的某些意见，把重点磋商放在客户比较感兴趣的问题上，这样才有利于掌握谈判的主动权。

4. 预选框式法

有一些客户疑虑的问题很多，总担心成交后达不到预期，任何一个原因都可能会成为阻碍谈判成功的理由。如果谈判过程中完全按照客户的想法来应对，需要考虑很多的问题，导致应接不暇、十分被动。因此，可以采用预选框式法，即预先设置一个有利于沟通的"框式"，解除客户的某些抗拒心理，使其敞开心扉来听取介绍。

（三）如何应对客户异议

在谈判过程中，客户异议是金融服务营销人员在营销过程中必然面对的一种情况。在营销过程中，难免会出现客户对产品、营销人员、营销方式或交易条件表示怀疑、抱怨，甚至是拒绝的情况。所以要想促成交易，只有正确处理客户异议方能达到目的。

1. 正确理解客户异议

当客户提出异议时，金融服务营销人员要对异议表示理解。理解客户的异议有两层意思：一是要了解客户异议的真实原因，即要了解客户到底对什么有异议；二是要从心理和态度上理解客户异议，即要有同理心，让客户觉得被理解、被尊重。只有理解客户，才能更有效地说服客户。

2. 异议处理常见方法

（1）异议前置法。异议处理的最好方法就是异议前置，即"把异议扼杀在萌芽中"。与客户沟通的过程中，由于客户受各类信息的影响，已经形成了一定的思维、看法，因此在沟通中很有可能提出与金融服务营销人员不一样的观点。如有些客户认为产品的安全性最重要、有些客户认为产品的性价比最重要，有些客户则更看重产品的灵活性等。异议前置法要求在客户尚未提出异议前，金融服务营销人员主动提出异议，并主动消除异议。如当敏锐地了解到客户较为看重产品的安全性时，可以通过提前询问："您对基金公司的规模有没有要求？"从而根据客户的要求匹配合适的产品，防止后续就"公司规模"这一项产生异议。

（2）合一架构法。合一架构法就是在谈判过程中，无论客户产生什么样的抗拒，营销人员都不要直接用"但是""可是""就是"等词语否定客户的抗拒，而是先认同客户，建立信任，再引导客户进行谈判。合一架构法常用的表达方式主要有："我理解……同时……您说是吧？"如在谈判过程中，把"我知道你的意思，但是……"改为"我理解你的想法，同时也……"。再如把"我尊重你的看法，可是……"改为"我尊重你的看法，同时也……"。说法不一样，效果也会不一样。

（3）提示引导法。提示引导法的原理是利用人的思维的延续性，将客户原来聚焦在产品劣势或者缺点上的注意力转移到产品的优势或者优点上的方法。提示引导法常用的表达方式主要有："当您……时，您同时也会想到……您说是吧？"

（4）万能抗拒解除法。万能抗拒解除法常用的表达方式主要有："很多客户之前也有和您类似的想法，可是他自从……以后，不仅不认为……而且还否定了……，您知道为什么吗？"

二、促成合作（成交）

（一）促成合作（成交）的方法

金融服务营销的成功与否，最终还是要靠结果说话，即是否达成合作（成交）协议。如何在谈判的最后阶段促成合作（成交），是金融服务营销人员必须掌握的策略。

1. 假设成交法

假设成交法是指金融服务营销人员根据客户的反应判断其成交意向，并在此基础上推进一步，即从客户已经成交的角度讨论问题，带动客户的思维朝成交的方向发展。在潜在客户发出购买信号后，金融服务营销人员可以尝试推动成交。如"王先生，每年20万元的期交保险费额度是否合适？""这款基金产品非常适合您，我先给您开户，您看可以吗？"

2. 优惠成交法

优惠成交法是指金融服务营销人员通过提供优惠或者赠品，促使客户采取购买行为的方法。使用优惠成交法时，要注意给客户"独特感"和"唯一感"，让客户感受到优惠只针对他一个人。因此，不要随意给予优惠，或者表明自己的权力有限，需要向上级请示等。

3. 体验营销法

体验营销法是指让客户先体验产品和服务，当客户感受到产品和服务所带来的好处后，自然会主动接受产品和服务的方法。如银行客户经理在向客户推广手机银行App时，可以现场演示并让客户参与体验手机App的便捷性。

4. 最后机会法

最后机会法是指金融服务营销人员直接向客户提示最后成交机会而促使客户采取购买行为的方法。如"这款基金产品的费率将在下周恢复原价。""这款产品本月末停售。"

5. 保证成交法

保证成交法是指金融服务营销人员直接向客户提出成交保证，使客户立即成交的方法。如"您放心，您的金融服务将由我来负责，我在银行工作已经10年时间了，有很多客户都很认可我的服务。"

同步案例

如何尽快地促成合作？

张岚是一名投资理财顾问，以下是她与客户达成交易之前的一段对话：

客户：这份公司理财方案我还要考虑一下。

张岚：陈总，这么重要的事情您当然需要仔细地考虑。但是您为什么不趁我在，让我从专业的角度跟您一起检查一下，看您还有哪些问题？这样还可以节省许多时间。其实一般客户犹豫不决，首先担心的是需不需要。陈总，您的情况我们之前一起分析过，您也看到了我们计算出来的数据，结果表明您的确需要我们这份公司理财方案，对不对？

客户：我承认这一点。

张岚：其次担心费用太高。我事先和您确认过这份方案的费用，并没有超出您的预算，是吧！

客户：是的。

张岚：第三个担心，就是对于理财方案如何帮到您的公司，自己心里不清楚。这点您刚才说我已经讲得很清楚了，您看还有什么需要再补充说明的吗？

客户：没有了。

张岚：第四就是担心我们公司日后会不会有什么变动，如破产、倒闭等。我们公司的情况您已经仔细了解过，陈总，相信您对这方面不会有什么疑问吧？

客户：你们公司还是很有实力的，没有问题。

张岚：第五个担心，就是怕理财顾问不诚实、服务做得不好。我和陈总您接触这么久，您对我的服务还满意吗？

客户：满意！满意！

张岚：陈总，您看，以上这些方面您都考虑过了，也没有什么问题。那您还有什么需要考虑的呢？我们现在来确定一下付款方式吧？

客户：好的。

问题探索

案例中客户说"还要考虑一下"只是个借口，真正原因是他一时还拿不定主意。此时的张岚作为经验丰富的金融服务营销人员，运用了哪些谈判方法，最终促成了合作呢？

分析提示

张岚作为经验丰富的金融服务营销人员，巧妙地利用了异议前置法列出客户常见的疑问，并逐一解释，反复强调金融服务的优点及必要性，消除客户的异议，争取了客户的认同。同时，在最后又采用了假设成交法，直接开始讨论付款方式问题，从而成功地促成了这次交易。

（二）客户需求方案的撰写

1. 基本情况介绍

客户需求方案的第一部分内容，就是介绍客户的基本情况。具体包括客户的财务状况与客户的金融服务需求两部分。

2. 确定客户风险属性

很多金融服务是存在投资风险的，因此在为客户制定金融服务方案时，首先必须了解客户的风险属性。客户风险属性分析必须同时结合两个方面内容，一是测评其风险承受能力，二是测评其风险承受态度。

3. 宏观经济与基本假设

任何一项金融服务都是在特定的宏观经济环境下展开的，因此在为客户制定具体的金融服务方案之前，首先要帮助客户分析目前的宏观经济环境，以及在此环境下利率、汇率等基本情况。

4. 满足客户需求的金融服务方案

根据对客户金融服务需求以及风险属性的分析结果，再结合当前宏观经济假设，就可以为客户量身定做金融服务方案了。

金融服务方案的撰写应遵循针对性、竞争性、可操作性、专业性和创新性原则。一般包括以下几个方面内容：① 前言部分，交代双方合作的基础、内容和前景等；② 金融企业自身的优势特色；③ 客户金融需求分析；④ 金融服务解决方案；⑤ 金融服务保障措施。

调查研究

撰写一份个人或家庭金融服务营销方案

活动要求：以个人为单位，利用课余时间，针对所给活动资料，班上同学两两结对，互为写作对象，在对对方或对方家庭金融需求调研的基础上，按照金融服务营销方案的格式要求，撰写一份不少于 1 500 字的个人或家庭金融服务方案。

活动组织与步骤：

（1）组织设计：以个人为单位，班上同学两两结对，互为写作对象，针对对方或家庭的金融需求，依托某家金融企业，撰写金融服务营销方案。

（2）撰写方案：每名学生针对写作对象，撰写一份不少于1 500字的个人或家庭金融服务营销方案。

（3）提交方案：提交金融服务营销方案。

（4）成绩评定：班级选出6名学生担任评委（担任评委的学生不得点评自己的方案），根据个人提交的金融服务营销方案，点评并给出成绩，汇总后取均值；教师点评并给出成绩，加总后一并计入学生课堂成绩。

（5）成果展示：提交的金融服务营销方案由教师存档，并作为课堂学习成果予以展示。

思考与练习

一、单选题

1. 以下不属于挖掘金融客户常用方法的有（　　）。
    A. 缘故法　　　　　　　　B. 建立影响力中心
    C. 问卷调查法　　　　　　D. 转介绍
2. 经常使用"真的""我说的不是假话"这类语言的客户通常（　　）。
    A. 虚荣心比较强　　　　　B. 缺乏自信
    C. 固执、骄横　　　　　　D. 客观冷静

二、多选题

1. 缘故法的对象可以是（　　）。
    A. 同学
    B. 邻居
    C. 朋友
    D. 已经认识的客户
    E. 亲属
2. 金融服务营销谈判流程包括（　　）。
    A. 准备阶段
    B. 开局阶段
    C. 磋商阶段
    D. 协议阶段
    E. 签约阶段

三、判断题

1. 不同环境会对客户的购买决策产生不同影响。（　　）
2. 对所有客户都要全力去赞美，以获得客户的好感。（　　）

四、名词解释题

提示引导法　假设成交法

五、简答题

1. 简述建立影响力中心的流程。
2. 简述潜在客户转化的要点。

— 技 能 训 练 —

在一家财产保险公司的电话营销中心，有两名车险电话营销员，每个月的客户类型、数量以及保险金额都差不多。但是在月底结算的时候，部门主管却发现甲营销员的业绩总比乙营销员的业绩好一些，于是部门主管通过对比两名营销员的电话录音发现了原因：

甲营销员销售车损险（主险）之后会问客户："请问您是买一个座位，还是买全车的车上人员责任险呢？其实两种情况保费相差很少的。"

当乙营销员销售车损险（主险）之后会问客户："需要买车上人员责任险吗？"

结果乙营销员的客户有一半以上回答"不需要了"，而甲营销人员的客户几乎全部购买了驾驶座的车上人员责任险，一半以上的客户还购买了全车座位的车上人员责任险。因此，甲营销员每月的业绩都要比乙营销员高出一些。

问题探索：请分析该案例中甲营销员利用了客户怎样的消费心理来进行金融服务营销；在金融服务营销过程中，我们应该如何变被动为主动来实现更好的营销效果。

能力自评

一、专业能力自评

专业能力自评表

	能/否	任务名称
通过学习本章，你		了解/理解/解释客户挖掘、识别和评估的方法与流程
		了解/熟悉/掌握潜在客户转化的要点
		了解/熟悉/理解客户需求与决策的心理特征
		了解/熟悉/理解引导客户需求和洞察客户心理特征的基本方法
		了解/熟悉/掌握约访客户、与客户沟通和金融服务展示的流程与基本方法
		了解/熟悉/理解谈判确立成交的流程和基本方法
		了解/熟悉/掌握促成合作方法
		对金融服务营销目标市场介入有深刻的认识

注："能/否"栏填"能了解/熟悉（理解）/掌握（解释、分析、辨析）/培养"或"否"。

二、核心能力自评

核心能力自评表

	核心能力	是否提高
通过学习本章，你的	信息获取能力	
	口头表达能力	
	书面表达能力	
	与人沟通能力	
	解决问题能力	
	团队合作精神	
自评人（签名）： 年 月 日		教师（签名）： 年 月 日

注："是否提高"一栏可填写"明显提高""有所提高""没有提高"。

三、职业素养评价

职业素养评价表

	职业素养内容	分值	自我评价	小组评价	教师评价	综合评价
通过本章学习，你的	爱岗敬业精神	20				
	主动服务意识	20				
	社会交往能力	20				
	察言观色能力	20				
	积极乐观态度	20				
	合计	100				

存在的不足和努力方向：

自评人（签名）：
年 月 日

第七章

金融服务品质评价与客户关系维护

学习目标

素养目标

1. 换位思考,能够站在客户的角度看待问题,培养主动服务意识;
2. 通过创设语言训练情景,培养语言表达能力,维护与客户的良好关系。

知识目标

1. 理解并能解释金融服务质量的含义;
2. 理解并能解释客户满意度和客户忠诚度的含义,并能够分析两者的关系;
3. 解释并能分析金融服务品质个性化模式构建的实践意义;
4. 解释并能熟练掌握客户关系维护的主要内容和方法;
5. 解释并能熟练掌握客户营销档案管理中的注意事项。

技能目标

1. 能够对商业银行、证券公司、保险公司等金融企业的服务质量进行评价;
2. 能够调查客户满意度;
3. 能够对客户进行针对性的维护;
4. 能够建立和完善客户营销档案;
5. 能够妥善处理客户异议,恰当对待客户拒绝,正确应对客户投诉,并有效补救服务失误。

思维导图

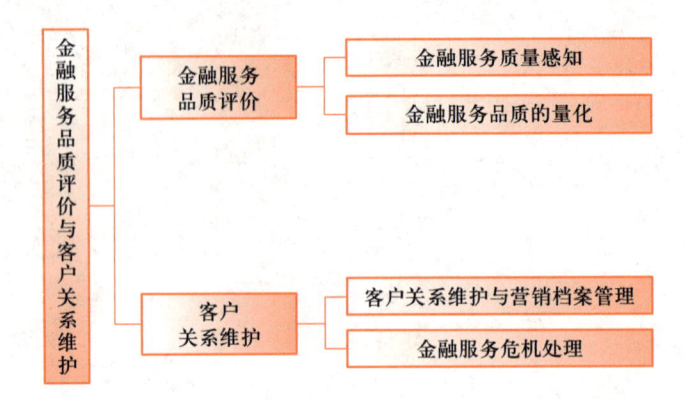

```
金融服务品质评价与客户关系维护
├── 金融服务品质评价
│   ├── 金融服务质量感知
│   └── 金融服务品质的量化
└── 客户关系维护
    ├── 客户关系维护与营销档案管理
    └── 金融服务危机处理
```

引导案例

招商银行:"因您而变"——以客户为中心,提供优质高效的金融服务

1987年,招商银行成立于深圳蛇口,成立以来,始终坚持"因您而变"的经营服务理念,不断改进服务方式,完善电子服务网络,提升服务水平,树立了优质服务的良好口碑。

招商银行成立之初,无论是从实力、规模到声誉都无任何优势可言。因此,招商银行将优质服务作为安身立命之本,在国内同业中率先实行"四个服务",即站立服务、微笑服务、面对面服务和上门服务,以热情的态度和细致主动的服务赢得了第一批客户,在当时国内银行中引起强烈反响。同时,招商银行还着力改善营业环境,在大厅摆放糖果、牛奶、咖啡,设置自助点钞机、碎纸机、饮水机、叫号机,受到社会各界的广泛赞誉,也成为同业的榜样。进入网络时代后,招商银行于2015年9月率先进入"网上转账全免费"时代,所有个人客户通过招商银行个人网上银行、手机银行App办理境内任何转账业务(包括异地和跨行转账)均享受0费率。2018年,又率先宣布进入网点全面无卡化时代,全面对标App时代的话语体系,保持领先身位。

近年来,招商银行拥抱金融科技,大力推动移动优先策略,根据移动互联时代客户需求的变化,建立以招商银行App为中心,从消费者生活场景、企业经营场景和政务便民服务场景切入,为广大用户提供"生活/经营+金融"的数字化泛金融服务,助力广大客户畅享美好生活。

引例分析

金融本质上是竞争性服务业,为客户提供优质高效的金融服务,是任何一家金融企业安身立命之本。这就要求金融企业必须树立以客户为中心的经营理念,以客户需求为出发点,以客户满意为最终落脚点。招商银行"因您而变"的经营服务理念为此做出了较好的诠释。

作为新时代的大学生要把金融服务实体经济的宗旨、使命与金融为民的初心转化为推动金融高质量发展的不竭动力,忠实履行新时代使命任务,立足岗位,真情服务,以实际行动践行党的二十大精神,全心全意为人民服务。

第一节　金融服务品质评价

一、金融服务质量感知

（一）金融服务质量的含义

金融服务质量是指金融企业提供的金融产品所有有关的特性及这些特性满足客户需求的程度。由于金融服务需要依靠服务提供者与客户之间的互动来完成，所以双方对服务质量的理解和认识评价可能会产生分歧，如从服务提供者角度出发，服务质量意味着服务特征对组织的规定与要求的符合程度；而从客户角度出发，服务质量则意味着服务达到或超过其期望的程度，它反映为其所提供的客户满意程度。

从客户角度出发，金融服务质量又有预期服务质量和感知服务质量之分。预期服务质量是客户对金融企业所提供服务预期的满意度。感知服务质量是客户对金融企业提供的服务实际感知的水平。如果客户对服务的感知水平符合或高于其预期水平，则客户获得较高的满意度，从而认为金融企业具有较高的服务质量；反之，则会认为金融企业的服务质量较低。从这个角度来看，服务质量就是客户的预期服务质量同其感知服务质量的比较。

（二）客户感知金融服务质量的构成要素

客户感知金融服务质量包括两个部分：技术/结果要素、功能/过程要素，前者反映为技术质量，后者反映为功能质量。

1. 技术质量

技术质量（technical quality）是服务过程的产出，即客户从服务过程中所得到的东西，体现为金融企业为客户所提供的具体金融产品，如储蓄产品、保险产品、证券投资产品等，它表明的是"客户得到了什么服务（what）"。通常，客户对技术质量的衡量是比较客观的，因为其涉及的主要是技术方面的有形内容，可以从盈利性、流动性、安全性等角度考察金融服务技术质量的高低。

2. 功能质量

功能质量（functional quality）是客户接受服务的方式及其在服务消费过程中

的体验，体现为服务过程中客户所感受到的金融服务人员在履行职责时的行为、态度、穿着、仪表等给客户带来的利益和享受，它表明的是"客户是如何得到服务的（how）"。与技术质量不同，功能质量一般无法用客观的标准来衡量，客户通常会采用主观的方式来感知功能质量。

此外，在服务质量的形成过程中，企业形象可以从许多方面影响客户感知服务质量。如果在客户的心目中企业形象良好，那么即使金融服务出现了一些微小的失误，客户也会原谅；相反，如果企业形象不佳，则企业任何细微的失误都会给客户造成很坏的印象，从而影响到客户感知服务质量。因此，可将企业形象视为形成服务质量的"过滤器"。

（三）金融服务质量考核指标体系

在客户看来，质量不是一个一维的概念，也就是说，客户对质量的评价包括对多个要素的感知。例如，对汽车质量的评价包括六个维度：可靠性、服务性、美誉度、耐用性、功能性和易用性，而对食品质量的评价则可能从其他维度展开，如风味、新鲜度、香味等。在服务质量的评价中，SERVQUAL理论得到较为广泛的运用。

SERVQUAL为英文"Service Quality"（服务质量）的缩写。SERVQUAL理论是20世纪80年代末由美国市场营销学家帕拉苏拉曼（Parasuraman）、泽斯曼尔（Zeithaml）和贝瑞（Berry）在服务行业中提出的一种新的服务质量评价体系。SERVQUAL理论将服务质量分为五个具体维度，即有形性、可靠性、响应性、安全性和移情性。

1. 有形性

有形性主要是指服务的实物方面，包括企业的服务设施、工具、员工形象、服务的实物表征（胸卡）、企业提供的宣传资料等，这常常成为新客户衡量一个企业服务质量的最直观标准。

2. 可靠性

可靠性是指企业能够准确无误地完成其承诺的目标，为客户提供及时、准确、可靠的服务。可靠性意味着企业能够按照承诺守约行事，客户对信守承诺的企业服务质量往往给予高度评价。

3. 响应性

响应性是指企业员工能及时提供客户所需要的服务，自觉为客户提供一切帮助，并能够迅速有效地解决客户面临的各种问题，尤其在面对客户咨询、投诉、建议等情况时，表现出的解决问题的时效性。

4. 安全性

安全性是指企业员工提供的服务能够赢得客户信任，增强客户对企业的信心，使客户消除疑虑，特别是企业涉及客户的切身利益，安全性显得更为重要。

5. 移情性

移情性是指企业员工能够设身处地地为客户着想，进行"换位思考"，给予客户关心并积极提供个性化服务，通过个性化或定制化服务使客户充分感受到来自服务企业的尊重和重视。

上述五个维度，每一维度又被细分为若干内容。近年来，该模型已被管理者和学者广泛接受和采用，是一个用来评价服务质量和提高服务质量的有效工具。

SERVQUAL理论提出的评价服务质量的五个维度在银行、保险、证券交易、汽车维修、零售业及其他服务业中也得到广泛运用。基于SERVQUAL理论，同样可以从有形性、可靠性、响应性、安全性、移情性五个维度构建金融服务质量考核指标体系。

二、金融服务品质的量化

（一）客户满意度与忠诚度管理

服务品质量化的核心思想是测量客户满意度。客户满意度在营销学上是一个对服务品质系统进行量化的概念，也是客户满意的量化体现。

1. 客户满意度的含义

一般而言，客户满意度是指客户对企业和员工提供的产品或服务的综合评价，是客户对企业、产品、服务和员工的认可。满意水平是感知效果与期望值之间的差异函数。如果感知效果低于期望值，客户会不满意；如果感知效果与期望值匹配，客户会满意；如果感知效果超过期望值，客户会高度满意。

2. 使客户满意的途径

（1）控制客户期望。客户期望是指客户希望企业提供的产品或服务能满足其需要的水平。在金融服务营销中，应注意将客户期望控制在一个相对较低的水平上，营销活动的余地就会大一些。同时，金融企业也可以根据具体情况来超越客户的期望，从而使客户满意。控制客户期望要做到三点：一是确保承诺的实现性；二是重视产品或服务的可靠性；三是坚持沟通的经常性。

（2）提高客户感知。尽管控制客户期望有助于提高客户满意度，但是实现客户满意的关键仍然在于提高客户感知。根据菲利普·科特勒的观点，提高客户感知，实现客户满意的关键在于提高客户让渡价值。

3. 客户满意度调查

客户满意度调查流程如图7-1所示。

第七章 金融服务品质评价与客户关系维护

```
第一步：构建     →  提出问题，明确影响客户满意度的因素
客户满意度调        ↓
查指标体系        →  初步确定影响客户满意度的指标
                 ↓
                →  筛选有效指标，剔除不适用的指标
                 ↓
                →  确定指标权重
                 ↓
                →  形成指标体系

第二步：问卷     →  根据确定的指标体系设计调查问卷
设计，样本选        ↓
择和数据收集      →  通过科学的随机抽样调查选择调查对象
                 ↓
                →  收集客户满意度的数据

第三步：分析数    →  运用科学有效的统计分析方法分析数据
据，提出建议        ↓
                →  检查工作流程，制定改进方案
```

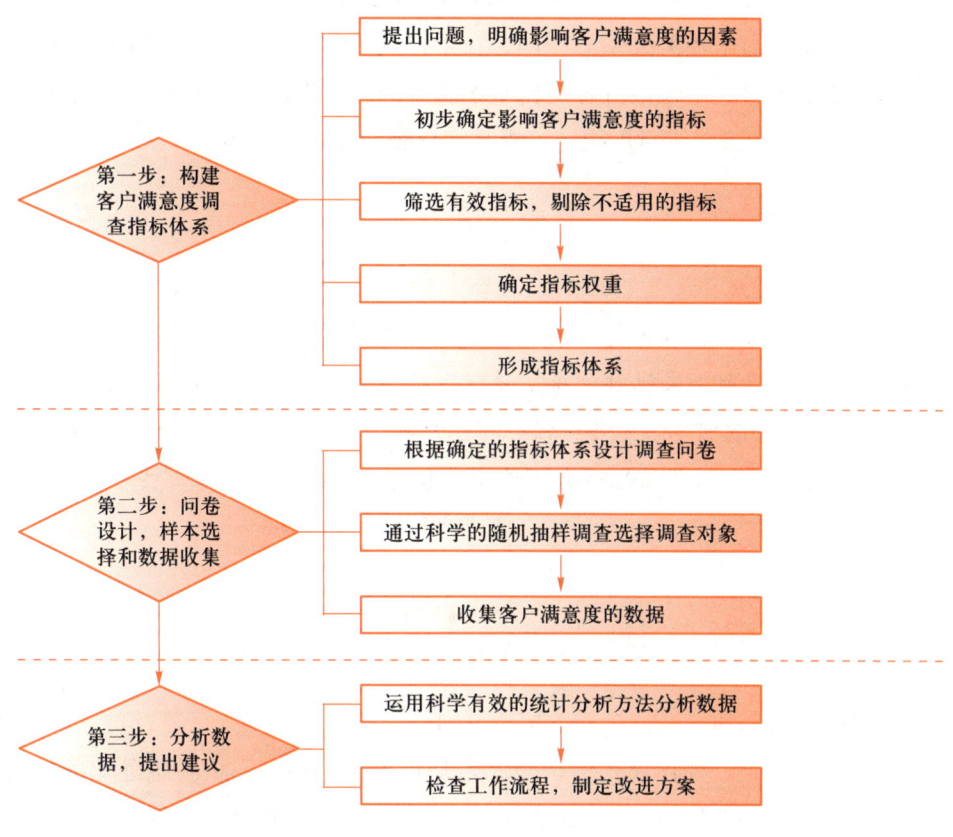

图 7-1 客户满意度调查流程

4. 客户忠诚度管理

忠诚的客户是企业最宝贵的财富。多次光顾的客户比初次登门的客户，可为企业多带来20%～85%的利润。另外，忠诚的客户还会成为企业最有说服力的销售员，他们会真心向别人推荐该企业的产品或服务。

理查德·奥利弗（Richard Oliver）将客户忠诚定义为"客户忠诚是高度承诺在未来一贯重复购买其偏好的产品或服务，并因此产生对同一品牌或同一品牌系列产品或服务的重复购买行为，而且不会因为市场态势的变化和竞争性产品营销的吸引而产生购买转移行为"。奥利弗还研究了客户满意和客户忠诚的关系，结论是：在客户忠诚的形成阶段，客户满意是必要的步骤；而当客户忠诚开始通过其他机制建立的时候，客户满意就变得不那么重要了。

一般而言，客户忠诚是指客户对某企业的认可，在情感上对其提供的服务有一种发自内心的高度满意和信任。

通常，在测定客户满意度时，结果"满意或不满意"是一维的，是只在强度范围内连续变化的情感或认知状态。然而，给出相同满意分的客户，会因本身对服务提供者的感情或性格、外部环境等不同而表现出不同的忠诚度。

但是，客户完全满意是确保客户忠诚和产生长期利润的关键，客户满意与客户忠诚存在显著的正相关关系。例如，在银行业，约翰·拉尔森（John Larson）就发现，完全满意的零售银行客户比基本满意的客户忠诚度高42%。由此可见，客户忠诚度主要由客户满意度决定，提高客户满意度尤为重要。

> **课堂讨论**
>
> 客户在取款时，如果银行多给了钱，银行有权利要回，否则客户就是"不当得利"；但是如果银行少给了钱，银行则"钱已离柜，概不负责"。银行的一些霸王条款何尝不是导致银行与客户之间关系僵化的另一种导火索。
>
> 银行这样做会对其信誉造成哪些影响和危害？银行应该从哪些方面来提高客户的满意度？

（二）金融服务品质个性化模式的构建

1. 金融服务品质个性化模式的构建原则

金融服务品质个性化模式的构建原则是指根据不同种类金融服务业务的特点，提供给客户不同程度的定制化和标准化相结合的金融服务。

（1）定制化金融服务。定制化金融服务是指金融企业根据客户的具体需要，由服务技能较高、知识比较丰富的金融服务人员为客户提供多样化、人性化的服务，以满足客户具体的、独特的需要和愿望。一般来说，它包括定制化服务结果、多样化服务过程和人性化服务行为。

（2）标准化金融服务。标准化金融服务是指金融企业在服务过程中使用流水作业法，用现代化设备和精心设计的服务操作流程取代或减少人工服务，体现的是服务过程程序化、服务行为规范化。采用标准化服务的目的是减少服务人员与客户之间的相互交往程度，提高服务效率，为客户提供快速、可靠、方便、一致、高效、廉价的服务，以减少客户感知的购买风险，提高客户的满意度。

定制化金融服务与标准化金融服务的区别如表7-1所示。对于金融企业来说，其服务特点决定了服务品质的个性化应该是标准化金融服务和定制化金融服务在不同程度上的结合。对一些简单、重复、常规的服务工作，宜采用标准化的操作程序和自动化设备来完成，以便提高服务速度，降低成本费用，使服务人员有更多的时间和精力，能够更灵活、及时地处理非常规性、复杂程度较高、需频繁与客户互动的服务工作，以此为客户提供多样化、人性化的服务。

表7-1　定制化金融服务与标准化金融服务的区别

比较内容	定制化金融服务	标准化金融服务
服务特点	多样化、人性化	程序化、规范化
目的	满足客户特殊、具体的要求	满足客户对方便、高效、廉价的要求
适用范围	处理业务量小	处理业务量大

2. 金融服务品质个性化模式的构建

构建金融服务品质个性化模式的核心思想是：金融企业的全部经营活动都要从满足客户的需要出发，以提供满足客户需要的服务为企业的责任和义务，以满足客户需要、使客户满意为企业的经营目的。为构建一个使客户满意（Customer Satisfaction，简称CS）的具有个性化的金融服务品质模式，金融企业需要从五个方面采取措施：理念满意（Mind Satisfaction，简称MS）、行为满意（Behavior Satisfaction，简称BS）、视觉满意（Visual Satisfaction，简称VS）、产品满意（Product Satisfaction，简称PS）、服务满意（Service Satisfaction，简称SS）。

金融企业在构建上述模式时，主要是通过理念满意、行为满意、视觉满意使企业的外在形象个性化，使客户满意；产品满意与服务满意则为客户满意的核心，是用以塑造一种与众不同的、关系客户切身利益的内在形象，从而使客户满意。

值得注意的是，理念满意、行为满意、视觉满意是一次性导入的内容，旨在宣传企业，形成客户对企业的第一印象。而产品满意和服务满意则是企业留住老客户、争取新客户的核心内容，并且是企业在运行过程中需要不断完善的内容。

3. 金融服务品质个性化模式构建的具体策略

（1）塑造"以客为尊"的营销理念，并将这一理念贯彻到整个金融企业中。

（2）创造高效定制化服务、标准化的操作体系。采用金融科技新成果，金融企业不仅可为客户开发并提供新的金融服务项目，而且还可为大批客户提供高效定制化服务。

（3）授予客户参与服务过程的控制权。高度自动化服务操作系统会使客户获得更大的控制权。例如，先进的ATM机可在显示屏幕上显示持卡者的姓名和欢迎辞（有人情味的服务），持卡者可选择服务项目，规定取款数额，在不同账户之间转移资金，立即打印出最新的对账单（定制化服务），而且持卡者可在任何时候、任何方便的地点接受银行的服务（方便的服务）。

（4）把握好服务的"关键时刻"，提升服务品质。服务提供人员与客户之间的互动关系决定了服务的功能性品质，也正是在这种互动关系中，服务的技术品质被传递给客户。服务管理者将这些交互关系过程称为服务的"关键时刻"。关键时刻的含义是服务提供者能够向客户展示其服务品质的时间和地点。它是一个向客户展示服务品质的机会，一旦丧失，客户就会离去，这是强化客户的服务品质印象并提高客户感知服务质量的最好时机，如果在这些时间和地点出错、失误，服务提供者将无法进行补救。

（5）高度重视客户投诉，改进服务品质。主要措施包括：一是鼓励客户投诉，方便客户投诉；二是及时处理客户投诉；三是鼓励员工灵活地解决客户面临的问题；四是主动征求客户的意见等。

调查研究 撰写一份商业银行普惠金融业务客户满意度调研报告

活动要求：以小组为单位，利用课余时间，针对所在地区，选择一家商业银行，调查该银行所提供的普惠金融业务客户的满意程度。通过调查获取相关数据，完成一份不少于1 500字的商业银行普惠金融业务客户满意度调研报告。

调查组织与步骤：

（1）组织设计：以小组为单位，指定1名学生负责录像，1名学生负责记录，1名学生担任评委，负责点评打分，组长主持调研并全程把控。

（2）前期准备：编写调研方案，确定调研渠道和调研对象——将商业银行普惠金融业务的主要客户群体作为调研对象，在此基础上选取典型代表作为具体调研对象，构建指标体系，并据此设计调查问卷。

（3）实施调研：通过调研获取相关数据。

（4）撰写报告：整理分析调查数据，研讨形成调研结论，撰写调研报告。

（5）汇报形式：课上组长汇报，小组其他成员可以补充，汇报时间不超过5分钟。

（6）学生点评：评委根据组长的汇报情况和提交的调研报告，点评并给出小组成绩，汇总后取均值。

（7）成绩评定：教师点评并给出小组成绩，加总后一并计入小组成绩。

（8）成果展示：提交的调研报告由教师存档，并作为课堂学习成果予以展示；如有必要，可以将调研报告向被调研的商业银行反馈。

第二节 客户关系维护

一、客户关系维护与营销档案管理

（一）客户关系维护

客户关系维护是金融企业客户关系管理的重要内容，是维系客户关系的一系列服务及沟通活动。

1. 客户关系维护的内容

（1）硬件维护。硬件维护是由金融企业的设施来实现的，是一种物对人的维护。

（2）软件维护。软件维护是由金融企业工作人员来实现的，是一种人对人的维护。

（3）功能维护。功能维护是帮助客户解决实际问题的一种维护，为客户提供种种方便，回答他们提出的问题，提供全过程维护。

（4）心理维护。心理维护是指金融企业要想方设法让客户得到心理上的满足，满足客户对精神层次方面越来越高的需求。

（5）特色维护。特色维护是金融企业在长期的营销活动中，结合所提供金融服务的特点，以及客户的需求，而有目的地形成一种与众不同的服务风格。

2. 客户关系维护的方法

（1）分层维护。分层维护是指金融企业在对客户进行细分的基础上，对不同客户进行差别化营销和个性化服务。

（2）产品或服务跟进。产品或服务跟进是指金融企业将金融产品或服务销售给客户之后，为客户提供的一系列服务，依靠高质量的产品和服务，以及必要的感情联系维护客户关系。

（3）扩大销售。扩大销售即向现有客户提供更多的金融产品或服务。

（4）维护回访。维护回访是对已建立客户关系的客户进行再拜访。

（5）差别维护。差别维护即根据金融产品或服务的性质、客户的类别等确定维护的重点。

（6）超值维护。超值维护是向客户提供超出其心理预期的、具有人情味的服务。

（7）情感维护。情感维护是在常规维护之外，随时关注并解决客户在日常生活中遇到的困难，把情感力量渗透到客户关系维护之中。

（8）建立追踪制度。建立追踪制度即通过追踪客户的信息，将客户需要的信息及时反馈给客户。

（9）一对一营销和服务。一对一营销和服务是指营销人员通过与每一位客户进行一对一沟通，明确把握每一位客户的金融需求，有针对性地为其提供专门的个性化服务，以最大限度满足客户的金融需求。

3. 对客户进行针对性的维护

金融企业可根据客户的金融产品偏好、购买习性、营销分级等对客户进行细分，并在此基础上对客户进行针对性的维护。

按照客户金融产品偏好，可将客户分为存款倚重型、贷款倚重型、中间业务倚重型和综合均衡型。按照客户购买习性，可将客户分为价格中心型、关系中心型和质量中心型。按照客户营销分级，可将客户分为重点客户、普通客户和退出类客户。对每一类客户，均可从日常维护、特殊维护、客户关怀等角度进行针对性的维护。

价值引领

有些时候，只为说一声：谢谢

多伦多道明银行（Toronto-Dominion Bank）是加拿大五大银行之一。某日，该银行为回馈老客户，大派惊喜礼物。当天在加拿大超过1 000台该行取款机上，送给30 000多名前来取钱的客户每人20加元。此外，在多伦多、卡尔加利、蒙特利尔和温哥华的分行还把ATM机变身为"自动感谢机"，送给部分银行常客可能会改变他们生活的惊喜礼物！这些礼物有鲜花、现金、棒球赛门票、机票，甚至还有孩子的学费……每一位在取款机前收到礼物的客户都惊讶得说不出话来，有的高兴地上蹿下跳，有的感动得眼泪直流……

这四家分行的工作人员在平时接待常客时，通过与这些客户闲聊，筛选出一些需要特别关怀的客户，精心安排了他们想要的礼物。然后把ATM机改成特别的"自动感谢机"，在这些常客来银行取款时，ATM机会说出感谢的话，并送给他们梦想中的礼物。银行还在周围安装了隐蔽的摄像头，拍下了这些珍贵的视频。拿到礼物的客户都惊呆了，因为这些礼物不仅是他们梦想得到的东西，而且附带卡片上写的话语都是非常励志贴心的。拿到礼物的那一瞬间，这些客户都体会到满满的惊喜、深深的感动。

该银行与众不同的感谢客户的方式在社交媒体上一下子广为人知,"好有爱"成为这次活动的代名词,不仅给客户留下了终生难忘的惊喜,也通过社交媒体的广泛传播为该银行做足了宣传。

问题探索

分析加拿大多伦多道明银行的这一做法会收到怎样的效果?其意义何在?

分析提示

客户是商业银行经营的核心资源,不仅是银行效益的源泉,更是银行发展的根基。商业银行在注重开发新客户的同时,还需加强对老客户的维护,不仅是因为开发一位新客户的成本是维护老客户的5倍,而且还因为老客户能为银行带来的价值与新客户不同。忠诚的客户不仅能为银行带来稳定的利润,还能降低银行服务成本和销售费用,更能在银行产品推荐中发挥极其重要的作用。

(二)客户营销档案管理

客户营销档案是客户经理培育客户的详细记载和历史记录,是金融企业有效了解客户、分析客户、掌握客户的主要渠道,也是客户关系维护的重要工具。

1. 客户营销档案内容设计的出发点

(1)按照简单实用的原则设计客户营销档案内容,从而实施有针对性的差异化客户服务。

(2)从档案记录中能够发现优质客户和潜在客户,有效管理商机,避免客户流失,增加金融企业收益。

(3)为金融产品的营销、整合、创新及市场分析留存系统科学的记录。

(4)利用档案对客户进行系统化管理,保持客户资源的稳定性与营销管理的延续性。

2. 客户营销档案的建立和完善

客户营销档案不仅包括文字档案、数据档案,还包括音像档案和电子档案。从层次划分,客户档案包括客户个别档案和客户汇总档案(主要是指客户名册)。每一位客户的档案都应包括三块内容:客户培育过程档案、客户信息资料档案和产品服务档案。其中,产品服务档案主要由产品部门负责,金融服务营销人员应择其主要部分复制后保存。

3. 客户营销档案管理中的注意事项

（1）金融服务营销人员应对客户档案的形成、完整和真实负直接责任。

（2）定期填制、更新档案和及时反映客户需求。

（3）及时对档案进行检查、统计分析。

（4）重视对档案的成果运用。

4. 客户营销档案对客户关系维护的实践意义

（1）客户营销档案便于了解客户，增进与客户的联系和沟通。

（2）客户营销档案利于分析客户，做好个性化、人性化的服务。

（3）客户营销档案便于充分掌握客户，培育和挖掘更多的大客户并防止客户流失及业务流失。

（4）利用客户营销档案能为客户提供更多的增值服务，增加客户的信赖。

（5）客户营销档案能促进新产品的研究、开发和营销，从而不断提高企业竞争能力。

二、金融服务危机处理

（一）处理客户异议

1. 正确认识客户异议

客户异议是指在客户关系建立的过程中，客户对金融服务营销人员的不赞同、质疑或抱怨。这种质疑可能是对金融服务营销人员本身的举动，也可能是对金融产品、服务或价格的不满意。多数金融服务营销人员对异议会感到挫折与恐惧，但是对于优秀的金融服务营销人员来说，却能从另外一个角度体会异议。根据客户提出的异议，能判断客户是否有需求或是什么样的需求；根据客户提出的异议，能了解客户对服务接受的程度，从而迅速作出调整；根据客户提出的异议，可以获取更多的客户信息。此外，妥善处理异议也有助于提升专业形象。

2. 正确处理客户异议

（1）事先做好准备。"不打无准备之仗"是金融服务营销人员处理客户异议应遵循的一个基本原则。金融服务营销人员要将客户可能会提出的各种异议列出来，然后考虑一个完善的答复。面对客户的异议事前有准备就可以胸中有数，从容应付；事前无准备就可能出现尴尬的局面，或是不能给客户一个圆满的答复。

（2）选择恰当时机。选择恰当时机主要包括：① 在客户异议尚未提出时解答。金融服务营销人员若觉察到客户会提出某种异议，最好在客户提出之前就主动提出来并给予解释，这样可争取主动，先发制人，从而避免因纠正客户看法，或反驳客户意见而引起的不快。② 在异议提出后立即回答。绝大多数异议需要立即回答，既可以促使客户接受，又是对客户的尊重。③ 延后回答。适用于以下情况：异议显得模棱两可、含糊其词，让人费解；异议需要花费时间进行答复；异议超过了金融服务营销人员的知识和能力水平；异议涉及较深的专业知识，解释不能让客户马上理解。④ 不回答。适用于以下情况：无法回答的奇谈怪论、容易造成争论的话题、可一笑置之的戏言、明知故问的发难等。

（3）掌握一定的技巧。主要有：① 耐心倾听，不要打断。如中途打断客户谈话，会让客户感觉异议是明显的错误，客户的异议微不足道，或金融服务营销人员认为没有必要听客户谈话。② 重复客户的异议与提问技巧的运用。听完客户的异议之后，第一件事是对客户异议的主要观点进行重复，使自己确实了解客户关注的问题，便于接下来的处理。通过带有提问的异议复述，要求客户给予肯定或否定的回答。对于比较模糊或笼统的异议，要通过提问使异议具体化。③ 如果客户的异议有一些道理，应该先同意其异议中的合理性，对其观点予以肯定，然后提出不同意见，耐心解释并说服。④ 不要与客户争辩。争辩不是说服客户的好办法，与客户争辩，失败的永远是自己。⑤ 给客户留"面子"。无论客户的意见是对是错，金融服务营销人员都不能表现出轻视的样子，应尽量避免贬低客户，从而挫伤客户自尊心。

（二）面对客户拒绝

1. 正确对待客户拒绝

客户拒绝不同于客户异议，这种否定的表达由于非常直接，信息量非常少，故而很难面对。面对拒绝，金融服务营销人员应做到以下几点：① 战胜自我，挑战拒绝，培养刚毅性格，不怕被拒绝。② 不能自以为是，不要因客户激烈的言辞或无理的挑剔而失去对情绪的控制，应保持极度的忍耐和理解。③ 保持热诚，避免与客户进行争论，不要反驳客户，更不能指责客户。④ 懂得分析客户拒绝的真正原因，使拒绝转化为接受。

2. 客户拒绝的形式

（1）拒绝产品。拒绝产品是指客户认为金融产品本身无法满足自己的需要而产生的一种反对意见。

（2）拒绝价格。拒绝价格是指客户认为金融产品或服务的收费、投资的收益、存贷款利率等不合理而产生的拒绝。

（3）拒绝服务方式。主要有：① 客户已经熟悉某家金融企业或某位金融服务营销人员的服务，因此不愿意重新选择其他金融企业或人员提供的服务；② 客户对某种服务方式有排斥感,他们习惯于主动寻求帮助,而不希望自己被打扰;③客户不愿意透露自己的财富状况,他们对于金融服务营销人员的联系感到不安;④客户确实由于身体、家庭、工作、环境等原因需要暂时拒绝金融服务营销人员。

3. 处理客户拒绝

(1)主观减少拒绝。锁定客户拒绝点,用信服的理由解决拒绝。金融服务营销人员应在适当的机会请教客户,了解客户拒绝点后,站在客户立场,多为客户考虑,找到使对方接受的理由。或者顺应客户性格,按照客户喜欢的方式对待客户,赢得客户的认同,减少拒绝。

(2)掌握处理拒绝的方法。主要有:①忽视法。金融服务营销人员不需要对客户的任何拒绝都去深究。某些拒绝如果认真处理,不但费时,可能还会引起歧义,只要让客户满足了表达的欲望,就可以采用忽视法,迅速地引开话题。②证据法。对于客户的反对意见,运用强有力的证据比空洞的说服更有力。权威机构对产品提供的证明文件、其他客户的推荐、不同产品之间的比较材料都是说服客户的有力证据。③转换法。当客户对某一种产品或服务表示拒绝时,转换成其他产品或服务以满足客户需要,这样既没有回避客户的拒绝,又没有直接正面的反驳。

(三)应对客户投诉

1. 正确对待客户投诉

很多金融企业希望减少投诉,但实际上投诉是很好的商机。

(1)有机会把客户的不满意转变为满意,与客户建立长期的关系。据统计,客户不满意时,只有4%的客户会投诉,96%的客户会离开,其中91%的客户永远不会再来。一位不满意的客户会告诉8~10个人他的不愉快经历,会失去25个客户。相反,如果使一位投诉的客户满意,成为你的忠诚客户,他会把这条经验告诉8~10个人,会带来25个准客户。

(2)能得到有价值的回应,有助于了解产品、服务、设施和政策需要哪些改进。对金融企业来说,客户投诉是一种不可多得的"资源"。因此,在客户关系维护过程中,应当鼓励投诉,并通过投诉化解与客户的矛盾,建立一种长期稳定的客户关系。

2. 投诉的内容和方式

(1)客户投诉的内容主要有:服务问题、产品问题、对客户的承诺没有实现等。

(2)客户投诉的方式有直接投诉和间接投诉。直接投诉是客户直接向金融企业或金融服务营销人员本人投诉;间接投诉是客户向上级部门、地方政府、有关行政部门、媒体等外部机构或单位投诉。

3. 应对客户投诉

（1）聆听投诉的技巧。主要包括：① 认真聆听投诉意见；② 客户情绪激动时，要认真地看着客户，让他们感到自己备受重视；③ 聆听过程中尽量避免向客户进行辩解；④ 始终坚持用心倾听，多问自己：假如我是客户应该怎么办；⑤ 有诚意地向对方表示感谢；⑥ 在接到电话投诉时，尽量不要把电话再转给别人接，即使不是你造成的投诉。

（2）向客户道歉的技巧。主要包括：① 不管这个问题是不是由你引起的，都要向客户道歉；② 向客户当场表示对他的观点认同或部分认同；③ 道歉的语言要诚恳；④ 不要与客户争论对错；⑤ 用平和的语调与客户交谈，不要与客户争吵。

（3）鼓励客户的技巧。主要包括：① 当客户情绪缓和之后，引导客户说出你想知道的有关情况；② 通过让客户回忆当时的情景，引导客户有条理地讲清事情的经过；③ 鼓励客户说出意见；④ 避免客户间接投诉，谨防问题扩散。

（4）向客户承诺的技巧。主要包括：① 无论有没有解决问题的办法，都要向客户承诺；② 承诺要严谨，不可随意许诺，如果没有把握，要有可以承诺态度；③ 承诺尽可能具体，可以告诉客户答复的具体时间点；④ 承诺要留有余地；⑤ 要实现承诺；⑥ 即使问题没有解决，也要跟客户联系，让客户知道你并没有忽略他的意见；⑦ 避免使用晦涩的专业术语。

（5）解决问题的技巧。主要包括：① 如果是金融企业的错误，及时联系有关部门和人员，寻求解决问题的方法；② 如果是客户方面的错误，应引导和帮助客户纠正错误；③ 不要以嘲笑的口气对待客户错误，抓住机会努力让客户成为长期客户；④ 如果不能提供客户想要的产品或服务，可以考虑用其他方法代替，或让客户选择其他产品或服务；⑤ 不要把客户推荐给其他金融企业；⑥ 如果有两种以上解决问题的方法，选择其中最佳解决方法；⑦ 如果有两种以上供客户选择的方案，要向客户解释清楚各种方案的优劣，为客户提出建议。

（6）投诉后续跟踪的技巧。主要包括：① 留下客户的联系方式，事后询问客户的满意度；② 经常与客户保持联系；③ 有新的产品或服务，应该及时告知客户；④ 告诉客户，其意见或建议被采纳并表示感谢；⑤ 定期向客户发放调查问卷，了解他们更多的金融需求。

（7）投诉的善后处理技巧。主要包括：① 建立投诉资料库，把客户投诉的全过程记录下来，分析产生的原因和存在的问题，避免以后发生同类问题，并为今后的同类投诉构建解决问题的模板；② 建立投诉客户资料档案，着重进行关系修复；③ 将客户需求中有关产品性能和政策性的部分及时上报上级主管部门，并提出改进方案；④ 从投诉处理过程中，总结吸取教训，提出改进措施。

（四）补救服务失误

无论金融企业如何努力，总是不可避免地会出现服务失误。当出现服务失误时，必须采取策略对其进行补救。

1. 金融服务失误的原因和后果

（1）金融服务失误的原因。从金融服务提供者的角度看，由于服务具有差异性特点，导致服务质量在不同时间、不同员工之间存在差距，其原因既有技术方面的，也有服务过程方面的。如果服务差距过大，就会形成服务失误。从客户方面来看，由于服务具有生产与消费的同时性特点，服务质量不仅取决于员工是否按照企业所设定的服务标准为客户提供服务，也取决于客户参与的有效性，所以在很多情况下，客户对于服务失误也具有不可推卸的责任。在有些情况下，随机因素也会造成服务失误。

（2）金融服务失误的后果包括两种：一种是显性的，即客户流失；另一种是隐性的，即在不满意客户中"坏口碑"的形成与传播。

2. 金融服务补救策略

金融服务补救是指金融企业在出现服务失误的情况下，对客户的不满和抱怨当即做出的补救性反应，其目的是将服务失误所带来的负面影响降到最低。通常来说，金融企业可以从以下方面制定服务补救策略：

（1）避免服务失误，争取"一次成功"。在服务中避免失误不仅可以使客户得到他们所希望的满意服务，而且可以减少企业失误产生的成本。因此，企业需要注重对员工的培训和管理，努力减少或者避免因为员工失误或者不负责任所造成的服务失误，尤其是严重的服务失误。

（2）处理好客户的抱怨。主要措施有：① 欢迎并鼓励客户投诉、抱怨。② 重视客户的问题，快速采取行动，及时处理客户投诉。③ 主动征求客户意见。④ 授权一线员工，鼓励员工灵活解决客户问题。这就要求金融企业不仅要对服务人员进行授权，还要对服务人员进行必要的补救培训。此外，还可以采取一些激励措施鼓励员工行使其补救权利；⑤ 使用新技术简化投诉、抱怨过程，保证投诉、抱怨渠道的畅通。

（3）从服务补救经历中吸取经验教训，改进产品和服务质量。

（4）建立一套弹性的补救机制。金融企业基于每一次服务失误的经验，可以建立一套弹性的服务失误处理机制，能够针对具体情况采取合理、有效的补偿形式，以应付各种服务失误的发生。

（5）做出有效的服务承诺。有效的服务承诺是实行服务补救的基础，有效的服务承诺应包含以下几个要素：① 承诺应该是无条件的，没有附加条件；② 承诺要有意义，要承诺那些对客户来讲十分重要的服务要素；③ 承诺要易于理解和沟通；④ 承诺要易于实现，不应该有约束和阻力。

思考与练习

一、单选题

1. 在客户感知服务质量的构成要素中，被视为形成服务质量"过滤器"的是（　　）。
   A. 技术质量　　　　　　　　B. 功能质量
   C. 企业形象　　　　　　　　D. 企业设备
2. 服务品质量化的核心思想是测量（　　）。
   A. 客户满意度　　　　　　　B. 客户忠诚度
   C. 客户投诉率　　　　　　　D. 服务失误率
3. 金融服务人员为客户提供多样化、人性化的服务，以满足客户具体的、独特的需要和愿望的服务模式是（　　）。
   A. 标准化金融服务　　　　　B. 定制化金融服务
   C. 规范化金融服务　　　　　D. 差异化金融服务
4. 向客户提供超出其心理预期的、具有人情味的服务属于（　　）。
   A. 差别维护　　　　　　　　B. 超值维护
   C. 情感维护　　　　　　　　D. 产品跟进

二、多选题

1. 在金融服务营销中，控制客户期望要做到（　　）。
   A. 确保承诺的实现性　　　　B. 重视产品或服务的可靠性
   C. 坚持沟通的经常性　　　　D. 增加客户购买的服务价值
   E. 减少客户的购买时间
2. 每一位客户的档案都应包括（　　）。
   A. 客户培育过程档案　　　　B. 客户信息资料档案
   C. 产品服务档案　　　　　　D. 客户名册
   E. 客户汇总档案
3. 向客户承诺时，应把握的技巧包括（　　）。
   A. 承诺要严谨，不可随意许诺

B. 承诺尽可能具体

C. 承诺要留有余地

D. 即使问题没有解决，也要跟客户联系

E. 使用专业术语承诺

4. 处理客户抱怨时，应把握的技巧包括（　　　　）。

A. 重视客户的问题，快速采取行动，及时处理客户投诉

B. 主动征求客户意见

C. 授权一线员工，鼓励员工灵活解决客户问题

D. 使用新技术简化投诉、抱怨过程，保证投诉、抱怨渠道的畅通

E. 对抱怨的客户推迟服务以免影响他人

三、判断题

1. 在金融服务营销中，应注意引导客户提高其期望值，从而使其满意。（　　）

2. 提高客户让渡价值是实现客户满意的关键。（　　）

3. 个人理财服务集中体现了标准化金融服务。（　　）

4. 如果在服务的"关键时刻"出现失误，服务提供者将无法进行补救。（　　）

四、名词解释题

金融服务质量　客户忠诚　标准化金融服务　金融服务补救

五、简答题

1. 金融服务品质个性化模式构建具体有哪些策略？

2. 客户营销档案管理有哪些注意事项？

3. 处理客户拒绝有哪些方法？

4. 金融服务补救有哪些策略？

－技能训练－

某商场的POS机经常线路不通，顾客意见很大。收款人员向经理汇报了POS机的情况，经理立刻与银行取得了联系，银行答应当天下午就派人前往商场进行维修。但是，商场下午并未见到银行维修人员。于是，商场经理又跟银行联系，银行又答应第二天派人维修。很多天过去了，银行的维修人员始终未露面。两个

星期后,银行的维修人员终于上门了。可是,商场的收款员已经形成了一种惯性,每当有顾客要求刷卡的时候,他们就会有一种排斥心理,也不积极,有的会说:"我们的刷卡机坏了,请您交现金吧,或者支付宝支付、微信支付"。有的甚至会说:"××银行的服务不好,他们的POS机经常会线路不通……"

问题探索:××银行的产品和服务在该商场受到贬低和排斥,是什么原因造成的?作为银行服务营销人员,如果你遇到类似的问题将如何处理?

— 能 力 自 评 —

一、专业能力自评

专业能力自评表

	能/否	任务名称
通过学习本章,你		了解/理解/解释商业银行、证券公司和保险公司等金融企业服务质量考核指标体系
		了解/理解/解释客户满意度与客户忠诚度的含义
		了解/理解/分析客户满意度与客户忠诚度的关系
		了解/理解/分析金融服务品质个性化模式构建的实践意义
		了解/熟悉/掌握客户关系维护的主要内容和方法
		了解/理解/掌握客户营销档案建立与管理的基本方法
		培养起以提升客户满意度与忠诚度为目标的金融服务营销理念

注:"能/否"栏填"能了解/熟悉(理解)/掌握(解释、分析、辨析)/培养"或"否"。

二、核心能力自评

核心能力自评表

	核心能力	是否提高
通过学习本章,你的	信息获取能力	
	口头表达能力	
	书面表达能力	
	与人沟通能力	
	解决问题能力	
	团队合作精神	
自评人(签名): 年 月 日		教师(签名): 年 月 日

注:"是否提高"一栏可填写"明显提高""有所提高""没有提高"。

三、职业素养评价

职业素养评价表

	职业素养内容	分值	自我评价	小组评价	教师评价	综合评价
通过本章学习，你的	主动服务意识	20				
	强烈的事业心	20				
	高度的责任感	20				
	换位思考意识	20				
	语言表达能力	20				
	合计	100				

存在的不足和努力方向：

自评人（签名）：

年　月　日

第八章

银行服务营销

学习目标

素养目标
1. 激发积极性、主动性，培养强烈的责任意识，勇于担当、积极作为；
2. 具备行业职业持证上岗能力。

知识目标
1. 了解银行营销人员的基本构成；
2. 熟悉银行客户经理、大堂经理、柜员和理财经理的含义、岗位职责与绩效考核的主要内容；
3. 掌握银行营销人员的服务营销技巧。

技能目标
1. 能够掌握银行公司金融业务和个人金融业务的营销技巧；
2. 能够以银行客户经理、大堂经理、柜员和理财经理的身份，恰当地运用营销技巧去营销银行公司金融业务和个人金融业务。

思维导图

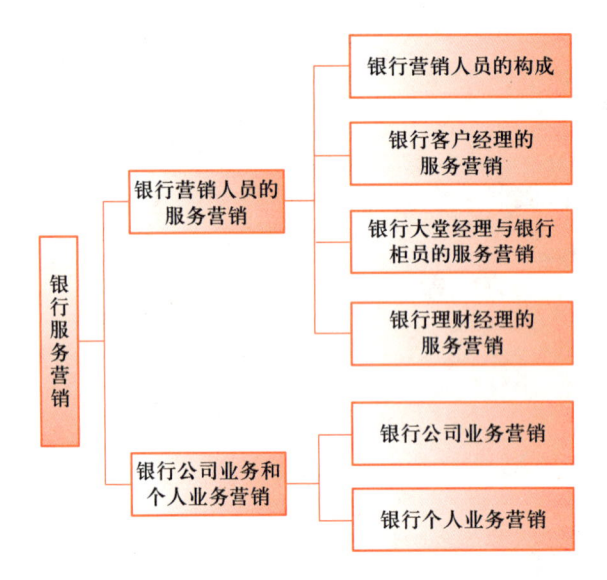

- 银行服务营销
  - 银行营销人员的服务营销
    - 银行营销人员的构成
    - 银行客户经理的服务营销
    - 银行大堂经理与银行柜员的服务营销
    - 银行理财经理的服务营销
  - 银行公司业务和个人业务营销
    - 银行公司业务营销
    - 银行个人业务营销

引导案例

浙江泰隆商业银行——立足小微企业，践行普惠金融

浙江泰隆商业银行（简称"泰隆银行"）成立于2006年，其前身是成立于1993年的台州市泰隆城市信用社，是一家自创办起就始终坚持"服务小微企业、践行普惠金融"的股份制城市商业银行。

和大银行不同，泰隆银行盯着的不是西装革履的大客户，而是追逐那些四处奔波的小商小贩。每天一大早，客户经理就去各大商业市场拜访各类个体工商户和摊主，和他们聊生意、谈行情，他们要看客户仓库的物品是否落满灰尘，在鱼摊上数一天卖了多少条鱼，甚至数客户家里养了多少头牛，几头是母牛等。通过与客户进行面对面沟通，再借助人脉关系进行"背靠背"了解，在对客户的生产经营、资金需求、债权债务等真实信息知根知底后，泰隆银行通过快速放款，及时解决了客户的资金需求。经过多年发展，泰隆银行在实践中探索出具有中国特色的小微企业信贷服务模式和风险控制技术，总结出一套以"三品三表"（"三品"即人品、产品、押品；"三表"即水表、电表、海关报表）、"三三制"（即对符合放款条件的新客户三天内放款、老客户三小时内放款）等为特色的小微企业金融服务和风控模式。

面对新的机遇与挑战，泰隆银行始终坚持小微企业市场定位，深化小微企业金融服务模式，做专、做精、做出特色，并能紧跟时代潮流，主动拥抱互联网和大数据，自主研发了PAD金融移动服务站。客户经理拿着PAD，"下沉"服务，走村入户，深入生产一线，现场录入客户信息、采集客户资料影像，然后上传。后台连接的是泰隆银行总行集中作业的"信贷工厂"，支持远程视频协作，实时审核。后台工作人员每天12小时在线，实时响应每一笔通过PAD发送回来的贷款申请，并将平均审核时间控制在56秒。客户经理通过一台PAD，30分钟就能轻松完成客户签约、信息采集，以及开卡授信工作。让传统的客户到银行办理业务向业务人员将移动柜台送到客户身边的模式转变，在提升业务办理效率的同时，也大大提高了客户的满意度。

独特而符合国情的商业模式，为泰隆银行在小微企业金融服务市场上赢得了一片蓝海。自泰隆银行成立以来，已经直接或间接支持了近2 000万人创业和就业，帮助广大创业青年、失地农民、外来务工人员、下岗工人实现

了劳动致富，得到社会各界的好评，曾先后5次被评为"小微企业金融服务先进单位"。

引例分析

党的二十大报告指出："完善农业支持保护制度，健全农村金融服务体系。"2023年10月中央金融工作会议召开，会议强调：优化融资结构，把更多金融资源用于促进科技创新、先进制造、绿色发展和中小微企业，大力支持实施创新驱动发展战略、区域协调发展战略，确保国家粮食和能源安全等。做好科技金融、绿色金融、普惠金融、养老金融、数字金融五篇大文章。

金融作为现代经济的核心，在推动经济高质量发展的过程中扮演着极其重要的角色。要发挥好金融的支持作用，就要把为实体经济服务作为金融的出发点和落脚点，全面提升服务效率和水平，更好地满足人民群众和实体经济多样化的金融需求。泰隆银行深耕小微企业普惠金融模式，探索和积累了一系列小微企业金融服务的先进做法和管理经验，形成了独树一帜的"泰隆模式"。泰隆银行坚持市场定位，践行普惠金融，用心服务小微企业，鼎力支持"三农"，助推乡村振兴，用金融的力量助力农业农村发展。

第一节　银行营销人员的服务营销

一、银行营销人员的构成

目前，我国绝大多数商业银行实行的组织形式主要是总分行制，又称为分支行制，即在总行之下不同区域（包括国外）设立分支机构的组织模式。商业银行从上到下分为总行—分行—支行三个层级，规模较大的银行在分行层级还会进一步划分为一级分行（省级分行）与二级分行（地市级分行），支行层级下面再设立若干个分理处和储蓄所，从而形成以总行为中心的庞大银行网络，分支行的业务和内部事务统一遵照总行的规章和指示办理。

支行处于商业银行直接对外接触的第一线，是银行面向客户提供产品和服务的主要平台和业务窗口，主要由操作人员（柜员）和营销人员（客户经理、大堂经理、理财经理）等人员构成。在当前商业银行普遍推行全员营销战略的背景下，银行客户经理、大堂经理、柜员和理财经理等岗位承担一定的营销任务，是落实银行服务营销措施的主要力量。

1. 银行客户经理

银行客户经理是指银行内从事市场分析、客户关系管理、营销服务方案策划与实施，并直接服务于客户的银行工作人员。

2. 银行大堂经理

银行大堂经理是指银行营业网点内，以流动形式，采用主动引导方式来分流客户，为客户提供咨询指引、金融服务并进行营销宣传的银行工作人员。

3. 银行柜员

银行柜员是银行内部柜台工作人员的统称。本书中是指直接在窗口为客户办理业务，负责柜面基本业务操作，提供查询和咨询等业务的银行工作人员。

4. 银行理财经理

银行理财经理是指银行内具备相应任职资格和能力，从事银行个人客户关系管理、营销方案的策划和实施，为个人客户提供各种财务分析、规划和投资建议，进行个人金融产品营销、提供金融咨询和理财服务的银行工作人员。

二、银行客户经理的服务营销

（一）银行客户经理的岗位职责与绩效考核

1. 银行客户经理的岗位职责

（1）市场调研。银行客户经理通过市场调研或数据挖掘，及时了解金融市场的发展变化，形成调研报告并上交相关部门，为银行制定适宜的营销策略、开发新产品或服务等提供翔实的参考依据。

（2）客户开发。银行客户经理根据所掌握的信息资料，制定切实可行的客户开发方案，确定开发的目标、策略和措施，并能够依据情况变化适时调整，以不断拓展客户资源，提升经营业绩。

（3）产品营销。银行客户经理在了解、挖掘和识别客户金融需求的基础上，积极向客户营销银行产品和金融服务，将银行多种产品或服务有机结合，制定满足客户需求的金融服务方案，通过积极营销，增加客户对产品或服务的消费量。

（4）组织协调。银行客户经理除了要做好客户的服务和营销工作之外，还要切实做好银行内部的组织协调工作，充分做好前台业务窗口与二线业务部门之间、各专业部门之间、上下级部门之间以及经营资源的分配等协调工作，以确保客户的业务能够在银行内得以顺畅、准确完成。

（5）风险管理。银行客户经理要能密切关注客户的经营发展、偿债能力和风险隐患等情况的变化，对客户的信用风险进行分析、预警和控制，适时提出应对方案，使银行得以采取有效措施规避金融风险。

（6）客户维护。银行客户经理在为客户提供业务服务，满足金融需求的同时，还要进一步拓展和维护银行与客户之间的良好关系，切实做好客户维护工作，增进彼此之间的交流，增强信任，以维护客户的忠诚度。

2. 银行客户经理的绩效考核

（1）银行客户经理的考核指标主要由两部分构成：

① 银行客户经理营销和维护管理的客户与银行发生的、可为银行带来效益的各类业务考核指标，主要包括存款、贷款、中间业务和新业务等。

② 银行客户经理的工作态度、制度执行等履职情况考核指标，主要包括出勤率，客户信息收集、反馈和分析报告的质量，团队协作精神以及个人营销素质与能力等。

（2）银行客户经理的薪资待遇主要由两部分构成：

① 岗位薪酬。岗位薪酬通常由基础工资、福利和补贴三部分组成：基础工资是根据银行客户经理的职级享受的工资收入，分为不同档次，每一职级对应不同档次的基础工资。福利收入通常包括五险一金、节日慰问金等。补贴收入通常包括交通补贴、通信补贴和伙食补贴等。

② 绩效奖金。通常与银行网点的经营业绩密切相关，通常由销售奖、季度奖和年终奖等三部分组成。销售奖是银行客户经理营销各种银行产品和服务的奖励。季度奖是银行根据客户经理季度的营销业绩、基本表现、贡献度，通过核算确定的奖金。年终奖是银行根据客户经理一年的整体表现发放的奖金。

（二）银行客户经理的服务营销技巧

银行客户经理的服务营销流程如图8-1所示。

寻找客户 → 接近客户 → 开展营销 → 处理异议 → 促成合作 → 维护客户

图8-1 银行客户经理的服务营销流程

1. 寻找客户

寻找客户除了运用缘故法、转介绍、陌生拜访法等，银行客户经理还可以利用银行掌握的海量客户信息和客户交易记录，通过大数据分析，筛选客户，从而实现精准营销。客户选择的标准有：① 是否有金融需求；② 是否有购买能力；

③ 是否符合本银行优良客户的条件；④ 是否有购买权；⑤ 是否能为本银行创造价值（利润）等。

2. 接近客户

（1）收集客户信息。公司客户主要收集公司的经营、管理和行业情况等信息。个人客户主要收集客户的姓名、性别、年龄、联系方式、家庭情况、性格特长和对本银行的态度等信息。

（2）制订拜访计划。盲目的拜访并不能保证取得较好的营销效果，只有经过周密的计划，才能减少拜访的盲目性，提高效率。因此，制订拜访计划是成功服务客户的关键。要想提高客户服务体验，银行客户经理就要学会做好拜访计划，可以从以下三个步骤入手：

① 分析客户类型。客户类型大致可以分为优质客户、潜在客户和普通客户三类，制订客户拜访计划要按照优质客户—潜在客户—普通客户的先后顺序入手，确保计划周到、合理。

② 确定拜访时间。在拜访客户前，一定要提前与客户约好拜访时间，要能够坚持以客户为中心，根据客户的时间确定拜访时间。

③ 做好拜访准备。第一，要熟练掌握产品知识，这样才能在营销中精准描述产品，正确寻找卖点，切中客户痛点，赢得客户信任，以吸引更多客户；第二，要深入了解客户信息，根据掌握的客户资料，在分析整理的基础上，评估客户的金融需求；第三，要用真诚服务打动客户，对待客户一定要本着真诚、耐心、不怕困难、不怕麻烦的态度，关注客户的金融服务需求，留意客户需求偏好的变化，减少误解的可能性。

（3）拜访目标客户。互联网时代，银行客户经理既可以通过电话、微信、钉钉、腾讯视频会议等方式实施线上服务，又可以通过实地拜访、与客户面对面接触，"线上+线下"相结合多渠道拜访客户，能够根据不同客户的金融需求，开展针对性较强的服务营销。

① 线上拜访客户。线上拜访客户要注意以下三个问题的逻辑顺序：第一，本次拜访的目的是什么？第二，本次拜访要说清楚哪几件事情，它们之间的联系如何，应该选择怎样的表达方式？第三，在拜访中可能会出现哪些障碍，面对这些障碍有哪些解决方法？以期能够有效挖掘潜在销售机会。

② 线下拜访客户。银行客户经理通过适当寒暄，适时切入拜访主题，流程如图8-2所示。

（4）认真梳理总结。在拜访结束后，银行客户经理要全面梳理，总结回顾，既要看到成果，也要发现问题，正视不足，补齐短板，为下次拜访制订更加详细、周全的计划做铺垫。另外，还要与客户保持密切联系，以期建立长期合作关系。

金融服务营销

```
┌─────────────────┐           ┌─────────────────┐
│    适当寒暄      │           │    拜访主题      │
├─────────────────┤           ├─────────────────┤
│ 双方通过寒暄介绍，│           │ 银行客户经理通过 │
│ 营造良好的会谈氛 │           │ 主动提问，认清客 │
│ 围；银行客户经理 │           │ 户需求，了解客户 │
│ 简要介绍银行和业 │    ───→   │ 动机；通过阶段性 │
│ 务的开展情况；通 │           │ 的确认，加强客户 │
│ 过谈论一些客户感 │           │ 对银行产品和服务 │
│ 兴趣的话题，拉近 │           │ 的认识和了解，消 │
│ 与客户的心理距离；│          │ 除客户疑虑；根据 │
│ 简要说明本次拜访 │           │ 商谈进展情况，正 │
│ 的目的，尽快切入 │           │ 式进入销售环节   │
│ 拜访主题         │           │                 │
└─────────────────┘           └─────────────────┘
```

图 8-2　线下拜访客户流程

3. 开展营销

（1）产品营销方法。常用的营销方法主要有利益营销法、事实证明法。

① 利益营销法流程如图 8-3 所示。

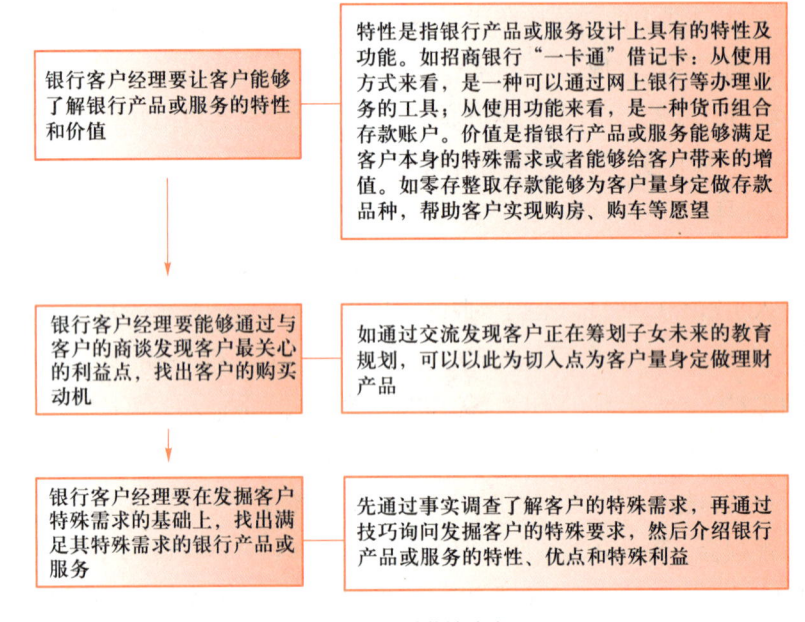

```
┌──────────────┐      ┌────────────────────────┐
│银行客户经理要让│      │特性是指银行产品或服务设 │
│客户能够了解银行│      │计上具有的特性及功能。如 │
│产品或服务的特性│──→  │招商银行"一卡通"借记卡：│
│和价值         │      │从使用方式来看，是一种可 │
│              │      │以通过网上银行等办理业务 │
│              │      │的工具；从使用功能来看， │
│              │      │是一种货币组合存款账户。 │
│              │      │价值是指银行产品或服务能 │
│              │      │够满足客户本身的特殊需求 │
│              │      │或者能够给客户带来的增值。│
│              │      │如零存整取存款能够为客户 │
│              │      │量身定做存款品种，帮助客 │
│              │      │户实现购房、购车等愿望  │
└──────────────┘      └────────────────────────┘
        ↓
┌──────────────┐      ┌────────────────────────┐
│银行客户经理要能│      │如通过交流发现客户正在筹 │
│够通过与客户的商│      │划子女未来的教育规划，可 │
│谈发现客户最关心│──→  │以以此为切入点为客户量身 │
│的利益点，找出客│      │定做理财产品             │
│户的购买动机   │      │                        │
└──────────────┘      └────────────────────────┘
        ↓
┌──────────────┐      ┌────────────────────────┐
│银行客户经理要在│      │先通过事实调查了解客户的 │
│发掘客户特殊需求│      │特殊需求，再通过技巧询问 │
│的基础上，找出满│──→  │发掘客户的特殊要求，然后 │
│足其特殊需求的银│      │介绍银行产品或服务的特性、│
│行产品或服务   │      │优点和特殊利益           │
└──────────────┘      └────────────────────────┘
```

图 8-3　利益营销法流程

② 事实证明法。银行客户经理通过有形展示、统计数据、成功案例、媒体报道、权威机构结论等，向客户提供有力的银行产品或服务的使用证明材料，用事实说服客户，促使客户产生购买行为。

（2）客户沟通技巧。

① 善于询问。银行客户经理可适时采用开放式（答案不限范围，完全放开）或封闭式（在一定范围内提问或者在题目中有预设答案）询问方式，如"您对贷款消费有何看法？"（开放式），"您是否认为购买投资基金一定要找信誉好的银行购买呢？"（封闭式）。灵活运用状况询问、问题询问和暗示询问等技巧。如：

银行客户经理："您目前主要的理财方式是储蓄吗？"（状况询问）

客户："不是，主要是投资炒股。"

银行客户经理："您是亲自操作还是雇请操盘手呢？"（状况询问）

客户："自己操作，增加实战经验啊。"

银行客户经理："总的收益情况如何？"（问题询问）

客户："一般，和周围同事相比就差多了，要是有专家指导就好了。"

银行客户经理："您认为网上银行如何，足不出户就能完成交易。"（暗示询问）

客户："早就想办理了，只是一直没时间。"

② 学会倾听。银行客户经理要耐心、会心地听，在这一过程中，无论是线上还是线下都需要银行客户经理有效的反馈表示，以确保客户高度参与到营销活动中来，并引导客户说出有价值的信息，掌握客户的需求和期望。

③ 巧妙回答。巧妙回答流程如图8-4所示。

对客户提出的问题表示理解 → 回答前应有短暂停顿，以争取时间思考 → 复述客户的问题，留下思考如何更好地回答问题的余地 → 回答客户提出的问题

图8-4　巧妙回答流程

4. 处理异议

处理异议流程如图8-5所示。

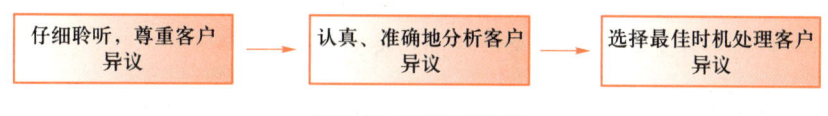

仔细聆听，尊重客户异议 → 认真、准确地分析客户异议 → 选择最佳时机处理客户异议

图8-5　处理异议流程

可以从如下案例说明：

客户："你们银行的网上银行操作怎么这么麻烦！"

银行客户经理："王先生，为了保障客户的资金安全，我行采取了必要的安全措施，只要掌握了流程的先后顺序，操作起来并不复杂。"

……

银行客户经理："王先生，只要熟悉了操作流程，其实一点也不复杂，您看是吧？"

5. 促成合作

（1）捕捉成交时机。银行客户经理可以捕捉的成交时机主要有排除重大异议时、客户认同重大利益时、客户发出购买信号时等。

（2）识别购买信号。银行客户经理凭借自身工作经验，敏锐地捕捉到客户通过语言、表情或行为等方面表现出来的愿意购买银行产品或服务的信号，迅速做出反应，中断介绍和推介，提出成交请求。

（3）巧用成交策略。常用的成交策略主要有以下几种：

① 直接请求法。适用此种策略的主要是性格直爽、比较熟悉、已经发出购买信号、需要提醒考虑成交问题的客户等。在技巧运用上，银行客户经理态度要诚恳、措辞要讲究。

② 利益成交法。利益成交法的内容如图8-6所示。

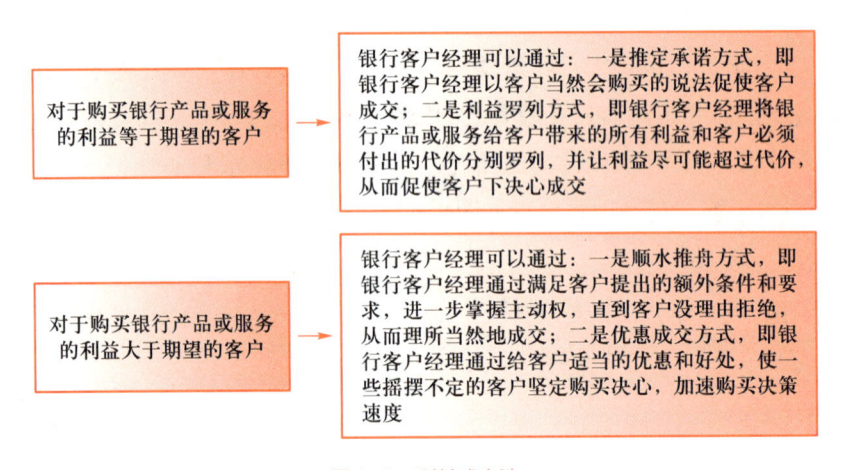

对于购买银行产品或服务的利益等于期望的客户 → 银行客户经理可以通过：一是推定承诺方式，即银行客户经理以客户当然会购买的说法促使客户成交；二是利益罗列方式，即银行客户经理将银行产品或服务给客户带来的所有利益和客户必须付出的代价分别罗列，并让利益尽可能超过代价，从而促使客户下决心成交

对于购买银行产品或服务的利益大于期望的客户 → 银行客户经理可以通过：一是顺水推舟方式，即银行客户经理通过满足客户提出的额外条件和要求，进一步掌握主动权，直到客户没理由拒绝，从而理所当然地成交；二是优惠成交方式，即银行客户经理通过给客户适当的优惠和好处，使一些摇摆不定的客户坚定购买决心，加速购买决策速度

图8-6 利益成交法

③ 投石问路法。如"请问影响达成协议的主要问题是什么？"

④ "二择一"法。如"这款基金您买5万元还是10万元？"

（4）签订合作协议。银行客户经理与客户就协议具体条款进行详细沟通后，报银行有关部门审核。审核批准后，银行客户经理应同客户就协议签署的有关事项进行洽谈，并最终促成协议签订。

6. 维护客户

银行客户经理通过各种客户维护方式，加强与客户之间的沟通交流，在彼此亲近、认可和相互帮助的基础上，建立和谐稳固的关系，使客户成为银行长期忠实的消费者，以实现双方长期合作的业务关系并实现互惠互利。

三、银行大堂经理与银行柜员的服务营销

（一）银行大堂经理的岗位职责与绩效考核

1. 银行大堂经理的岗位职责

（1）客户分流。银行大堂经理对进入网点办理业务的客户要主动迎接，询问

客户的金融需求，进而进行疏导分流，引导客户到相关区域办理业务，实现客户分层管理，充分利用网点服务资源，减轻柜面压力。

（2）服务管理。银行大堂经理对网点客户服务区和自助服务区开展日常管理，指导客户了解和正确使用自动存取款机、电话银行、网上银行等自助服务设备，对相关设备做好维护工作。

（3）业务营销。银行大堂经理为客户提供银行业务咨询服务，对客户的金融需求进行有效识别，适时把握时机向客户介绍银行产品或服务，以增进客户对银行产品或服务的认识和了解。

（4）客户开发。银行大堂经理要充分利用营业网点客户比较集中的便利，广泛收集客户信息，充分挖掘重点客户资源，用适当的方式与其接触，建立联系，并及时向银行客户经理、柜员或理财经理转介绍。

（5）秩序维护。银行大堂经理对网点营业区域发生的各类投诉、纠纷和其他突发事件要能够及时、耐心和有效处理，避免网点工作人员与客户发生争执，化解矛盾，以维持大堂正常的营业秩序。

（6）信息反馈。银行大堂经理要及时、认真地记录工作日志，归纳整理客户的金融需求，针对客户的意见和建议提出合理化建议并及时反馈给网点负责人和相关职能部门，以改进网点服务，提升质量和水平。

2. 银行大堂经理的绩效考核

（1）银行大堂经理的考核指标。银行大堂经理的考核指标主要由两部分构成：

① 银行大堂经理要完成的各类业务考核指标，主要包括存款额，理财产品销售额，网上银行、电话银行等的开通数量，以及网点自助服务设备交易数量等。这些指标可能是由银行大堂经理独立完成的，也有可能是由银行大堂经理和银行客户经理、柜员、理财经理合作完成的，具体要根据实际情况来界定。

② 银行根据银行大堂经理的岗位职责，综合考核其服务能力和管理水平。考核指标主要包括银行服务规范的执行情况，客户服务的质量和水平，网点设备的维护和管理情况，银行产品或服务的营销能力，客户投诉处理情况，以及与银行客户经理、柜员和理财经理的配合程度等。

（2）银行大堂经理的薪资待遇。银行大堂经理的薪资待遇主要由两部分构成：

① 岗位薪酬。通常由基础工资、福利和补贴等组成。银行大堂经理对外统称为"大堂经理"，实际上一般分为见习、初级、中级和高级等职级，岗位薪酬与大堂经理的职级直接关联。

② 绩效奖金。是银行根据银行大堂经理的产品销售、业务转介绍情况，以

及岗位工作表现等,通过考核确定的奖金。

(二)银行大堂经理的服务营销技巧

银行大堂经理的服务营销流程如图8-7所示。

工作准备 → 迎接客户 → 引导分流 → 业务营销 → 投诉处理 → 跟踪维护

图8-7 银行大堂经理的服务营销流程

1. 工作准备

(1)自身工作准备。银行大堂经理要统一着装,举止得体,仪态大方;熟悉银行产品或服务的相关知识,掌握各项业务的操作流程;确认银行手持终端设备PAD工作正常等。

(2)网点工作准备。银行大堂经理要确保营业网点内电子显示屏和自助服务设备等运行正常;客户填单台的各种凭条、申请表准备齐全;客户等候区域的宣传材料供应充足等。

2. 迎接客户

(1)客户迎接。银行大堂经理要保持恰当的站位,对进入网点的客户,能面带微笑,主动热情地打招呼,并尽可能第一时间上前询问。如客户较多,即使不能问候每一位客户,也要尽可能与客户有目光接触并点头致意。如发现熟悉的客户,还要能正确称呼。如"李女士您好!欢迎光临××银行,请问您需要办理什么业务?"

(2)客户咨询。银行大堂经理要耐心、细致地为客户提供咨询服务,注意语气和措辞。同时,也要注意效率,争取做到一次性指导完成,以免浪费客户时间。如"先生,办理该业务需要填写这张表格,您先填写,如有不明白的地方,可随时找我,请您切记不要涂改。"

3. 引导分流

(1)客户识别。客户识别方法如图8-8所示。

(2)客户分流。客户分流方法如图8-9所示。

4. 业务营销

(1)信息发布区域。银行大堂经理通过问候、询问,识别客户类型,了解客户金融需求,向其营销银行产品或服务。但是切忌强行向客户推荐产品或服务,以免引起客户不满。如"很遗憾,您今天没有时间,是否方便留下您的联系方式,我行的客户经理会跟您联系,这是我的名片,您也可以直接跟我联系。"

第八章 银行服务营销

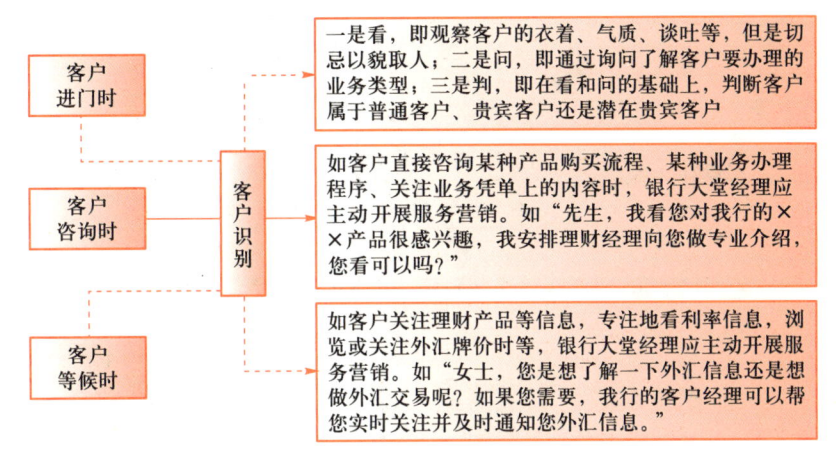

```
客户进门时 ──┐
              │                    ┌─ 一是看,即观察客户的衣着、气质、谈吐等,但是切忌以貌取人;二是问,即通过询问了解客户要办理的业务类型;三是判,即在看和问的基础上,判断客户属于普通客户、贵宾客户还是潜在贵宾客户
              │                    │
客户咨询时 ──┼── 客户识别 ──┼─ 如客户直接咨询某种产品购买流程、某种业务办理程序、关注业务凭单上的内容时,银行大堂经理应主动开展服务营销。如"先生,我看您对我们的××产品很感兴趣,我安排理财经理向您做专业介绍,您看可以吗?"
              │                    │
客户等候时 ──┘                    └─ 如客户关注理财产品等信息,专注地看利率信息,浏览或关注外汇牌价时等,银行大堂经理应主动开展服务营销。如"女士,您是想了解一下外汇信息还是想做外汇交易呢?如果您需要,我行的客户经理可以帮您实时关注并及时通知您外汇信息。"
```

图 8-8　客户识别方法

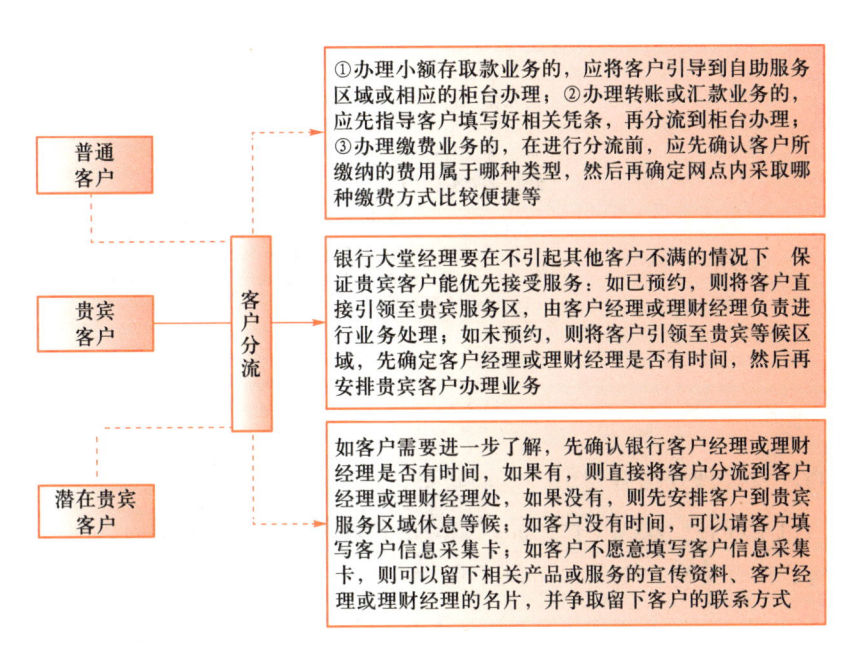

```
普通客户 ──┐
            │                    ┌─ ①办理小额存取款业务的,应将客户引导到自助服务区域或相应的柜台办理;②办理转账或汇款业务的,应先指导客户填写好相关凭条,再分流到柜台办理;③办理缴费业务的,在进行分流前,应先确认客户所缴纳的费用属于哪种类型,然后再确定网点内采取哪种缴费方式比较便捷等
            │                    │
贵宾客户 ──┼── 客户分流 ──┼─ 银行大堂经理要在不引起其他客户不满的情况下 保证贵宾客户能优先接受服务;如已预约,则将客户直接引领至贵宾服务区,由客户经理或理财经理负责进行业务处理;如未预约,则将客户引领至贵宾等候区域,先确定客户经理或理财经理是否有时间,然后再安排贵宾客户办理业务
            │                    │
潜在贵宾客户─┘                    └─ 如客户需要进一步了解,先确认银行客户经理或理财经理是否有时间,如果有,则直接将客户分流到客户经理或理财经理处,如果没有,则先安排客户到贵宾服务区域休息等候;如客户没有时间,可以请客户填写客户信息采集卡;如客户不愿意填写客户信息采集卡,则可以留下相关产品或服务的宣传资料、客户经理或理财经理的名片,并争取留下客户的联系方式
```

图 8-9　客户分流方法

（2）客户等候区域。银行大堂经理通过问候、安抚,再次询问,了解客户的金融需求,进行二次开发,营销银行产品或服务:

① 对有意向的客户。银行大堂经理可以适时递上宣传资料,介绍、营销客户感兴趣的银行产品或服务。

② 对没有意向或意向不强的客户,如客户愿意留下联系方式,银行大堂经理要及时登记;如不愿意,银行大堂经理要主动奉上自己的名片,利用一切机会,充分挖掘客户资源。

5. 投诉处理

投诉处理流程如图 8-10 所示。

金融服务营销

调整自我心态	银行大堂经理要始终保持冷静，能够用大度、友善和热心的态度，耐心聆听客户投诉，不要阻止客户发泄不满情绪
另选地点处理	银行大堂经理要迅速、果断地引导投诉客户离开事发区域，到一个相对独立和安静的区域进行处理，以避免其他在场客户由于不了解事情的缘由造成误解，并适时安排主管人员接洽，以示对客户的重视
安抚客户情绪	银行大堂经理要想方设法安抚客户情绪，如请客户坐下或为客户端来茶水等。称呼客户尽可能使用尊称，以示对客户的尊重
倾听客户抱怨	银行大堂经理要用真诚的态度倾听客户抱怨，详细记录投诉内容，以示对客户投诉的重视，以取得客户的认同。同时，还要立即与当事的银行工作人员联系，了解投诉产生的来龙去脉
分析投诉原因	银行大堂经理要先对不能满足客户需求和产生的误会表示歉意，以减少客户怨气。同时，还要能冷静分析投诉产生的原因
客户投诉处理	在了解客户的意图后，银行大堂经理要通过合理的方法尽快帮助客户解决麻烦，并让客户随时了解投诉处理的进展情况。但是，切记不能让客户参与到银行内部的处理过程中来，只需将银行的解决方案告知客户，并详细解释说明
客户保留管理	银行大堂经理在与客户沟通协商的过程中，要让客户充分感受到银行的态度和诚意，以取得客户谅解和支持，防止客户资源流失。但是要谨记，千万不能向客户承诺做不到的事情

图 8-10　投诉处理流程

6. 跟踪维护

银行大堂经理要与客户保持密切联系，定期向客户发放客户满意度调查表，并不失时机地向客户发放银行产品或服务的宣传资料，抓住有利时机向客户进行业务营销，以开发客户资源，提升营销业绩。

活动设计

角色扮演：银行大堂经理服务营销技巧

活动要求：以小组为单位，利用课上约40分钟的时间，针对所给活动资料，任选一种情形，按照银行大堂经理服务营销的流程和技巧，设计银行大堂经理与客户的情景对话，模拟演练银行大堂经理服务营销技巧。

活动资料：

情形1：一大早，沈女士就来到银行网点办理业务，但是由于系统突发故障，无法正常办理，沈女士感到很不顺心，不断唠叨抱怨。银行大堂经理一方面做好安抚解释工作，另一方面向客户推荐网上银行、手机银行和微信银行，让客户足不出户就能够享受到方便、快捷的银行服务。

情形2：客户张先生来银行办理一笔30万元的大额汇款业务，在客户等待办理业务的过程中，银行大堂经理通过与客户沟通，了解到该客户经常会有大额资金的流动，银行大堂经理向其营销网上银行、手机银行和微信银行等业务，以及理财产品等。

情形3：客户王女士打算从银行转出100万元到另一家银行存为定期存款，原来这家银行给予其利率一浮到顶的优惠，银行大堂经理一方面尽力挽留客户，另一方面向客户营销理财产品。

活动组织与步骤：

（1）组织设计：以小组为单位，指定1名学生负责录像，1名学生负责记录，1名学生担任评委，负责点评打分，教师主持模拟演练并全程把控。

（2）演练形式：组长全程负责。每组任选一种情形，通过研讨完成情景对话设计，选出两名学生，分别扮演客户和银行大堂经理，在课堂进行银行大堂经理服务营销模拟演练，演练时间不超过5分钟。

（3）学生点评：评委根据模拟演练情况，点评并给出小组成绩，汇总后取均值。

（4）成绩评定：教师点评并给出小组成绩，加总后一并计入小组课堂成绩。（注：教师可以根据实际需要，事先制定成绩评价细则，确定学生评价和教师评价权重、评价内容，以及小组成员成绩评价方法等）

（5）成果展示：演练录像和记录由教师存档，并作为课堂学习成果予以展示。

（三）银行柜员的岗位职责与绩效考核

1. 银行柜员的岗位职责

（1）熟练掌握银行柜员的岗位操作规程，严格执行银行的规章制度，灵活运用专业知识和岗位技能，为客户办理各项柜面业务。

（2）负责本柜尾箱的管理，妥善保管和正确使用本柜台的各种业务用章、印签卡和个人名章等。

（3）按照服务规范，为客户办理存取款、开销户等银行基本业务，按照规定办理中间业务的代收和代付等业务。

（4）要有营销意识，在业务办理过程中，敏锐发现销售机会，向客户适时营销银行产品或服务，并做好交叉销售工作。

（5）要有团队合作意识，加强与银行网点内的客户经理、大堂经理和理财经理等的配合，及时发现潜在客户并适时推荐。

（6）营业结束后，按照操作规定进行柜台轧账等工作，结存现金、重要空白凭证和有价单证等放入尾箱后交主管柜员集中保管，完成班次交接和登记手续的办理等。

2. 银行柜员的绩效考核

（1）银行柜员的考核指标。银行柜员的考核指标主要由三部分构成：

① 岗位业绩考核指标。岗位业绩考核指标主要包括业务量考核指标、业务质量考核指标、营销业绩考核指标。业务量考核指标即银行对银行柜员在考核期内完成的工作量的考核。业务质量考核指标即银行对银行柜员在业务办理过程中违反操作规范、产生差错给银行造成损失的行为进行考核，并采取相应的惩罚措施。营销业绩考核指标即银行对银行柜员承担的营销任务完成情况的考核。

② 业务知识和岗位技能考核指标。业务知识考核指标，即银行对银行柜员承担岗位工作所需的相关规章制度和业务知识掌握程度的考核。岗位技能考核指标，即银行对银行柜员承担的岗位工作所需的相关专业技能熟练程度的考核。

③ 服务能力考核指标。服务能力考核指标主要包括工作能力考核指标、服务质量考核指标、工作态度考核指标。工作能力考核指标即银行考核银行柜员完成岗位工作和推动部门工作的能力。服务质量考核指标即银行考核客户对银行柜员服务的满意程度。工作态度考核指标即银行考核银行柜员对银行和岗位工作的热爱程度。

（2）银行柜员的薪资待遇。银行柜员的薪资待遇主要由两部分构成：

① 岗位薪酬。岗位薪酬通常由基础工资、福利和补贴等组成。银行柜员一般分为一级、二级、三级等若干等级，每一等级对应相应的岗位薪酬标准。

② 绩效奖金。绩效奖金一般由季度奖金和年度奖金两部分组成，银行根据银行柜员岗位业绩、业务知识、岗位技能、服务能力等绩效考核的结果，按照柜员等级的绩效奖金标准发放。

（四）银行柜员的服务营销技巧

银行柜员的服务营销流程如图8-11所示。

1. 迎接客户

银行柜员对办理业务的客户要做到礼貌热情地接待，主动打招呼，微笑迎

迎接客户 → 掌握信息 → 发掘需求 → 主动营销 → 促成合作 → 礼貌送客

图8-11 银行柜员的服务营销流程

接。如遇到熟悉的客户还要主动以姓氏称呼。如"张先生，您好，您需要办理什么业务？"

2. 掌握信息

银行柜员通过对客户年龄、衣着打扮和言谈举止等的观察，以及与客户聊天时掌握的基本信息、理财能力和意愿，结合客户提交的相关证件和银行卡等的查询，掌握客户的基本财务状况。

3. 发掘需求

（1）把握机会。当客户账户有大额活期存款、提取大笔资金或定期转存、观看宣传资料主动询问时，银行柜员要把握时机，主动开展营销活动。

（2）挖掘需求。由于银行柜员单笔作业时间和客户在网点逗留的时间有限，这就需要银行柜员通过精练、简洁的提问，请客户回答，以了解客户心理，发掘金融需求。

4. 主动营销

（1）营销方法。主要包括：① 产品法。如"王女士，您是不是经常要转账，您是否愿意足不出户就能转账、交电费、购买基金、存定期、转活期和网上购物呢？这些都可以在网上银行、手机银行和微信银行上操作，很多人都在用，方便、快捷、安全、高效，需要现在为您开通吗？"② 理财法。如"张先生，您这样存定期就像杯子底裂了个缝，越存越少，刚好我行有一款产品可以把这个缝补上，且收益较高，还有一份高额保障，我请理财经理为您做详细介绍，您看可以吗？"③ 情感法。主要适用于客户对产品法和理财法都没有明显意愿，资产又较多的情况。银行柜员与客户熟悉后，利用适当时机，开展公关和营销，利用情感达到营销目的，这是柜面营销的延续和深入。

（2）营销技巧。① 营销方式。营销方式分为两种情况：一种是对银行产品或服务不了解的客户，银行柜员应解释产品或服务的特点和优点，重点介绍与客户当前办理的业务相比能给客户带来的利益和便捷性；另一种是对银行产品或服务了解，但心存疑虑的客户，银行柜员要了解客户的疑虑，重点帮助客户打消疑虑，进行有针对性的宣传和推广，营销产品或服务。② 营销内容。银行柜员针对不同年龄人群客户的营销内容如表8-1所示。

表8-1 银行柜员针对不同年龄人群客户的营销内容

序号	人群	消费观念	营销内容
1	年轻人	容易接受新事物	网上银行、手机银行和微信银行等产品或服务
2	中年人	有一定经济基础，理财观念较为稳重	国债、组合储蓄等理财类产品或服务
3	老年人	观念保守	定期存款、养老储蓄、教育储蓄等

5. 促成合作

（1）促成合作的时机。促成合作的时机有：当客户对银行产品或服务介绍较为满意时；当客户了解其他客户购买情况时；当客户了解办理业务所需的相关细节时等。

（2）促成合作的方法。促成合作的方法主要包括以下几个：

① 主动出击法。如"王女士，您这次存进来的资金最近有用吗？如果没有急用的话，您可以存定期，这样比单存活期划算多了，我行定期有三个月、半年和一年期等，只要有身份证就可以办理，现在给您办，可以吗？"

② 二择一法。如"张先生，我行针对您这样的高端客户，推出了这款理财产品，结算方便、快捷，您如果把资金归拢到我行，会让您感到非常省时、省心、省力。这么好的产品不用犹豫了，您是要买5万元还是要买8万元？"

③ 引导法。如：

银行柜员："现在的孩子可真幸福，都是父母的掌上明珠！"

客户："是啊！"

银行柜员："父母对孩子的关爱，除了每天生活上的照顾，还要考虑未来的教育基金，您现在一定在为孩子储备未来求学的费用吧？"

客户："是啊。"

银行柜员："但是，是不是存到一定程度，就因为想装修房子、旅游等原因将钱使用了，又要重新开始存钱，始终无法达到目标？"

客户："哎，是啊。"

银行柜员："您可以考虑买一份少儿保险，这样就有了一个明确的教育计划，还会定期提醒您按时缴费，这其实也是一种强制储蓄。最近，像您这样有孩子的人很多都买了，您看怎样？"

④ 利益法。如"孙女士，您存定期吗？现在银行利率很低，如果您的资金三五年不用，购买我行的'××'产品比较合适，不仅收益稳健，年终还有分红，很适合做中长期投资，您看如何？"

（3）异议处理的方法。银行柜员要仔细聆听客户的要求，适时提问，以正确把握客户的意图。同时，运用恰当的方法安抚客户情绪，通过主动引导，启发客户思考，化解异议，待异议处理完成后，尝试再次促成交易，以达到营销目的。如：

（理解认同）"女士，您这么说，我能理解您的感受。"

（问题解答）"这款产品如果在安全且保障全面的情况下，回报还是不错的。"

（再次促成）"您只需每年投资1万元，就可以拥有一个稳定的理财和保障账户，现在就帮您办理，您看可以吗？"

6. 礼貌送客

银行柜员办理完业务后,将证件、单据双手递交客户,礼貌道别。同时,还要能及时抓住最后的有利时机,向客户营销满足其金融需求的银行产品或服务。如"先生,这是您的卡和现金,请查收,您还有其他业务需要办理吗?"

四、银行理财经理的服务营销

(一)银行理财经理的岗位职责与绩效考核

1. 银行理财经理的岗位职责

(1)理财咨询与指导。银行理财经理根据客户需求,介绍银行的各种理财产品,向客户提供专业的理财咨询和规划指导,为客户提供优质的理财服务,以满足客户的个性化需求。

(2)客户开发与维护。针对潜在客户,银行理财经理通过多种渠道和方式,运用大数据分析,主动寻找、识别和拓展客户资源,提升经营业绩;针对现有客户,银行理财经理除了要建立长期、稳定的联系外,还要深入分析和挖掘客户的潜在需求,提供优质服务,提升客户的忠诚度。

(3)产品销售与推广。银行理财经理结合客户的需求和产品特性,有针对性地向客户进行相关产品或服务的营销,同时,通过交叉营销,综合销售银行其他产品,以提升客户的贡献度。

(4)营销策划与实施。银行理财经理组织策划各类针对理财客户的营销活动并付诸实施,宣传推广银行的金融产品或服务,提升银行的市场知名度,扩大银行的品牌影响力。

(5)市场调查与分析。银行理财经理通过市场调查与分析,及时了解国内外金融市场的发展趋势,掌握客户金融需求的发展变化,形成调研报告并提交行内相关部门,为银行制定客户开发方案,设计新的产品和服务提供意见和建议。

(6)信息收集与反馈。银行理财经理要及时了解同业发展动态,客户对产品销售和服务质量的评价,掌握营销过程中存在的问题和不足,适时整改,以进一步加大营销力度,提高销售效率。

2. 银行理财经理的绩效考核

(1)银行理财经理的考核指标。银行理财经理的考核指标主要由四部分构成:

① 财务考核指标。财务考核指标主要包括维护的贵宾客户综合资产增长情

况、银行理财产品销售情况、代销的基金和保险等销售额的计划完成情况等。

② 客户考核指标。客户考核指标主要包括客户维护的数量，客户开发、提升与流失的情况，以及客户服务质量等。

③ 流程考核指标。流程考核指标主要包括日常工作规范和制度的执行情况、团队业务工作开展的配合情况，以及工作流程的合规性等。

④ 发展考核指标。发展考核指标主要包括参与培训的情况、自身业务能力与个人素养提升情况等。

（2）银行理财经理的薪资待遇。银行理财经理的薪资待遇主要由两部分构成：

① 岗位薪酬。岗位薪酬通常由基础工资、福利和补贴等组成。银行理财经理一般有助理、初级、中级和高级等职级，每一职级享受相应的岗位薪酬待遇。

② 绩效奖金。银行通过季度考核、年度考核来核定银行理财经理的季度奖金和年终奖金。其中，年度考核除了作为年终奖金的发放依据之外，还将作为银行理财经理后续职级评定和晋级的重要依据之一。

（二）银行理财经理的服务营销技巧

根据银行与客户关系发展的程度，可以将客户分为目标优质客户、潜在优质客户和现有优质客户。银行理财经理针对不同类型客户有不同的营销目标，如图8-12所示。

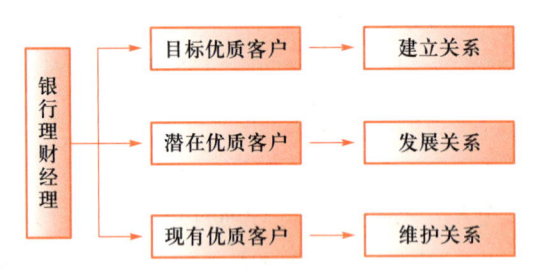

图8-12 银行理财经理针对不同类型客户的营销目标

1. 目标优质客户的服务营销技巧

目标优质客户的服务营销流程如图8-13所示。

图8-13 目标优质客户的服务营销流程

（1）客户定位。这里的目标优质客户一般是指具有较稳定的职业，拥有较高学历和收入的人群,即通常所说的金领、白领。如企业管理层、公务员、医生和律师等。

(2)寻找开发。

① 寻找开发途径。银行理财经理除了可以通过个人现有的关系网、与银行有合作关系或业务往来的单位,以及其他客户的转介绍等途径以外,还可以充分利用银行自身掌握的海量客户信息和客户交易记录,通过大数据分析来寻找客户。

② 寻找开发时机。寻找开发时机有:银行推出新产品或服务时和市场发生重大变动时。如利率变动、股票市场大跌或基金市场猛涨等。

③ 寻找开发方法。银行理财经理可以通过电话、微信等线上方式向客户推介银行产品或服务,还可以通过邀请客户参加新产品或服务的发布会、理财讲座等线下方式与客户进行面对面营销。

(3)跟踪筛选。银行理财经理根据客户对银行的贡献程度以及客户自身的发展潜力筛选出准优质客户,尽可能多地了解准优质客户的金融需求,为客户开发找准切入点。

(4)发展转换。银行理财经理通过各种方式对准优质客户开展服务营销工作,加深客户对银行产品或服务的认识和了解,取得客户认同,为目标优质客户向潜在优质客户或现有优质客户的转换打下基础。

2. 潜在优质客户的服务营销技巧

潜在优质客户的服务营销流程为:识别引导→培育发展。

(1)识别引导。

① 识别引导主体。识别引导主体包括银行大堂经理和银行柜员。

② 识别参考特征。如客户办理大额存取款,外汇汇款或转账,购买基金、国库券等投资类产品,咨询理财业务和高端业务等。

③ 识别引导流程。识别引导流程如图8-14所示。

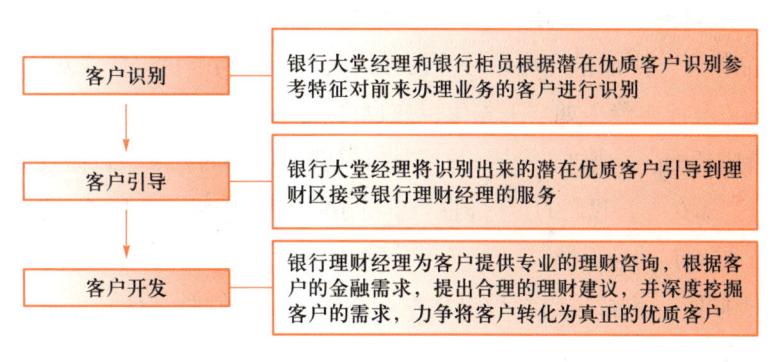

客户识别	银行大堂经理和银行柜员根据潜在优质客户识别参考特征对前来办理业务的客户进行识别
客户引导	银行大堂经理将识别出来的潜在优质客户引导到理财区接受银行理财经理的服务
客户开发	银行理财经理为客户提供专业的理财咨询,根据客户的金融需求,提出合理的理财建议,并深度挖掘客户的需求,力争将客户转化为真正的优质客户

图8-14 识别引导流程

（2）培育发展。

① 银行理财经理通过电话、微信等多种方式与潜在优质客户保持密切联系，邀请客户参加银行新产品或服务的推介会或财富论坛等。

② 银行理财经理通过建立客户档案，定期对潜在优质客户进行回访，对客户信息进行更新、补充，以及时了解客户金融需求的发展变化，为其提供专业的咨询和指导，提出合理的意见和建议，为客户的投资理财出谋划策，培育和发展客户。

3. 现有优质客户的服务营销技巧

现有优质客户的服务营销流程如图8-15所示。

联系沟通 → 发掘需求 → 引导消费 → 处理异议 → 促成合作 → 维护客户

图8-15 现有优质客户的服务营销流程

（1）联系沟通。

① 营销准备。营销准备主要包括：一是要明确本次营销的目的。银行理财经理要力争做到第一时间引起客户的关注，充分调动客户的兴趣。如"李先生，您是我行的优质客户，近期，我行有一款仅针对优质客户销售的理财产品，预期收益率达××，风险较为稳健，您现在是否方便，我为您做一个简要的介绍，还是您定好时间我为您做详细介绍？"二是要详细了解客户信息。银行理财经理要及时掌握客户的金融需求，根据客户具体情况，制定营销策略，并设计好相关开场白和所需要用到的问题。三是要充分掌握产品知识。银行理财经理不仅要能熟练掌握本行产品或服务的知识，而且要了解其他银行相关产品或服务的知识，能将本行产品或服务与他行相关产品或服务进行对比，分析优缺点，以期为客户提供专业的咨询和指导。

② 沟通交流。银行理财经理在与客户沟通交流时要做到态度诚恳、尊重客户，找准话题、防止直接，还要避免客户禁忌、赢得好感。

③ 产品推介。产品推介可以分为两种情况：一种情况可以假设对方感兴趣，以避免被客户直接拒绝。如"王先生，您也许想问这份教育基金项目是如何保障您孩子健康成长的，是吧？"另一种情况可以营造热销的现象，以激发客户的购买欲望。如"郑女士，我们的××理财产品刚推出仅5分钟就卖掉了3亿元……"

（2）发掘需求。

① 善于倾听。银行理财经理要集中注意力，耐心倾听，认真思考，挖掘客户的金融需求。

② 善于发问。首先，针对客户现状或背景问题提问，以进一步了解客户信

息，确定与客户的谈话方向。如"宋女士，您在单位属于高层管理人员、中层管理人员还是基层员工呢？"其次，针对客户存在的问题或困难提问，引出产品或服务主题，寻找银行产品或服务能够解决的问题，以发掘客户的需求。如"邵先生，您这么一大笔资金如存成活期，利息收益非常低，您为什么不考虑一下三个月的定期存款或通知存款呢？这样利息收入比活期存款高出很多"。最后，将客户隐藏的需求明朗化，以进一步强化客户的需求，帮助客户进行决策，为接下来的产品介绍打下基础。如"李女士，您刚才提到有一笔大额定期存款即将到期，这笔资金怎么安排，您考虑好了吗？"

（3）引导消费。

① 理财规划。理财规划流程如图8-16所示。

② 产品定制。产品定制流程如图8-17所示。

③ 介绍技巧。银行理财经理要能说清楚银行产品或服务给客户带来的利益，这种利益必须是具体的、明确的，可用比拟或对比方式，将利益直观地表示出来。如"吴先生，您可以算一下，您每月只需缴纳120元保费，每天只需4元，

收集客户信息	银行理财经理通过各种渠道和方式对掌握的客户信息不断进行丰富和完善，更新和整理
把握理财需求	银行理财经理协助客户了解理财需求，明确客户在现金、消费、教育、投资和养老等方面的规划
分析财务状况	银行理财经理结合客户资产负债、收支构成和保险需求等方面的信息，找准理财规划方向
提出理财规划	银行理财经理根据客户的理财需求，结合银行产品或服务向客户提出理财规划方案，完成销售过程
监控方案执行	银行理财经理根据客户金融需求的变化和方案执行的变动，适时提出改进措施，做好售后服务工作

图8-16 理财规划流程

判别需求	银行理财经理根据所掌握的客户信息，以及通过自身的观察，判别客户的类型和需求偏好，为下一步银行产品或服务的选择提供依据
选择产品	银行理财经理根据分析结果为客户选择合适的或相关联的银行产品或服务，寻找销售机会
介绍产品	银行理财经理向客户进行产品或服务的介绍

图8-17 产品定制流程

就可以获得一份最高赔付达85万元的意外伤害保险，外加10万元医疗保险，如果一年内没有赔付记录，还将获得3个月的保费返还……"

（4）处理异议。银行理财经理要能根据异议的情况、商谈进展状况等，选择恰当的时机灵活回答客户的提问。通过妥善处理客户异议，发现客户新的需求，把握新的销售机会。如"杨女士，您当时选择这款理财产品是非常有远见的，今年它的红利一直在稳健增长，特别是近来随着资金运用管理力度的加大，红利水平也在逐渐增高。虽然收益略低于××银行刚刚推出的××产品，但是这款产品是一只绩优股，如果您投资的股票正在增值，您会舍得抛掉吗？"

（5）促成合作。促成合作流程如图8-18所示。

识别购买信号 → 提出成交建议 → 进行业务办理

图8-18　促成合作流程

银行理财经理针对不同类型客户，提出不同的成交建议，内容如表8-2所示。

表8-2　银行理财经理针对不同类型客户的成交建议

序　号	客户类型	成交建议
1	理智稳健型	提供事实依据，层层推进
2	优柔寡断型	善加引导，切忌操之过急
3	自高自大型	满足其虚荣心，进行合理建议
……	……	……

（6）维护客户。银行理财经理主动与客户保持密切联系，对客户的理财规划进行定期分析，提供合理建议，在市场发生变化和有新产品或服务推出时，能及时与客户进行沟通交流。根据客户的金融需求和关注焦点，邀请客户参加财经研讨会、理财沙龙等活动，增进彼此间的交流和互动。通过向上营销、交叉营销和重复营销等方式，引导客户消费，以提高客户的贡献度，形成更加稳定的客户关系。

课堂讨论

由于很多客户对银行理财产品并不熟悉，他们在购买理财产品时，并不关心产品的类型和风险，往往只注重产品的收益情况，有的银行理财经理为了完成销售任务，根据客户的这种心理，盲目承诺预期收益。

那么，如此营销会导致怎样的后果？银行理财经理在开展服务营销时，如何兼顾提升业绩与坚持职业操守？

价值引领

中国农业银行的"浓情暖域"让网点金融服务升温有爱

在数字化进程越来越快的当下,不少银行选择缩减线下网点数量,将银行的功能更多搬到了线上,银行线下网点正在经历一场前所未有的巨变。这是否意味着银行线下网点的价值越来越少?或许并非如此。

中国农业银行就逆势而动,将线下网点服务凝聚成了"浓情暖域"网点服务品牌,这是该行在此前"服务升温工程"的基础上提炼而成的。"浓情"寓意中国农业银行以点滴服务让客户感受浓浓深情;"暖"代表为客户提供有温度、暖心的服务;"域"既代表网点服务的厅堂空间,也具有延伸意义,代表农行不断扩大服务半径,增加服务内容,为客户提供上门服务、移动服务、社区宣教服务等多种暖心服务。农行利用自身网点渠道优势,通过四通八达的线下网点,加上与智能渠道相互呼应,让金融服务下沉到更广阔的县域,让更多的长尾用户享受到优质的金融服务,为中国农业银行筑起了一道独特的"护城河",让其在应对外部不确定性冲击时,仍然能够保持良好的业绩增长。

一、金融服务有温度,暖意尽在网点

完善网点服务设施、丰富网点服务内容、美化厅堂环境等,是近年来中国农业银行"服务升温工程"的一部分。中国农业银行从2021年开始着手推动网点服务升级,以"环境升温""服务升温""品牌升温"为目标,持续提升客户体验和网点服务温度。在此基础上,2022年,中国农业银行创建"浓情暖域"网点服务品牌,聚焦于服务环境、服务内容、服务水平和服务文化等更多维度,对线下服务体系进行一次全方位的重塑。在最直观的网点形象、厅堂环境管理和设施配备等方面,中国农业银行进行了统一规划设计,制定了清晰的标准规范。此外,网点还常备便民雨伞、爱心座椅、手机充电座、饮用水等便民设施,并为老年客户等特殊群体配备轮椅、老花镜等服务设施及物品。截至2022年7月,中国农业银行"浓情暖域"网点爱心座椅、便民柜(箱)配备率、轮椅配备率均达到100%,无障碍坡道及临时坡道配备率达到100%,网点服务便民设施进一步优化完善。

二、将服务"搬出"网点,让金融无处不在

中国农业银行的工作人员还将服务"搬"出银行,"搬"进福利院、"搬"到偏远山区的田间地头,将服务进一步下沉,不断将服务的触角外延,让更多的特殊群体和偏远地区的客户享有与其他客户一样的金融服务,打通金融服务的"最后一公里"。数据显示,截至2022年7月,农行已经为行动不便的老年客户等特殊群体提供预约上门服务15万余次,开展送金融服务下乡9.3万余次,在西藏、四川、新疆、云南、青海、甘肃等地区,通过移动金融服务车累计为500多个偏远乡镇提供流动服务15万人次。

此外,中国农业银行还加强线上渠道和远程渠道建设,丰富远程视频服务场景,开通工程设备按揭贷款远程面谈、超级柜台远程同屏引导、大字版掌银等业务。同时拓宽"空中柜台"服务范围,持续为客户提供借记卡密码解锁、睡眠户激活、个人客户信息修改等零接触优质服务。

三、逆势发力线下网点,筑起发展"护城河"

通过"浓情暖域"的网点服务,中国农业银行将更优质、更暖心的服务带到了更广袤的县域市场,进一步深耕县域金融。实际上,县域金融在中国农业银行发展战略中的地位举足轻重。从网点数量来看,截至2022年6月,农行拥有网点22 537家,其中"三农"县域网点12 626家,乡镇网点7 250家,县域网点占比约为56%,对1 866个县的覆盖率达到100%。从总体信贷结构来看,县域信贷占比约为全行信贷总量的37.5%。在普惠贷款中,县域投放的普惠贷款占到普惠贷款全部投放量的50%,基建贷款县域占比约为50%,绿色信贷县域占比约为47%,制造业贷款县域占比约43%,个人贷款县域占比约62%。横跨城乡的发展战略已经成为中国农业银行重要的发展优势之一,县域领域的布局和客户基础为中国农业银行业务的发展奠定了基础,让其更能抵御外部冲击,为不断强化的县域金融发展构筑起"护城河"。

问题探索

近年来,随着银行数字化浪潮的推进,银行业掀起了"去线下网点"的浪潮,一批批线下网点关停,一个个手机银行APP涌现出来。但是,中国农业银行此时为何逆势而动,选择更进一步推出针对线下网点的"浓情暖域"服务品牌?

分析提示

长久以来,银行网点是银行触达和服务客户的重要"阵地",即便是在金融数字化浪潮之下,可以在线上办理的业务越来越多,银行业也不敢忽视线下的拓展与布局。究其原因,线下网点在服务特定人群、特定地区等数字化渠道无法满足所有非标准化业务方面有着不可替代性。从更高的维度来看,随着"十四五"规划对金融业发展提出更高的要求,线下网点在实现共富目标、推动普惠金融发展和助力乡村振兴等方面正在发挥更大的作用。

第二节　银行公司业务和个人业务营销

一、银行公司业务营销

银行公司业务营销流程如图8-19所示。

选择客户 → 掌握信息 → 前期沟通 → 正式接触 → 促成合作 → 关系维护

图8-19　银行公司业务营销流程

（一）选择客户

1. 公司目标客户应具备的条件

银行在进行公司业务营销时，应选择能为银行带来较大经济效益，能发展较为稳定的业务关系，成长性好、资信等级高、经济实力较强的企业。

2. 寻找公司目标客户的来源

（1）目标客户的宣传资料。

（2）政府主管部门。

（3）行业协会或学会。

（4）传播媒介或公开出版物、网站等。

（5）中介机构。

（6）与目标客户关系密切的其他客户等。

（7）银行运用数据挖掘技术，从数据库存储的客户信息中，通过对客户的服务收入、风险等相关因素的分析、预测和优化，寻找新的可盈利的目标客户。

（二）掌握信息

1. 公司目标客户信息

（1）主要决策管理人员的基本情况，如姓名、性别、年龄、文化程度、家庭情况、个人偏好和联系方式等。

（2）生产经营情况、市场占有情况、资金运作情况、目前遇到的问题等。

（3）关联企业的基本情况。

（4）在银行的业务开展情况。

（5）所在行业的历史、现状以及与行业相关的知识。

（6）与其他金融企业的合作情况以及下一步对银行可能的业务需求。

2. 公司目标客户的价值判断

公司目标客户开发价值初步评价如表8-3所示。

表8-3 公司目标客户开发价值初步评价表

评价内容	正（＋）		负（－）	
1. 客户资产规模	大	□	小	□
2. 客户原料供应/产品销售区域	全省或全国	□	本地	□
3. 市场占有量/市场影响	大/知名品牌	□	小/一般产品	□
4. 资金流量	大	□	小	□
5. 其他银行的竞争态势	激烈	□	不感兴趣	□
6. 是否为上市公司	是	□	不是	□
7. 行业情况	发展中或成熟的行业	□	萌芽或衰退的行业	□
8. 目前对银行产品或服务的需求	金融意识强，急需获得银行支持	□	遇到困难时需要银行支持	□
评价说明：按照上述评价内容，如有两项以上得正分，则表明该客户具有开发价值。				

（三）前期沟通

1. 制订拜访计划

银行客户经理对目标客户的信息进行分析，制订客户培育计划，按照计划进行客户培育活动，并能根据实际情况的变化对培育计划进行适当调整。客户开发计划表和客户拜访计划表如表8-4和表8-5所示。

表8-4 客户开发计划表

时间	工作安排		工作进度	
	工作目标	具体策略	计划进度	实际进度
1月份				
2月份				
3月份				
……				

表8-5 客户拜访计划表

客户名称	拜访时间	拜访方式	
		□线上：_____（具体方式）	
		□线下：_____（具体地点）	
客户基本情况			
客户的长处与短处	长处		
	短处		
竞争对手的有关情况	竞争对手一的情况		
	竞争对手二的情况		
拜访目的	□建立联系 □增进感情 □达成初步合作意向 □合作取得明显进展 □收集信息 □了解客户需求 □商讨产品合作 □其他_____		
会谈主题			
客户可能需要的服务			
银行准备提供的产品			
拟向客户介绍哪些情况及提供哪些宣传资料			
需要进一步了解的问题			
拜访开始的策略			
客户可能会提出哪些问题及如何解答	可能提出的问题	回答	
可能出现的异议和处理方法	可能出现的异议	处理方法	
客户合作态度不明确时的策略			
客户拒绝时的策略			
如果是联合拜访，应该再关注以下问题：			
带队客户经理姓名		负责介绍的客户经理	
小组成员及职务			
集体讨论时可能遇到的问题及解决办法			

2. 进行拜访预约

无论是线上拜访还是线下拜访，在拜访前，银行客户经理都要做好拜访预约工作。一般情况下，至少提前3天向客户预约，以给客户留出充分的时间准备，切忌临时仓促预约。在正式拜访的前一天，还要向客户再次确认。

互联网时代，虽然银行客户经理可以通过微信、线上会议等方式实现与客户"面对面"交流，但是隔着屏幕的交流有时候无法真正了解客户最真实的想法，捕捉不到客户细微的表情，无法直观感受客户公司的氛围。这时候线下拜访就显得尤为重要。

同步案例　　拜访预约也需要技巧

银行客户经理："您好，请问是沈总吗？"

客户："我就是，有什么事吗？"

银行客户经理："沈总，您好！不好意思，打扰您了。我是××银行的客户经理，我叫孙莉。请问李真是您的老朋友吗？"

客户："是的，你认识他？"

银行客户经理："他也是我的好朋友，是他介绍我来找您的。他经常向我提起您在事业上取得的成就，说您待人和善，很喜欢交朋友，是位优秀的企业家。"

客户："你过奖了，其实，我也就是个平凡人。"

银行客户经理："您太谦虚了！前一阵子，通过我的介绍，他的公司与我行签订了合作协议，把基本账户转到了我行，成为我行的重点客户。他认为我行具有较强实力，有先进的管理经验和优质的服务。同时，认为我这个银行客户经理也够专业，服务也好。他觉得像您这样优秀的企业家所领导的优秀企业也应该拥有这样的金融服务，就介绍我与您联系。请问您什么时候方便？我想到您的单位去拜访您，不会占用您太多的时间。"

客户："好的，你明天上午9点钟来我办公室吧！"

银行客户经理："好的，谢谢您，我们到时候见。"

问题探索

请说明上述情景中的语言和文字的表述有哪些特点？在拜访预约中使用了什么技巧？技巧的使用起到了什么作用？

分析提示

从银行客户经理服务营销技巧角度回答。

（四）正式接触

1. 拜访客户

银行客户经理运用专业知识和营销技巧，合理使用语言、表情和动作，结合银行的社会形象、产品或服务，分阶段、循序渐进、有步骤地和客户接触交流，与客户建立联系，沟通情感，进而有机会打动客户，争取与客户的合作。拜访结束后，及时填写拜访总结表，总结经验。对重要客户，还要尽快撰写拜访报告，就目标客户的基本情况和应采取的对策提出建议。客户拜访总结，如表8-6所示。

表8-6　客户拜访总结表

被拜访客户名称		我方参加人员	
本次拜访是第几次拜访		对方接见人员	
拟达到的拜访目标		拜访时间	
实际达到的拜访目标			
如未达到拜访目标，请分析主要原因			
拜访启动阶段的主要收获与经验			
进入拜访主题阶段的主要收获与经验			
拜访结束阶段的主要收获与经验			
总结			
收集到的资料清单			
散发了哪些资料，有何效果			
操作、批评与修正			
下一步工作打算			
拜访总结人员及参与人员签字： 　　　　　　　　　　　　　　　年　　月　　日			

2. 需求挖掘

在对公司客户的营销过程中，银行客户经理通过询问了解客户更多的信息，确认客户的金融需求，并能引出与客户商谈的主题。同时，通过倾听，辅以客户需求调查表，深度挖掘客户的金融需求。客户需求调查表如表8-7所示。

表8-7　客户需求调查表

客户名称		联系人	
客户地址		联系方式	
您拟需要哪些银行产品		具体要求（时限、手续、价格）	
□开户　□人民币结算　□国际贸易结算			
□票据承兑　□票据结算　□票据代保管　□转贴现			
□代收代付等中间业务　□为职工代办信用卡			
□外汇买卖　□现金管理			
□流动资金贷款　□固定资产贷款　□中长期项目贷款 □银团贷款　□信用证　□综合授信			
□担保　□保理			
□出口打包贷款　□进口押汇　□出口押汇　□保函业务 □进口信用证　□其他业务			
□发展战略研究　□财务顾问　□筹融资顾问　□咨询服务 □其他顾问服务			
□其他业务（请注明）			
备注：			

3. 方案设计

银行客户经理结合客户的具体情况及其金融需求，对银行产品或服务进行有机组合设计，并将这种组合设计以恰当的方式，如银企合作方案等提交客户，以获得客户的认同。

（1）银企合作方案要做到银行和公司客户双方都能够接受，要把握以下三点：

① 要能满足对方的主要需求或某种特殊需求。

② 要能巧妙地表达本银行的需求。

③ 要学会清楚简要地提出方案或提议。

（2）起草银企合作方案时，要注意以下四点：

① 要全面收集有关信息资料。

② 要认真了解有关客户方面的各种知识。

③ 要运用朴实、准确的语言来写银企合作方案。

④ 格式设计要周到细致、一目了然、规范美观。

（五）促成合作

在客户的培育开发过程中，银行客户经理还需要就银行产品或服务的品种、价格、附加利益等事项与客户进行谈判，通过谈判就上述事项达成一致意见后，双方用协议（合同）的方式把合作内容固定下来。

（六）关系维护

银行与客户一旦达成业务合作协议，双方的合作关系便建立起来，这种关系需要不断培养和维护。银行客户经理针对不同类型的客户，在不同阶段要采取不同的方法和技巧，以满足客户不断变化的金融需求，建立忠诚和终身的客户关系。

二、银行个人业务营销

银行个人业务营销流程如图8-20所示。

寻找客户 → 掌握信息 → 前期沟通 → 正式接触 → 促成合作 → 客户维护

图 8-20　银行个人业务营销流程

（一）寻找客户

1. 个人目标客户应具备的条件

银行在进行个人业务营销时，应选择营销费用低、信用记录好、价值大、忠诚度高，能够给银行带来稳定收益的个人目标客户。

2. 寻找个人目标客户的来源

（1）银行客户经理已有的人际关系。如父母、亲戚和朋友等。

（2）银行客户经理的同缘人群关系。① 银行客户经理的同学、同乡、同事、同好和同邻等关系；② 银行客户经理的亲缘、业缘、地缘、物缘和志缘等关系。

（3）银行既有客户的推荐。

（4）直接接触拜访等。

（5）银行通过数据挖掘技术，对既有客户的深度挖掘。

（二）掌握信息

1. 个人目标客户信息

（1）基本资料。如姓名、性别、年龄、家庭住址、联系电话和籍贯等。

（2）教育情况。

（3）家庭情况。如婚姻情况、配偶或子女的基本情况等。

（4）事业情况。如职业经历、所在公司名称、客户的职位和工作情况等。

（5）社交情况。如客户的社交圈子等。

（6）性格、爱好和修养等。

2. 银行和产品（服务）的信息

（1）银行的信息。银行客户经理要熟悉本银行的发展历史、经营规模、经营方针、营销策略和企业文化等。

（2）银行产品（服务）的信息。银行客户经理不仅要了解基本的银行产品和服务的知识，还要了解与之相关的其他金融产品知识，如股票、债券、证券投资基金与衍生工具等。

（3）预售产品（服务）的信息。在每次销售前，银行客户经理必须对本次所要销售的银行产品或服务有一个深入的了解，掌握产品或服务的功能、特色和收益情况，与同类产品的比较等。

（三）前期沟通

1. 制定拜访计划

在目标客户确定后，银行客户经理要根据掌握的客户信息，有针对性地制定拜访计划，具体可以参考银行客户经理服务营销技巧的相关内容。此外，还要做好意外情况的分析，力争在营销前能够做到事半功倍，为成功营销打下基础。

2. 进行拜访预约

无论是线上拜访还是线下拜访，每次拜访前，银行客户经理都需要通过电话、短信等方式与目标客户进行提前预约，具体可以参考银行客户经理服务营销技巧的相关内容。

（四）正式接触

1. 做好准备工作

如果是线上拜访，拜访前要准备好相关问题，并根据问题的逻辑进行排序。如果是线下拜访，要准备好产品资料、名片、记录本等相关物品和工具。具体可以参考银行客户经理服务营销技巧的相关内容。同时，还要检视自己的仪表，以确保穿着得当、举止得体，充满自信地拜访客户。

2. 进行正式接触

在正式接触的过程中，银行客户经理通过技巧询问、认真倾听和巧妙回答，取得客户的认可，在恰当的时机，将客户逐渐引向与银行产品或服务相关的话题上，开展服务营销工作。银行客户经理个人业务营销的内容如图8-21所示。

```
对银行产品或服务     →  银行客户经理不需要花费太多的精力就可以完成
感兴趣的客户            交易

对银行产品或服务     →  银行客户经理需要运用一定的营销技巧去发现客户
较感兴趣的客户          的金融需求，积极引导，以促成交易

对银行产品或服务     →  银行客户经理需要花费较多的时间和精力积极争取，
不感兴趣的客户          以加深客户对银行产品或服务的认识和了解，为接
                       下来的营销工作打下基础
```

图8-21　银行客户经理个人业务营销的内容

影响银行个人客户金融需求实现的因素如图8-22所示。

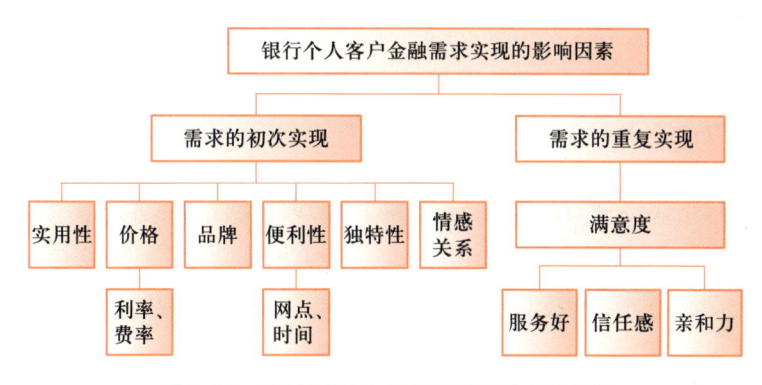

```
              银行个人客户金融需求实现的影响因素
                          │
              ┌───────────┴───────────┐
          需求的初次实现              需求的重复实现
    ┌──┬──┬──┬──┬──┐                 │
   实用 价格 品牌 便利 独特 情感             满意度
   性        性   性  关系        ┌────┼────┐
        │       │                服务好 信任感 亲和力
      利率、   网点、
      费率     时间
```

图8-22　影响银行个人客户金融需求实现的因素

客户经理要通过各种方法和渠道加强对个人客户金融需求的调研，以期有针对性地对客户开展服务营销工作。

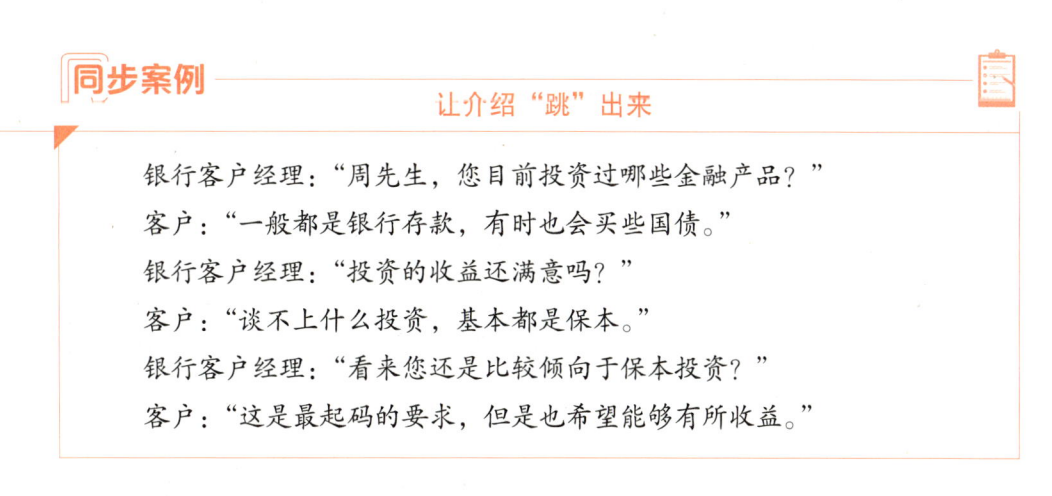

同步案例

让介绍"跳"出来

银行客户经理："周先生，您目前投资过哪些金融产品？"

客户："一般都是银行存款，有时也会买些国债。"

银行客户经理："投资的收益还满意吗？"

客户："谈不上什么投资，基本都是保本。"

银行客户经理："看来您还是比较倾向于保本投资？"

客户："这是最起码的要求，但是也希望能够有所收益。"

> 银行客户经理:"这么说您还想投资一些高收益的金融产品?"
> 客户:"闲散资金放着也是放着,如果有好的收益,谁不想呢?"
> 银行客户经理:"那您怎么没有投资一些收益性较高的金融产品呢?"
> 客户:"主要是平时太忙了,现在股市也不景气,也不知道哪些产品好。"
> 银行客户经理:"是啊,投资有风险,但是各种投资的风险是不同的,如果我帮您推荐一款和股市关联性不大的金融产品,您能接受吗?"
> 客户:"是吗?收益率怎么样?"
> ……
>
> **问题探索**
> 请说明银行客户经理在与客户商谈的过程中运用了哪些技巧?与客户交流时,银行客户经理应注意哪些问题?
>
> **分析提示**
> 从银行客户经理个人业务营销技巧角度分析。

(五)促成合作

在与客户正式接触的过程中,银行客户经理要及时关注客户情绪的变化,把握成交时机,捕捉客户在语言、行为和表情等方面表露出来的成交信号,灵活运用各种促成交易的方法和技巧对客户加以引导,以成功实现销售。

(六)客户维护

银行客户经理通过经常性地沟通,不断了解客户对银行产品或服务的使用情况,及时掌握和开发客户的金融需求,进而有针对性地向客户提供新的产品或服务信息。当然,还要重视客户的投诉和抱怨,积极应对,化解矛盾,以建立一种长期、稳定的客户关系。

调查研究

市场调研:撰写一份大学生市场银行产品或服务需求调研报告

活动要求:以小组为单位,利用课余时间,针对所在地区的大学生,调查他们对银行产品或服务的需求,完成一份不少于1 500字的大学生市场银行产品或服务需求调研报告。

活动组织与步骤：

（1）组织设计：以小组为单位，指定1名学生负责录像，1名学生负责记录，1名学生担任评委，负责点评打分，组长主持调研并全程把控。

（2）前期准备：编写调研方案，确定调研渠道和调研对象——将所在地区大学生群体作为调研对象，在此基础上选取典型代表作为具体调研对象，构建指标体系，并据此设计调查问卷。

（3）实施调研：通过调研获取相关数据。

（4）撰写报告：整理分析调查数据，研讨形成调研结论，撰写调研报告。

（5）汇报形式：课上组长汇报，小组其他成员可以补充，汇报时间不超过5分钟。

（6）学生点评：评委根据组长的汇报情况和提交的调研报告，点评并给出小组成绩，汇总后取均值。

（7）成绩评定：教师点评并给出小组成绩，加总后一并计入小组成绩。

（8）成果展示：提交的调研报告由教师存档，并作为课堂学习成果予以展示；如有必要，可以将调研报告向相关商业银行反馈。

思考与练习

一、单选题

1. 在银行营业网点内，以流动形式，采用主动引导方式来分流客户，为客户提供咨询指引、金融服务并进行营销宣传的银行工作人员是（　　）。

　　A. 银行客户经理　　　　　　B. 银行大堂经理
　　C. 银行柜员　　　　　　　　D. 银行理财经理

2. 银行理财经理在向现有优质客户介绍产品时，下列选项错误的是（　　）。

　　A. 可以用比拟的方式将产品的特性转化为客户的利益，增强说服力
　　B. 要能说清银行产品能给客户带来的利益，这种利益无须是具体的、明确的
　　C. 可以用对比的方式进行综合分析，让客户能够直观感受其付出是否值得
　　D. 要避免空洞的形容，要将产品给客户带来的利益直观表示出来

二、多选题

1. 下列选项符合银行客户选择标准的有（　　　　）。
   A. 客户是否有金融需求
   B. 客户是否有购买能力
   C. 客户是否符合本银行优良客户条件
   D. 客户是否有购买权
   E. 客户是否能为本银行创造价值（利润）
2. 银行柜员在办理业务时，可以把握的营销时机主要有（　　　　）。
   A. 国债发行已经结束
   B. 客户账户有大额的活期存款
   C. 客户提取大笔的资金或定期转存
   D. 客户抱怨存款利息较低时
   E. 客户观看宣传资料、主动询问时

三、判断题

1. 银行客户经理在与客户确定好拜访时间后，拜访前无须进行再次确认。（　　）
2. 在与客户签订完合作协议后，银行客户经理的服务营销工作就结束了。（　　）

四、名词解释题

银行客户经理　封闭式询问

五、简答题

1. 在开展公司业务服务营销时应掌握目标客户的哪些信息？
2. 寻找个人目标客户有哪些来源？

— 技 能 训 练 —

当前，人工智能技术已经广泛应用到金融领域，如人脸识别、智能客服、无人柜台、智能投顾等。除此之外，还能看到机器人实体。银行中常见的机器人有两种：一种是巡检机器人，通过在机房、服务器等核心区域投放巡检机器人，可以及时发现并防范风险；另一种是投放在网点的机器人。投放在网点的机器人可以欢迎客户并与客户互动，解答客户的一些基础问题并不断智能更新自己的知识库，以减少银行大堂经理的压力，还能够达到营销的效果，让客户产生新奇的感觉。

问题探索：现阶段，人工智能能否取代银行人工服务？

能 力 自 评

一、专业能力自评

专业能力自评表

	能/否	任 务 名 称
通过学习本章，你		了解/熟悉/解释银行营销人员的构成
		了解/熟悉/解释银行客户经理、大堂经理、柜员和理财经理的岗位职责
		了解/熟悉/解释银行客户经理、大堂经理、柜员和理财经理的绩效考核
		了解/熟悉/掌握银行客户经理、大堂经理、柜员和理财经理的服务营销技巧
		了解/熟悉/掌握银行公司业务营销流程
		了解/熟悉/掌握银行个人业务营销流程
		会以银行客户经理、大堂经理、柜员和理财经理的身份，恰当地运用营销技巧开展服务营销工作

注："能/否"栏填"能了解/熟悉（理解）/掌握（解释、分析、辨析）/培养"或"否"。

二、核心能力自评

核心能力自评表

	核 心 能 力	是 否 提 高
通过学习本章，你的	信息获取能力	
	口头表达能力	
	书面表达能力	
	与人沟通能力	
	解决问题能力	
	团队合作精神	
自评人（签名）： 年 月 日		教师（签名）： 年 月 日

注："是否提高"一栏可填写"明显提高""有所提高""没有提高"。

三、职业素养评价

职业素养评价表

	职业素养内容	分值	自我评价	小组评价	教师评价	综合评价
通过本章学习，你的	主动服务意识	20				
	良好职业心态	20				
	甘于奉献精神	20				
	高度的责任感	20				
	积极担当作为	20				
	合计	100				

存在的不足和努力方向：

自评人（签名）：

年　月　日

第九章

证券服务营销

学习目标

素养目标
1. 规范习惯养成,培养合规意识,强化法纪意识;
2. 具备行业职业持证上岗能力。

知识目标
1. 了解证券公司客户经理的岗位职责、管理形式和绩效考核指标;
2. 理解证券类产品的特点;
3. 理解证券经纪业务营销的内涵;
4. 熟悉并掌握证券经纪业务客户开发和客户服务的方式与流程。

技能目标
1. 能够根据客户的特点,为客户提供证券产品或服务的投资咨询;
2. 能够根据证券经纪业务营销渠道的特点,有效筛选目标客户;
3. 能够运用沟通技巧,与客户进行良好的沟通,处理客户异议,促成交易;
4. 能够运用客户服务技巧,为客户提供优质服务。

金融服务营销

思维导图

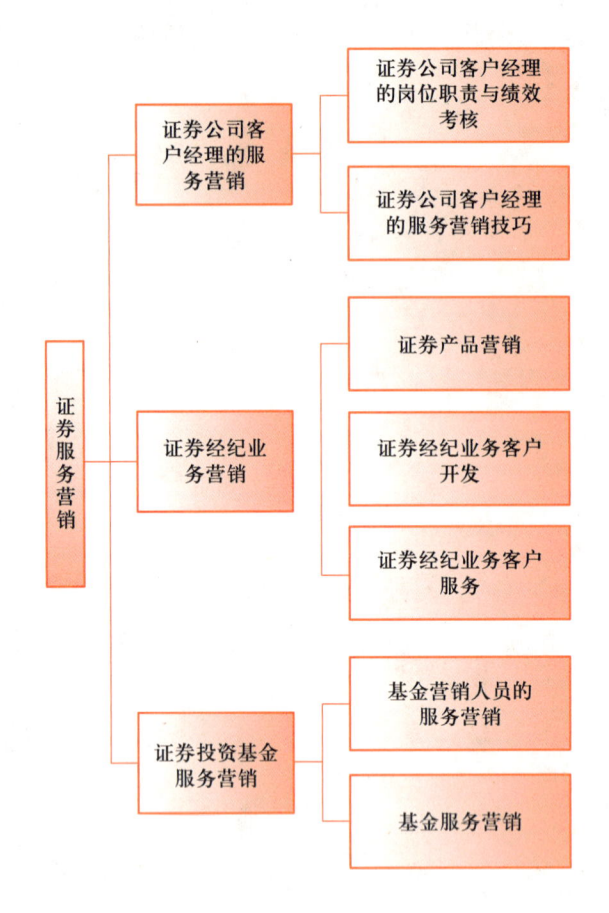

```
证券服务营销
├── 证券公司客户经理的服务营销
│   ├── 证券公司客户经理的岗位职责与绩效考核
│   └── 证券公司客户经理的服务营销技巧
├── 证券经纪业务营销
│   ├── 证券产品营销
│   ├── 证券经纪业务客户开发
│   └── 证券经纪业务客户服务
└── 证券投资基金服务营销
    ├── 基金营销人员的服务营销
    └── 基金服务营销
```

引导案例　证券公司客户经理的职业发展规划

在证券公司营业部,证券公司客户经理正在向一名刚入职两周的实习生介绍证券公司客户经理的工作要求和职业发展规划。

实习生:经理您好,很幸运能在咱们证券公司实习。可是我刚来,有很多地方都不懂,想获得您的指导,不知您是否方便?

证券公司客户经理:你想了解什么呢?

实习生:我想了解一下证券公司客户经理的收入,以及证券公司客户经理未来会有哪些发展?

证券公司客户经理:证券公司客户经理的收入特点就是低底薪+高佣金,对于只为了找一份稳定工作的人并不适合,低底薪一般是指社会的最低工资。所以,我们努力工作的目的是高佣金,这就需要我们前期付出艰辛的努力来开发和积累客户。

实习生:证券公司客户经理未来会有哪些发展呢?

证券公司客户经理:从业初期,要从只负责客户开发的开发型证券公司客户经理做起,其特点是底薪低、提成高;工作一段时间可以转做只提供客户服务的服务型证券公司客户经理,收入会比较稳定;经过较长时间的学习与实践,可能发展成为全面型证券公司客户经理,不仅能够开发新客户,而且能够为客户提供良好的服务,从而获得较高的收入和客户的尊重。

实习生:哦,我明白了。今天听了您的介绍,我对今后的工作充满了信心,谢谢您的指点。我还有一个问题,证券公司客户经理在工作中有哪些要求呢?

证券公司客户经理:要想成为一名优秀的证券公司客户经理,需要广泛而有层次的知识结构,包括专业知识、与证券投资相关的背景知识和证券公司的基本情况等;同时具备良好的沟通能力和团队合作能力等。总的来说,一名优秀的证券公司客户经理需要具备良好的客户开发和服务能力。

实习生:听您这么一说,做一名优秀的证券公司客户经理还是挺难的。

证券公司客户经理:是的,成为一名优秀的证券公司客户经理需要不断努力,提高自己。

实习生:好的,我会尽力的。谢谢您的精心指导!

> **引例分析**
>
> 作为一名新时代的大学生，要做到自信、自立、自强。做好金融服务工作，成为一名优秀的证券公司客户经理应具备良好的客户开发和服务能力。既需要广博而有层次的知识结构，又需要具备良好的沟通能力和团队合作能力。证券公司客户经理的工作是一项具有挑战性的工作，要始终怀有强烈的事业心和高度的责任感，用心服务客户，收获信任与尊重。

第一节　证券公司客户经理的服务营销

一、证券公司客户经理的岗位职责与绩效考核

根据《中华人民共和国证券法》《证券基金经营机构董事、监事、高级管理人员及从业人员监督管理办法》(证监会令〔第195号〕)，证券从业人员管理已由事前资格准入改为事后登记。为顺应证券从业人员管理新形势、新要求，中国证券业协会于2022年7月发布实施《证券行业专业人员水平评价测试实施细则》，将证券从业资格考试调整为非准入型的专业能力水平评价测试。水平评价测试是为证券行业机构提供考量人员专业能力的依据之一，不是从业人员从事证券业务的前提条件，其成绩不是执业的"入场券"。

广博的知识结构是提升证券公司客户经理自我修养、沟通能力和应变能力的基础。所以，要想做名成功的证券公司客户经理，就要不断拓宽和深化自己知识结构的广度和深度。包括证券专业知识、与证券投资相关的背景知识和证券公司的基本情况等。

（一）证券公司客户经理的岗位职责

1. 具有客户开发能力

证券公司客户经理应具有客户开发能力，合法、合规地开展金融服务营销工作。在拓展市场、开发客户时，应向客户提供真实、可靠、清楚的信息，不能有任何不实之词和虚假行为，并妥善保管客户信息、投资建议书等重要原始档案。

2. 掌握投资分析技巧

证券公司客户经理应认真开好晨会与投资分析会议，掌握投资分析技巧，提高业务技能。定期进行业务分析，找出问题和差距，提出改进意见和措施，确保考核指标的圆满完成。

3. 具有一定的客户服务和咨询能力

证券公司客户经理应具有一定的客户服务和咨询能力，能够为客户提供投资理财方案。接待客户热情主动，考虑问题周到细致，为客户着想；回答客户问题应有耐心，尽量给予答复；回答他人问题时，多用简练明确、通俗易懂的普通话语言，避免使用对方不懂的专业术语；不能答复的问题要做好解释工作。

课堂讨论

> 有些客户在进行证券投资时，总是认为证券公司客户经理更加专业，可以使自己的投资收益更高，所以会提出要求，希望证券公司客户经理为他们推荐买卖股票的时机，甚至让证券公司客户经理为他们直接进行股票交易操作。
>
> 证券公司客户经理能否这样做？在进行证券经纪业务营销时，证券公司客户经理怎样才能做到规范营销？

（二）证券公司客户经理的绩效考核

1. 证券公司客户经理的管理形式

证券公司营业部对证券公司客户经理的管理一般采取团队的形式，证券公司营业部与营销团队签订任务书，下达具体的任务指标。营销团队负责人一般称为团队长、区域经理等，负责制定营销团队的具体渠道营销计划与措施，进行证券公司客户经理业务培训，组织各类营销活动等。

2. 证券公司客户经理的绩效考核指标

证券公司客户经理的绩效考核指标通常包括：考核期新增的有效客户数、新增客户资产、金融产品销售、净佣金收入、累计客户资产、日常管理等。各证券公司营业部可以根据业务发展需要，调整考核指标及各项指标的权重。

3. 证券公司客户经理的薪资待遇

通常，证券公司客户经理的收入由底薪、佣金提成和开户奖励等构成。开户奖励是指证券公司客户经理每开发一位有效客户，即可获得的奖励报酬。根据证券公司客户经理的级别不同，底薪和提成比例不同，证券公司客户经理的级别越高，底薪和提成比例就越高。

二、证券公司客户经理的服务营销技巧

证券公司客户经理的服务营销活动总体上分为客户开发和客户维护两个方面。客户开发可以细分为寻找目标客户、客户沟通、促成交易三个环节。客户开发是一个不断发现、筛选和培育客户的过程。客户维护体现为客户服务。客户服务的完成质量在很大程度上决定了证券公司客户经理的未来发展空间。证券公司的客户服务主要是为客户提供投资咨询服务。因此，证券公司客户经理的服务营销技巧可以细分为寻找目标客户、客户沟通、促成交易和客户服务等服务营销技巧。

（一）寻找目标客户的服务营销技巧

1. 多渠道获取目标客户

证券公司客户经理可以通过多种渠道获取目标客户。如现有客户的再开发、转介绍，通过网络搜寻、借助行业协会以及利用专业信息公司的资源等。证券公司客户经理还应充分发掘自己的人脉关系，与尽可能多的人建立联系，如同事、朋友、同乡等，储备客户资源。

2. 有效筛选目标客户

合格的目标客户需要进行筛选，一般来说，优质的证券公司目标客户具有认同证券投资、经济比较宽裕、理财观念很强等特征。

3. 定期与目标客户保持联系

不论是偶然接触的朋友还是经常接触的朋友，证券公司客户经理都应通过各种沟通方式与他们保持密切联系，适时为目标客户解决工作、生活中的问题，争取到目标客户的关系网，以获取更多的目标客户群体。

（二）客户沟通的技巧

沟通的要素是"说话"+"聆听"+"提问"。成功的证券公司客户经理要鼓励客户尽可能地参与到沟通中，客户参与程度越高，证券公司客户经理就越可能了解客户需求，并针对客户需求，提出解决方案，实现营销目标。

1. 说话的技巧

说话时，要塑造声音的美感，要控制语音、语调，既要生动活泼，又要清楚亲切，这样听起来更具说服力和亲和力。要充分运用赞美，赞美是一种非常有效的说话方式，如果赞美得当，客户通常都会表示友好，并乐意交流。

2. 聆听的技巧

聆听是人与人交流沟通的渠道和桥梁。倾听要全神贯注，专心地听，不要想任何其他事情，也不要怀着某种企图。要做到眼到、心到，眼睛注视着对方，不断点头回应对方，但是不要插话、抢话。在聆听的同时，证券公司客户经理还要注意观察。如谈话者的表情，兴奋还是沮丧；身体的姿势，紧张还是放松，以及传递语言以外的其他信息。证券公司客户经理若将表述者的言与行结合在一起做分析，将有助于理解其真实想法，为成功助力。

3. 提问的技巧

几乎所有的沟通都是通过提问的方式来了解客户的，在所有经验技巧中，了解客户并能挖掘明确需求的提问技巧在与客户的交流中是至关重要的，一般来说，提问的形式分为开放式、封闭式和选择式三种。

（1）开放式提问。由于开放式提问没有固定的答案，所以，运用时要有针对性，先要确定想了解客户哪方面的情况，然后再有针对性地提出问题。开放式的提问方式，并非越开放越好，否则客户会不知从何说起。所以，在提出开放式的问题时，证券公司客户经理一定要有所预期，使客户不需要经过太多的思考就能回答出来。如"目前您的投资渠道如何？有哪些问题需要解决？"

（2）封闭式提问。由于封闭式提问给出了问题的具体答案供客户选择，所以需要注意的是，使用封闭式问句让客户做决定，在设计答案时，无论客户选择哪个答案，应是证券公司客户经理所期望的。如证券公司客户经理问客户："先生，您是开A股账户还是B股账户？"无论客户选择开A股账户还是开B股账户，都是证券公司客户经理希望得到的答案。

（3）选择式提问。选择式提问是针对某个具体问题，询问客户"是还是不是""对还是不对"等。证券公司客户经理使用选择式问题进行提问，可以获得客户的肯定回答。如证券公司客户经理问客户："您还是非常需要投资理财的，是不是啊？""我们现在就去开户，您看好吗？"

（三）促成交易的技巧

1. 利益打动客户

客户非常关注产品带来的利益。所以在向客户营销产品时，证券公司客户经理要突出营销"利益"，反复说明进行证券投资是给客户提供资产增值的机会，从而引起客户的兴趣，让洽谈能够顺利进行下去。

2. 态度感染客户

与客户进行有效沟通并非易事，一定要做好心理准备。证券公司客户经理要始终保持积极乐观的态度，要充满激情与活力，要在客户面前展示自己博大的胸怀和坚定的态度，客户可以拒绝你的产品或服务，但是他不能拒绝你这个朋友。

3. 情感感动客户

客户不仅比较你的产品，更会考察你的人品，所以要学会用情感去感动客户。证券公司客户经理通过电话、微信等多种方式与客户保持密切联系，加强沟通交流，要让客户先成为朋友，然后再谈合作。

4. 行动说服客户

证券公司客户经理不光要感动客户，更要积极行动，善于为客户着想。可以利用专业知识帮助客户把握投资机会，最终得到客户认可，并购买产品或服务。

5. 用心成就客户

作为一名证券公司客户经理，最重要的还是要真正用心，要真心付出、用心思考、善于总结，真诚为客户服务，能够站在客户的角度思考问题，服务客户、成就客户，最终成就自己。

（四）客户服务的技巧

1. 迅速响应客户的需求

优质服务的一个重要环节就是能迅速响应客户的需求，在第一时间对客户的需求做出反应，寻找最佳方法满足客户的需求，对于无法满足的需求，应向客户阐明原因，并尽量取得客户的谅解。

2. 加强客户交流

有的客户经常在交易时间内做其他事情，缺少足够的时间和精力关注和研究股票，因此也就不知道该如何操作股票。通过客户交流、互相切磋、共同提高，可以使客户的注意力集中在股票交易上。

3. 始终以客户为中心

始终以客户为中心应是一种具体的实际行动和带给客户的一种感受，如真诚地向客户表示歉意，主动地帮助客户解决问题，在客户生日时主动寄上一张贺卡或打电话、发信息问候等。

4. 持续提供优质服务

对证券公司来说，只有坚持不懈、持之以恒地为客户提供优质服务，才能获得客户的信任，进而培养证券公司和证券公司客户经理的忠诚客户。

5. 提供个性化服务

每位客户的需求是不同的，如果证券公司客户经理能让客户得到与众不同的服务和格外的尊重，能够推动营销工作更加顺利地开展。如为投资经验缺乏的客户及时有效地发送持仓股票的相关信息和理财建议等。

第二节 证券经纪业务营销

我国的证券经纪业务是指证券公司接受客户委托,代理其在证券交易所买卖证券的有关业务。在证券经纪业务营销过程中,证券公司提供的经纪业务服务和客户进行证券类金融产品投资是密不可分的,因此,证券经纪业务营销是指以证券类金融产品为载体的金融服务营销。

一、证券产品营销

证券产品营销流程如图9-1所示。

(一)了解证券产品

证券类金融产品是指股票、债券、基金等有价证券及金融衍生工具等,还包括基于上述金融工具设计的投资产品组合,如集合理财计划等。证券类金融产品的特点如表9-1所示。证券类金融服务包括证券公司提供的各类业务服务,如经纪业务服务、投资咨询服务、理财顾问服务等,也包括基于上述服务派生的服务产品组合。

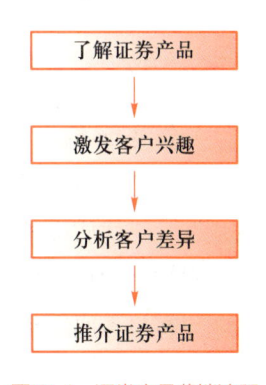

图9-1 证券产品营销流程

表9-1 证券类金融产品的特点

特点	含义	表现形式	提示
收益性	收益性是指证券类金融产品或服务可以为证券产品的持有人或服务的消费者带来一定的收益	如持有股票的收益主要来源于股息收入、红利或者二级市场买卖股票的资本利得;债券的收益主要来源于利息收入和债券转让的价差收入等	不同证券产品的收益率不同。一般来说,股票的收益率高于基金,而基金的收益率高于债券
风险性	风险性是指投资者购买证券类金融产品面临着预期收益不能实现,甚至亏损的可能性	如投资者购买股票的盈亏,不但取决于股份公司的盈利情况,还受到宏观经济状况、政治局势等多种因素的影响,如果股票价格下跌,投资者将遭受损失	证券产品的风险性和收益性是并存的。通常情况下,风险与收益成正比
流通性	流通性是指证券产品能够即时兑付或者变现的特性	如通过到期兑付、承兑、贴现、转让等方式实现	不同证券产品的流通性不同

（二）激发客户兴趣

如何激发客户兴趣是营销时需要首先考虑的问题。为了引起客户的兴趣，许多成功的证券公司客户经理都使用一种类似于报纸为吸引读者阅读而采用的标题技巧，标题就是问一个概括性的问题或是一句说明，其唯一的目的就是激发客户的兴趣。如"你是否听说过证券行业中引进了一项新的令人振奋的服务？"在听到这个标题性的题目后，潜在客户已经开始准备听详细介绍了。

激发客户兴趣要想取得好的效果，应该注意不要使用太具体的产品介绍，因为证券公司客户经理尚未了解客户的真正需求，所以，证券公司客户经理要至少准备三个让人觉得舒服的题目，并先在自己的同伴、家人和朋友中进行试验，看是否有效地激起了他们的兴趣，再推而广之，应用到证券产品营销中。

（三）分析客户差异

开发客户之前，证券公司客户经理要善于察言观色和分析研究，对客户的差异进行了解，对客户进行类型分析，从而选出较合适的对策。然后进行有针对性地开发，以优质服务扩大优势，缩小劣势。

根据客户的风险偏好，可将客户分为保守型、稳健型和积极型。一般来说，保守型客户不愿意承担风险，积极型客户追逐风险，而稳健型客户愿意承受一定的风险。证券公司及其客户经理应当通过各种方式对客户风险承受能力进行调查，并以此作为参考依据，为客户提供建议和服务，在保证客户利益最大化的同时更有效地降低营销风险。

根据客户资产或者客户净收入可以将客户划分为大客户和小客户。通常，对大客户要有策略地集中优势资源进行针对性服务，提供一些特色服务。而对小客户则进行标准化服务，但是也要充分重视小客户的成长，并有选择地免费为小客户提供超值服务。

（四）推介证券产品

在营销证券产品时，证券公司客户经理只有在明确客户尚未满足的需求和已经满足的需求后，才能提出解决问题或满足客户需求的方法。证券产品营销要想取得成功通常需要注意以下三个方面：

1. 保持简短扼要

推荐证券产品时要尽可能清楚、简洁地表达证券公司客户经理的思想，尽可能避免使用一些行业术语。通常情况下，客户听不懂也不会主动告诉证券公司客户经理，而客户一般不会购买他们不了解的产品。同时需要注意，滔滔不绝并非销售，证券公司客户经理要用最简要、清晰、易懂的语言与客户沟通。

2. 运用视觉材料

运用视觉材料有助于证券公司客户经理清楚明了地展示产品或服务，有助于客户形象地了解所能得到的好处。如果证券公司客户经理把这些视觉材料放在一个活页夹中，就必须熟悉它们摆放的次序，这样才能很快找到拜访客户需要的资料。

3. 列举成功案例

成功案例是指向客户介绍那些已经成功使用证券公司的产品或服务来满足客户需求的案例，这些案例除了能使证券公司客户经理所作的介绍更加生动外，还能帮助客户清晰地了解证券公司的产品或服务给客户带来的好处，同时有助于证券公司在客户中树立良好信誉。

活动设计

角色扮演：推介证券产品技巧

活动要求：以小组为单位，利用课上约40分钟的时间，针对所给活动资料，任选一种情形，按照证券产品营销流程、证券公司客户经理服务营销技巧，设计证券公司客户经理与客户的情景对话，模拟演练证券产品推介技巧。

活动资料：客户可能提出的问题：

情形1：股票投资风险那么大，我亏了怎么办？

情形2：买债券会亏吗？我应该怎样选择债券呢？

情形3：我应该怎样挑选基金产品呢？

活动组织与步骤：

（1）组织设计：以小组为单位，指定1名学生负责录像，1名学生负责记录，1名学生担任评委，负责点评打分，教师主持模拟演练并全程把控。

（2）演练形式：组长全程负责。每组任选一种情形，通过研讨完成情景对话设计，选出两名学生，分别扮演客户和证券公司客户经理，在课堂进行证券产品推介模拟演练，演练时间不超过5分钟。

（3）学生点评：评委根据模拟演练情况，点评并给出小组成绩，汇总后取均值。

（4）成绩评定：教师点评并给出小组成绩，加总后一并计入小组课堂成绩。

（5）成果展示：演练录像和记录由教师存档，并作为课堂学习成果予以展示。

二、证券经纪业务客户开发

证券经纪业务客户开发流程如图9-2所示。

(一) 寻找目标客户

根据客户与证券公司客户经理的关系来划分，客户可以分为三种主要类型：直接关系型、间接关系型和陌生关系型。针对这三种不同类型的客户群，证券公司客户经理常用的寻找目标客户的方法有缘故法、介绍法和陌生拜访法等，详见第六章。这里，主要介绍陌生拜访法。

图9-2 证券经纪业务客户开发流程

1. 拜访前的准备

在和对方接触之前最好能和对方事先打好招呼，如果对方事先和证券公司客户经理通过电话联系了好多次，那么见面自然就会无形地拉近距离。

(1) 从心态上准备，做陌生拜访，一定不能有太多的顾忌。做之前不要想太多，要明白被客户拒绝是正常的，因此，要懂得控制情绪，保持心态平和。

(2) 服饰的准备，要根据交流的地方以及时间做出必要的调整，以有利于处于最好的状态。

(3) 工具的准备，名片、笔、计算机、公司资料册、做演示用的产品、记事本等。

2. 正式约见

可以通过电话、微信、电子邮件等方式约见，最为常见的是电话约见。在电话约见过程中，不要多说，简要说明拜访的目的和约见的时间、地点，希望对方予以同意，并表示感谢。

3. 拜访客户

在拜访客户时，要想顺利达到接近客户的目的，必须要缓解对方的紧张情绪。开始时，可以寒暄一下，然后通过话题切入主题。如对方是一位有经验的证券投资者，证券公司客户经理可以使用专业术语交流一些股票投资的成功经验。做陌生拜访一定要带有目的性，通常确定两个拜访目标：一是交朋友；二是客户开发。开发被拜访者成为客户是最高目的，而最低目的则是储备朋友资源。

(二) 客户沟通

客户沟通是证券公司客户经理在进行客户开发过程中的重要环节，沟通过程中，证券公司客户经理通过传播媒介将相关信息传递给客户，并引起客户的反馈，有效沟通最终使客户购买产品或接受服务。

1. 正确运用营销话术

对于从事证券经纪业务的证券公司客户经理，特别是刚入行的证券公司客户经理在开展营销工作时非常有效的营销工具就是运用营销话术。通过营销话术，证券公司客户经理可以迅速展开与客户的沟通，把握话题主动权，从而提高客户的认可度，实现有效沟通。但是同时要注意，营销话术要因时间而异、因人而异，不同的人有不同的乐于接受的方式，所以在进行证券营销时，证券公司客户经理要想使自己被别人接受，达到营销的目的，就必须先了解对方乐于接受什么样的方式。针对不同类型的客户，采取不同的话术。如针对套牢的客户的营销话术为："您的股票被深度套牢了吗？为您服务的客户经理给您指导过吗？现在就让我们探讨一下投资的方法，其中一个方法就是当买错股票时，在损失最小的时候止损，把风险降到最低，也就是说，宁愿卖错，也不愿意套牢。而买了好股票时也要给自己定一个赢利点，在达到自己的目标时可以适当提高自己的赢利点，但是当股票价格到一定高位时必须果断卖出，这样就可以保证不会被套牢了。"

2. 巧妙处理客户拒绝

在沟通中，如果遇到客户有异议，提出反对意见或拒绝，此时，证券公司客户经理要做到认真倾听。在倾听的同时可以适当地询问，如果客户的反对意见不太具体，证券公司客户经理可以对客户进行进一步询问。这种方法可以有效地避免和客户发生争执，其实质是证券公司客户经理不回答问题，而是提出问题，这样就可以让客户回答他自己提出的反对意见。如客户拒绝的原因是"我没时间炒股"，证券公司客户经理可以采用的营销话术为："我们营业部针对您这样的情况，推出'一对一'服务，有专业投资顾问对您的股票进行实时跟踪，为您及时报送股市情况。"

（三）促成交易

促成交易是指证券公司客户经理与客户进行充分沟通后达成共识，认同并购买证券公司客户经理推荐的证券类金融产品或服务的过程。在经纪业务营销中，促成交易的表现形式为：客户选择该证券公司作为其证券交易的经纪商并接受证券公司的服务。当客户已经认同证券公司客户经理提供的产品能够满足需求时，证券公司客户经理要不失时机地采用各种办法促成交易。经常使用的促成交易的营销话术如表9-2所示。

表9-2 促成交易的营销话术

促成方法	使用场合	营销话术
直接促成法	这种方法一般用于客户的购买意向非常明显，使用简单的陈述或提问，直接要求对方开户或转户	陈先生，如果没有其他问题，我就帮您开户了
假设促成法	这种促成技巧用得比较多，就是事先假设对方已经同意，然后直接询问开户后的相关细节问题	李先生，您开户后，就可以立刻享受到我们公司的证券行情咨询、每日盘中实时咨询等优质服务，您看什么时候为您开户呢
选择促成法	提供可选择的答案让客户进行选择，但是无论客户选择哪个答案，都同意购买产品或服务	吴女士，既然您已经认可我们的服务，您看是星期四还是星期五转户好呢
以退为进促成法	在与客户沟通时，证券公司客户经理先作一小步退让，再将服务条件进行调整，并立即进行促成	彭小姐，如果您不需要我们公司提供的智能投资工具，您的佣金可以再降低，您看选择哪种方式呢
悬念促成法	证券公司客户经理故意说一些没有把握的情况，让客户担心，促使客户下定决心开户或转户	谢先生，营业部的佣金随时都会上调，如果您现在开户的话，佣金还是0.8‰，但是如果您现在不马上决定的话，我就不能保证在您想开户的时候还是现在的标准了
对比促成法	通过对比不同时期、不同前提条件下客户享受的服务及价格，促使客户选择目前对他更有利的方式	徐先生，去年我们营业部客户开户的佣金是1‰，而目前我们营业部的佣金仅为0.8‰，您现在来开户多划算啊，您什么时候有时间来营业部办手续呢

活动设计

角色扮演：证券客户开发技巧

活动要求：以小组为单位，利用课上约40分钟的时间，针对所给活动资料，任选一种情形，按照证券经纪业务客户开发流程、技巧，设计客户经理与客户的情景对话，模拟演练证券客户开发技巧。

活动资料：××证券公司周末举办投资者大讲堂，主要内容由财富中心投资顾问×××主讲"解套只需10分钟"以及"周期性板块的投资机会"，证券公司客户经理通过电话邀约潜在客户。下面分别是客户回答的四种情形：

情形1：好的，我考虑下。

情形2：这周末没有时间。

情形3：不需要。

情形4：我不做股票。

活动组织与步骤：

（1）组织设计：以小组为单位，指定1名学生负责录像，1名学生负责记录，1名学生担任评委，负责点评打分，教师主持模拟演练并全程把控。

（2）演练形式：组长全程负责。每组任选一种情形，通过研讨完成情景对话设计，选出两名学生，分别扮演客户和证券公司客户经理，在课堂进行证券客户开发模拟演练，演练时间不超过5分钟。

（3）学生点评：评委根据模拟演练情况，点评并给出小组成绩，汇总后取均值。

（4）成绩评定：教师点评并给出小组成绩，加总后一并计入小组课堂成绩。

（5）成果展示：演练录像和记录由教师存档，并作为课堂学习成果予以展示。

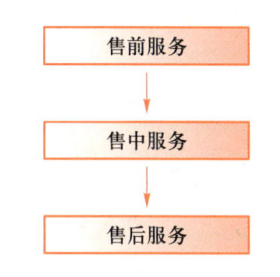

三、证券经纪业务客户服务

证券经纪业务客户服务流程如图9-3所示。

（一）售前服务

售前服务是指证券公司客户经理在客户开发过程中提供的各项服务，主要包括向客户介绍证券基础知识、证券交易程序、证券投资信息和投资者风险教育等。良好的售前服务是客户开发的

图9-3 证券经纪业务客户服务流程

关键环节，因此，证券公司针对证券公司客户经理的业务培训更多地集中在售前服务的环节。

1. 证券交易程序

我国内地有三家证券交易所——上海证券交易所、深圳证券交易所和北京证券交易所。投资者进行证券交易必须委托具有会员资格的证券经纪商在证券交易所内买卖证券。证券交易程序主要包括以下几个方面。

（1）开户。投资者买卖证券需要开立两个账户：证券账户和资金账户。证券账户是由中国证券登记结算有限责任公司为投资者开出的记载其证券持有及变更的权利凭证，是投资者进行证券交易的先决条件。资金账户是投资者用于证券交易资金清算、记录资金的币种、变动情况和余额的专用账户。投资者可以开立

开立账户

上海、深圳和北京A股账户；如果投资者持有港币要进行证券投资的，则开立深圳B股账户；如果投资者持有美元要进行证券投资的，则开立上海B股账户；已经开立A股账户的投资者，中国证券登记结算有限责任公司允许其对基金进行投资，不必再开立基金账户。

（2）委托。委托是指证券经纪商接受投资者委托，代理投资者买卖证券，从中收取佣金的交易行为。投资者在办妥开户手续后，即可进入证券交易所买卖，下达委托指令。投资者的委托指令应当包括的内容有以下几方面：

① 证券账户号码：根据自己买卖股票不同，输入相应的证券账户号码。

② 证券代码：证券代码为一组6位数字，如浦发银行的证券代码为"600000"。

③ 买卖方向：投资者在委托指令中必须明确表明委托买卖的方向，即是买进证券还是卖出证券。

④ 委托数量：买卖证券的数量，可以分为整数委托和零数委托。整数委托是指委托买卖证券的数量为1个交易单位或交易单位的整数倍。1个交易单位称为"手"。零数委托是指委托买卖证券的数量不足证券交易所规定的1个交易单位。目前，我国在买进证券时必须是手的整数倍，而在卖出证券时才有零数委托。

⑤ 委托价格：投资者可以采用限价委托或市价委托的方式委托证券经纪商买卖证券。

（3）成交。

① 竞价原则。证券交易所内的证券交易按"价格优先、时间优先"的原则竞价成交。所谓价格优先是指价格较高的买进申报优先于价格较低的买进申报，价格较低的卖出申报优先于价格较高的卖出申报。所谓时间优先是指同价位申报，依照申报时序决定优先顺序，即买卖方向、价格相同的，先申报者优先于后申报者。

② 竞价方式。证券竞价方式分为集合竞价和连续竞价。集合竞价是指在规定时间内接受的买卖申报一次性集中撮合的竞价方式。连续竞价是指对买卖申报逐笔连续撮合的竞价方式。

③ 竞价结果。证券交易竞价结果分为三种：全部成交、部分成交和不成交。对于部分成交的未成交部分在委托有效期内继续执行，直到有效期结束。没有成交的，证券公司需及时将冻结的资金或证券解冻。

（4）清算与交收。清算是指在每个营业日中每个结算参与人成交的证券数量与价款分别予以轧抵，对证券和资金的应收或应付净额进行计算的处理过程。交收是指结算参与人根据清算的结果在事先约定的时间内履行合约的行为，即买方为支付一定款项以获得所购证券，卖方交付一定证券以获得相应价款。

2. 证券投资风险

证券投资是一种风险性投资。风险是指投资者预期收益的不确定。证券投资风险是指证券预期收益变动的可能性及变动幅度。证券投资风险分为系统性风险和非系统性风险。系统性风险一般包括政策风险、周期波动风险、利率风险和购买力风险等。非系统性风险一般包括信用风险、经营风险和财务风险等。

（二）售中服务

售中服务是指客户形成购买决策、实施购买行为时证券公司客户经理提供的服务，主要体现在客户办理开户手续或购买证券产品、签订投资协议过程中为客户提供的服务。售中服务通常包括对客户进行证券开户指导，向客户提示投资产品风险等。

（三）售后服务

售后服务是指客户在证券公司建立经纪关系后，证券公司客户经理为客户提供的服务，如对客户的关心关怀、客户投资咨询等。证券公司和证券公司客户经理向客户提供了多种形式的服务，目前通常使用以下六种客户服务方式：

1. 电话服务中心

电话服务中心通常以计算机软、硬件设备为后援，同时开辟人工坐席和自动语音系统。为客户解答投资操作步骤、证券基础知识、证券法律法规、证券风险提示、客户咨询及投诉等。

2. 自动传真、电子信箱与手机短信服务

自动传真、电子信箱与手机短信服务具有一定的市场需求。前两者特别适用于传递文字较长的信息资料，而手机短信最重要的功能则在于发送字节较短的信息，包括证券行情和其他动态新闻等。

3. 人员服务

证券公司从业人员根据客户特点，为投资者提供的最具个性化的服务。客户可以与证券公司客户经理和提供投资咨询及理财服务的专业人员进行沟通，保持密切的联系，得到更充分和更及时的有效信息，享受更便捷、更完善的服务。

4. 互联网的应用

通过互联网，可以向投资者提供容量更大、范围更广的信息查询（包括投资常识、股市行情、开放式基金的净值、投资者账户信息等），证券交易，证券资讯，自动回邮或下载服务，并接受投诉和建议等。

5. 媒体和宣传手册的应用

通过电视、电台、报刊等媒体定期或不定期地向投资者传达专业信息和传输正确的投资理念。宣传手册则可以作为一种广告资料运用于销售过程中。对公司形象的宣传和对新产品的介绍是客户服务不可缺少的内容。

6. 投资讲座、推介会和座谈会

投资讲座、推介会和座谈会等都能为投资者提供一个面对面交流的机会。证券公司也可以从这些活动中获取有价值的投资者需求信息,有效地推介证券产品,并分析投资者的反馈信息,以进一步改善客户服务。

第三节 证券投资基金服务营销

一、基金营销人员的服务营销

(一)证券投资基金营销的含义

证券投资基金营销简称基金营销,是指基金销售机构从客户基金投资需求出发所进行的基金产品组合设计、宣传推介、基金份额发售以及售后服务等一系列活动的总称。

(二)基金营销人员的岗位职责

(1)根据公司的基金产品,制定和实施相应的销售计划,并完成销售目标。

(2)负责开发拓展高净值客户,并对客户和渠道进行维护,向客户提供专业的投资建议,达成基金销售业绩。

(3)负责与银行、证券、保险、信托等第三方中介机构或个人建立合作关系,提供持续服务。

(4)组织销售人员定期开展业务学习和培训,不断提高销售人员的业务能力。

(5)协助公司定期举办金融类相关活动,负责公司基金产品的推广。

(6)收集、统计市场信息和客户建议,并及时整理信息反馈给公司,为公司提供合理化建议。

(7)制定基金销售方案,明确销售渠道和策略,整理目标客户数据。

（8）负责投资者与销售渠道的建立与沟通；负责管理基金产品的售前与售后服务，向投资者提供优质服务。

（9）及时掌握行业市场的动态，并汇报相关领导，以及完成领导安排的其他工作。

（三）基金服务营销技巧

基金服务营销可以考虑从准备阶段、接触阶段、提问与需求分析、展现促成、后续阶段来提高基金营销人员的服务营销技巧。基金定投是定期定额投资基金的简称，是指在固定的时间以固定的金额投资到指定的开放式基金中，是客户投资证券投资基金的一种常用方式。基金转托管是指基金份额持有人申请将其在某一销售机构交易账户持有的基金份额全部或部分转出并转入另一销售机构交易账户的行为，目前也越来越受欢迎。

二、基金服务营销

基金服务营销一般要经过市场调研与营销环境分析。基金服务营销流程如图9-4所示。

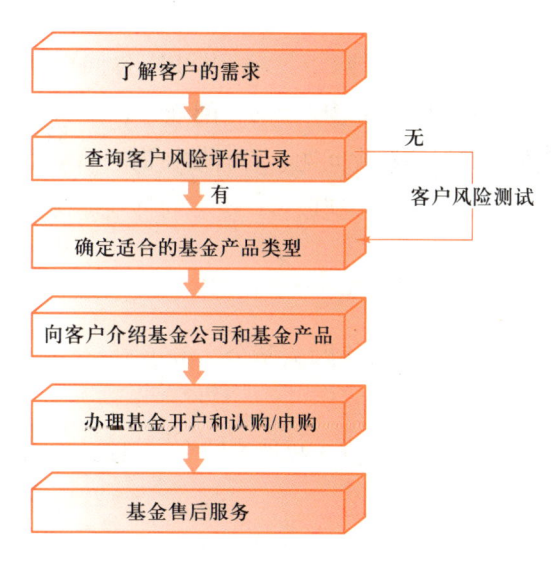

图9-4 基金服务营销流程

（一）了解客户的需求

SPIN是顾问式销售技巧，是建立在SPIN模式上的一种实战销售技术，它解决了有关大客户销售中的所有问题。SPIN代表的意义：S（Situation

Question）情境型问题，为了了解客户情况；P（Problem Question）探究型问题，为了发现问题/隐藏性需求；I（Implication Question）暗示型问题，将隐藏性需求明示化；N（Need-payoff Question）需求回馈型问题，将明显性需求转化为利益。SPIN策略的特点是：使买方说得更多、使你更能理解买方的想法、使买方遵循你的逻辑去思考、使买方对你的产品和方案更感兴趣。顾问式销售流程如图9-5所示。

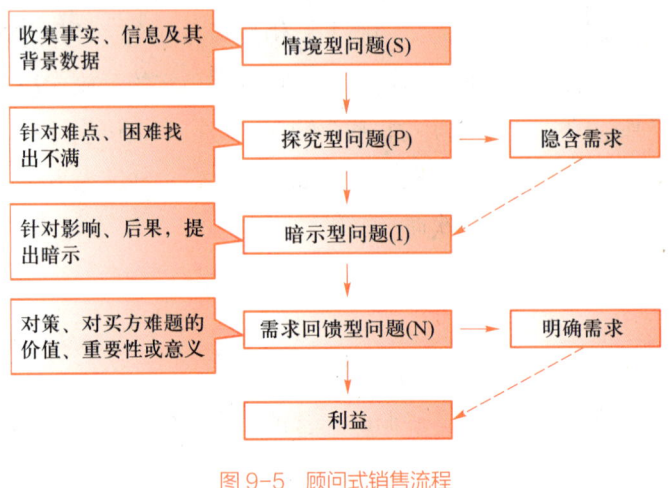

图9-5 顾问式销售流程

挖掘和询问客户对基金的需求，可以采用SPIN提问程序技巧。然而，并不是所有销售情况都会遵照SPIN营销模型的发问顺序，如当客户表达明确的需求时，低柜人员可以立即询问并解决问题；有时候在询问暗示型问题以探索隐藏性需求的同时，需辅以情境型问题来获取客户更多的背景资料。

（二）查询客户风险评估记录

个人客户在某一基金销售机构购买基金，应填写《个人客户风险承受力调查问卷》，应填写该问卷的情形包括三种：① 客户第一次购买基金等投资产品；② 该调查问卷完成超过一年；③ 发生可能影响客户自身风险承受能力的情况。

（三）确定适合的基金产品类型

根据不同标准，可以将证券投资基金划分为不同的种类。如根据基金单位是否可以增加或赎回，可以分为开放式和封闭式基金；根据投资策略，可以分为主动型和被动型基金；根据投资风险与收益的不同，可以分为成长型、收入型和平衡型基金；根据投资对象的不同，可以分为股票、债券、货币和期货基金等。中国××证券基金分类体系如表9-3所示。

表9-3　中国××证券基金分类体系

一级类别序号	一级类别名称	二级类别序号	二级类别名称	三级类别序号	三级类别名称
1	股票基金	1.1	股票型基金	1.1.1	标准股票型基金
				1.1.2	普通股票型基金
		1.2	指数型基金	1.2.1	标准指数型基金
				1.2.2	增强指数型基金
		1.3	特定策略股票型基金	1.3.0	特定策略股票型基金
2	混合基金	2.1	偏股型基金	2.1.1	偏股型基金（股票上限95%）
				2.1.2	偏股型基金（股票上限80%）
		2.2	灵活配置型基金	2.2.1	灵活配置型基金（股票上限95%）
				2.2.2	灵活配置型基金（股票上限80%）
		2.3	股债平衡型基金	2.3.0	股债平衡型基金
		2.4	偏债型基金	2.4.0	偏债型基金
		2.5	保本型基金	2.5.0	保本型基金
		2.6	特定策略混合型基金	2.6.0	特定策略混合型基金
3	债券基金	3.1	标准债券型基金	3.1.1	长期标准债券型基金
				3.1.2	中短期标准债券型基金
		3.2	普通债券型基金	3.2.1	普通债券型基金（一级）
				3.2.2	普通债券型基金（二级）
4	其他基金	4.1	其他基金	4.1.0	其他基金
5	货币市场基金	5.1	货币市场基金（A级）	5.1.0	货币市场基金（A级）
		5.2	货币市场基金（B级）	5.2.0	货币市场基金（B级）
6	QDII基金	6.1	QDII基金	6.1.0	QDII基金

（四）向客户介绍基金公司和基金产品

参考话术如下：

客户：你说具体投资什么样的产品呢？

证券公司客户经理：×××先生/女士，这个产品是A基金公司发行的××股票型基金（名称）。该基金利用独特的评价系统挑选股票、债券等投资工具，

证券投资
基金营销

力争优中选优，帮助投资者分享中国最优秀的上市公司的收益；同时，灵活的资产配置策略，为投资者捕捉市场机遇，以分散风险；最后，省去普通投资者选择时机和选择股票、债券的问题，非常适合在目前这个市场中做配置。

客户：不就是投资股票、债券产品吗？我自己买就可以了，不必通过基金这样的产品。

证券公司客户经理：×××先生/女士，选择合适的股票、债券是对的，该基金的其中一个最大特点就是筛选出优质股票。选择股票是份非常专业的工作，1只基金每年要研究成百上千只股票，一般老百姓是很难将这么多股票研究清楚的。而该基金通过股票组合评价系统进行量化筛选，深入实地调研等方法来提高投资股票的命中率，通过过滤来降低投资者的投资风险。

（五）办理基金开户和认购/申购

1. 开户和登记基金账号

基金销售机构开立账户时，个人投资者需设置交易密码，投资者凭借密码和身份证件办理相关业务。

2. 认购/申购

投资者在认购/申购之前，必须将认购/申购资金全额汇入或存入基金销售机构资金专户。

（六）基金售后服务

基金销售机构的售后服务包括基金赎回、转换、转托管、分红、非交易过户、账户注销，以及账户收益提醒、处理客户投诉、管理客户信息、风险提示等。

活动设计

角色扮演：基金定投营销展示技巧

活动要求： 以小组为单位，利用课上约40分钟的时间，针对所给活动资料，任选一种情形，按照基金服务营销流程、技巧，设计基金营销人员与客户的情景对话，模拟演练基金定投营销展示技巧。

活动资料： 客户可能的表达：

情形1：我想了解一下基金定投业务，你能帮我介绍一下吗？

情形2：我需要考虑一下。

情形3：那我应该挑选什么样的基金呢？

活动组织与步骤：

（1）组织设计：以小组为单位，指定1名学生负责录像，1名学生负责记录，1名学生担任评委，负责点评打分，教师主持模拟演练并全程把控。

（2）演练形式：组长全程负责。每组任选一种情形，通过研讨完成情景对话设计，选出两名学生，分别扮演客户和基金营销人员，在课堂上进行基金定投营销模拟演练；演练时间不超过5分钟。

（3）学生点评：评委根据模拟演练情况，点评并给出小组成绩，汇总后取均值。

（4）成绩评定：教师点评并给出小组成绩，加总后一并计入小组课堂成绩。

（5）成果展示：演练录像和记录由教师存档，并作为课堂学习成果予以展示。

思考与练习

一、单选题

1. 负责组织证券专业能力水平评价测试的机构是（　　）。
   A. 中国证券监督管理委员会　　B. 证券交易所
   C. 中国证券业协会　　　　　　D. 地方政府

2. 证券经纪业务营销的载体是（　　）。
   A. 证券类经纪产品　　B. 证券类金融产品
   C. 证券类委托产品　　D. 证券类代理产品

3. 投资者用于证券交易资金清算、记录资金的币种、变动情况和余额的专用账户是指（　　）。
   A. 证券账户　　B. 资金账户
   C. A股账户　　D. B股账户

4. 在规定时间内接受的买卖申报一次性集中撮合的竞价方式是（　　）。
   A. 拍卖竞价　　B. 连续竞价
   C. 集合竞价　　D. 招标竞价

5. 下列不属于证券交易竞价结果的是（　　）。
   A. 全部成交　　B. 推迟成交
   C. 不成交　　　D. 部分成交

6. 基金服务营销流程的第一个步骤是（　　）。
　　A. 基金开户和认购　　　　　　B. 查询客户风险测试记录
　　C. 了解客户的需求　　　　　　D. 向客户介绍基金公司和基金产品

二、多选题

1. 证券类金融产品的特点包括（　　　）。
　　A. 风险性　　　B. 长期性　　　C. 流通性　　　D. 收益性
2. 根据客户与证券公司客户经理的关系来划分，客户可以分为（　　　）。
　　A. 直接关系型　　　　　　　　B. 间接关系型
　　C. 熟识关系型　　　　　　　　D. 陌生关系型
3. 证券经纪业务客户服务流程包括（　　　）。
　　A. 售后服务　　　　　　　　　B. 售中服务
　　C. 售前服务　　　　　　　　　D. 咨询服务
4. 证券交易所内的证券交易按（　　　）的原则竞价成交。
　　A. 时间优先　　　B. 客户优先　　　C. 价格优先　　　D. 委托优先
5. 证券投资风险分为（　　　）。
　　A. 系统性风险　　　　　　　　B. 政策风险
　　C. 信用风险　　　　　　　　　D. 非系统性风险
6. SPIN销售法的问题包括（　　　）。
　　A. 情境型问题　　　　　　　　B. 探究型问题
　　C. 暗示型问题　　　　　　　　D. 需求回馈型问题

三、判断题

1. 证券公司客户经理的服务营销活动总体上就是客户开发。（　　）
2. 在沟通过程中，开放式提问越开放越好。（　　）
3. 证券类产品的风险与收益成反比。（　　）
4. 证券公司客户经理在开展营销工作时，需要因时间而异、因人而异采用不同的营销话术。（　　）
5. 投资者买卖证券仅需开立证券账户。（　　）
6. 基金销售人员在向投资者推介基金时，规范的做法是自我介绍和出示本人身份证明。（　　）

四、名词解释题

证券经纪业务　证券类金融产品　证券账户　零数委托　证券投资基金营销

基金定投

五、简答题

1. 简述证券公司客户经理的岗位职责。
2. 优质的证券公司目标客户具有哪些特征？
3. 简述证券产品的营销流程。
4. 促成交易有哪些方法？
5. 简述系统性风险和非系统性风险各包括哪些风险。
6. 简述基金服务营销的流程。

一 技 能 训 练 一

提问的方式会影响证券营销的质量和数量，恰当地选用提问方式可以把一些矛盾化解，取得良好的营销效果。两位证券公司的客户经理，客户经理甲的营销业绩非常好，而客户经理乙的营销业绩则比较差。这是因为，每来一位客户，客户经理乙都要问："您好，要了解最新的证券投资信息吗？"有的客户说"想了解"，也有的客户说"不想了解"。而客户经理甲，每来一位客户，都会问："您好，您是要开户呢，还是想了解开户信息呢？"通常，大部分客户不是选择开户就是选择了解开户所需的手续。

问题探索：导致两位客户经理营销业绩差异的原因是什么？通过本案例，客户经理在运用提问技巧时应注意哪些事项？

一 能 力 自 评 一

一、专业能力自评

专业能力自评表

	能/否	任 务 名 称
通过学习本章，你		了解/熟悉/掌握证券公司客户经理的岗位职责
		了解/理解/解释证券公司客户经理的管理形式和绩效考核指标
		了解/理解/解释证券经纪业务营销的内涵
		了解/熟悉/掌握股票、债券、基金、金融衍生产品等证券产品

续表

	能/否	任务名称
通过学习本章，你		了解/熟悉/掌握证券经纪业务客户开发的基本操作流程
		了解/熟悉/掌握证券经纪业务客户服务的基本操作流程
		培养起金融服务和金融服务营销意识

注："能/否"栏填"能了解/熟悉（理解）/掌握（解释、分析、辨析）/培养"或"否"。

二、核心能力自评

核心能力自评表

	核心能力	是否提高
通过学习本章，你的	信息获取能力	
	口头表达能力	
	书面表达能力	
	与人沟通能力	
	解决问题能力	
	团队合作精神	

自评人（签名）：　　　　　　年　月　日　　　教师（签名）：　　　　　　年　月　日

注："是否提高"一栏可填写"明显提高""有所提高""没有提高"。

三、职业素养评价

职业素养评价表

	职业素养内容	分值	自我评价	小组评价	教师评价	综合评价
通过本章学习，你的	主动服务意识	20				
	强烈的事业心	20				
	高度的责任感	20				
	自我管理能力	20				
	诚信守法意识	20				
	合计	100				

存在的不足和努力方向：

自评人（签名）：

年　月　日

第十章

保险服务营销

学习目标

素养目标
1. 加强诚信教育,培养诚实守信的职业素养,爱岗敬业、责任心强;
2. 具备行业职业持证上岗能力。

知识目标
1. 了解保险业务人员的岗位设置及其职责、绩效考核和激励措施;
2. 理解保险网络营销的优势和局限性;
3. 熟悉并掌握保险电话营销的流程和技巧;
4. 解释个人保险代理人、保险专业代理机构、保险兼业代理机构服务营销的含义;
5. 熟悉并掌握个人保险代理人服务营销的流程和技巧。

技能目标
1. 能够辨析直接、间接保险服务营销的区别;
2. 能够按照服务营销流程,运用营销技巧进行保险业务人员的服务营销;
3. 能够按照服务营销流程,运用营销技巧进行保险网络营销;
4. 能够按照服务营销流程,运用营销技巧进行保险电话营销;
5. 能够按照服务营销流程,运用营销技巧进行个人保险代理人的服务营销。

思维导图

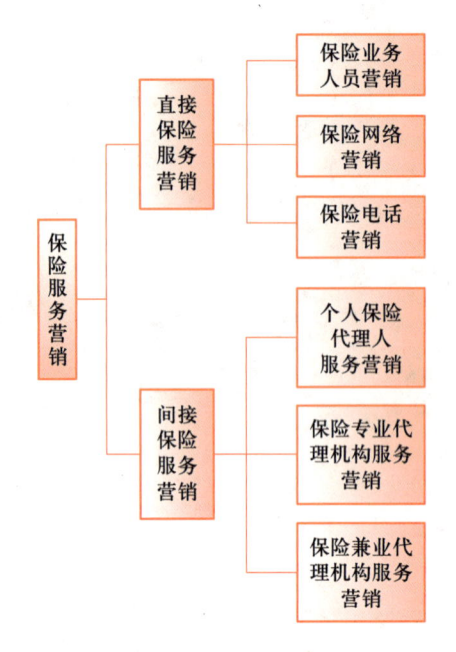

```
                              ┌── 保险业务人员营销
                ┌── 直接保险服务营销 ──┼── 保险网络营销
                │                     └── 保险电话营销
保险服务营销 ──┤
                │                     ┌── 个人保险代理人服务营销
                └── 间接保险服务营销 ──┼── 保险专业代理机构服务营销
                                      └── 保险兼业代理机构服务营销
```

引导案例

保险互联网创新营销

2019年3月28日，"中金在线财经排行榜"颁奖盛典上，国内首家互联网保险公司众安保险旗下互联网保证金保险——"众乐宝"凭借其帮助数百万淘宝中小卖家释放资金、操作嵌入场景、简单便捷，荣获"最具创新性保险产品大奖"。

"众乐宝"面向对象为淘宝集市上的卖家，在"定价、责任范围、理赔"等方面进行了全方位的创新，具有鼓励小微企业创业，针对互联网实时、便捷的特征。淘宝卖家加入"众乐宝"，自行选择保险额度后，无须缴纳消保金，即可获得消费者保障服务资格、消保标示，并获得详情页面最高可达20万元保障额度的展示，从而为卖家履约能力提供保险，帮助卖家减负，确保给予买家良好的购物保障。

作为国内首个保险业"互联网+"公司，众安保险成立一年多来就已经累计服务客户数3.3亿，累计投保件数超过14亿。而众乐宝作为国内首款针对电商场景打造的保证金保险，可谓保险业"互联网+"的首款产品样本。截至目前，众乐宝已累计服务中小卖家超过160万，众安保险旗下保证金保险系列已合计释放卖家资金规模超过270亿元。

引例分析

党的二十大报告中指出："必须坚持科技是第一生产力、人才是第一资源、创新是第一动力，深入实施科教兴国战略、人才强国战略、创新驱动发展战略，开辟发展新领域新赛道，不断塑造发展新动能新优势。"

创新一直是增强企业核心竞争力、实现企业高质量发展的必由之路，互联网作为新时代推动创新的最大助力者，将发挥着积极作用。金融与互联网的融合给保险人指引了新的方向，寻找新的营销切入点，让保险服务渗透到更多的消费层面，众安保险的"众乐宝"就是用现代科技促进保险业创新的一次有益实践。

创新是一个民族的灵魂，更是一个国家兴旺发达的不竭动力。作为国家未来建设主力军的大学生，要积极主动培养自己的创新意识和能力，用理念引导行动，迎接未来的挑战。

第一节　直接保险服务营销

在我国，通常把保险服务营销体系分为直接保险服务营销和间接保险服务营销两种。直接保险服务营销是指保险公司通过自己的营销及业务人员，直接向客户进行保险产品或服务的营销活动。间接保险服务营销是指保险公司通过保险代理人和保险经纪人把保险产品或服务提供给客户的营销活动。保险代理人和保险经纪人是保险中间商，他们不能真正代替保险公司承担保险责任，只是参与、代办、咨询或者提供专门技术服务等各种保险服务营销活动，促成保险商品销售的实现。我国的保险服务营销体系框架如图10-1所示。

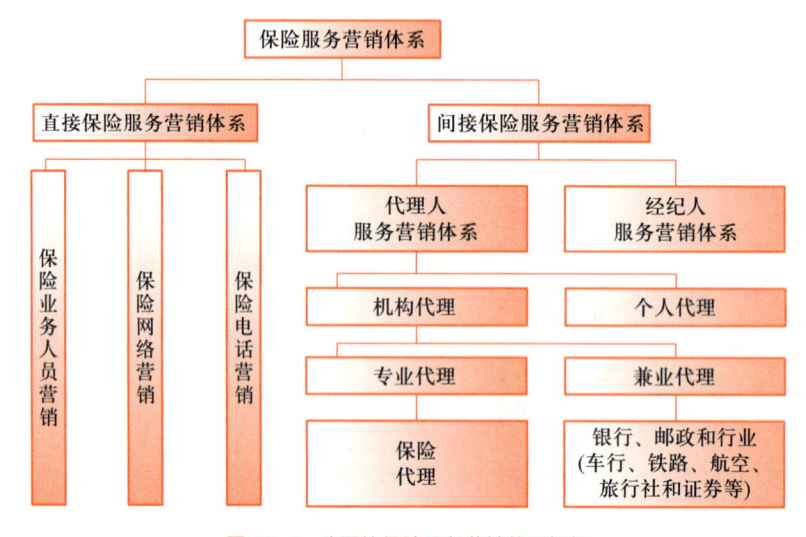

图10-1　我国的保险服务营销体系框架

一、保险业务人员营销

（一）保险业务人员的岗位设置及其职责

目前，国内大多数保险公司实行总分公司制，即在全国范围内设立总公司，为一级机构；在省或者地区范围内设立分公司，为二级机构；在市下面的区县设立支公司或者中心支公司，为三级机构；在乡镇设立营销服务部，为四级机构。在这四级机构中，基本实施的是"全员营销"。即上至公司的董事长，下至一线员工，都肩负着一定的营销任务。而保险公司业务部门的业务人员是从事保险服务营销的直接责任主体。下面以人寿保险公司为例，主要介绍保险业务人员的岗位设置及其职责。

保险业务人员的岗位有：营销业务人员、营销业务主任、营销业务经理和营销业务总监。由于实施"全员营销"，因此，各个岗位都应遵守基本的岗位职责。

（1）宣传本保险公司的企业文化和保险知识。

（2）收集潜在客户信息，拜访客户，营销公司的保险产品。

（3）完成签约事项，包括但不限于陪同客户体检、初步核保工作、收取保费，并按公司规定向客户开具收款凭证。

（4）递送保单，为客户提供相应的售后服务，并收取续期保费。

（5）积极主动增员。

（6）按时参加公司营业部门早会、夕会及各类会议、培训等活动。

（7）拟定年度计划和每月工作计划，每日填写拜访记录，进行活动量管理。

（8）遵守公司的各项规章制度，完成公司要求的其他相关事项等。

同步案例

团体人身保险注重服务营销

张晓明是某人寿保险公司团体人身保险部门的服务营销人员，最近他收到经理梁晓亮发给他的邮件，要求本部门的全体服务营销人员在团体保险的营销过程中强化服务意识，要遵守以下规定：

（1）营销人员在保单销售前应深入了解投保单位各方面的情况，积极主动地向客户宣传保险险种，中肯地回答客户的问题，设计合理的团体保险计划，为保单的成功营销和售后服务打下坚实的基础。

（2）营销人员应与投保人和被保险人保持长期友好联系，提供持续的售后服务并协助管理团体保险保障计划，以提高团险的续保率。

（3）营销人员应协助保险公司的理赔机构，主动、迅速、准确、合理地处理团体保险理赔案。

问题探索

梁晓亮给张晓明的邮件内容中，为什么要特别强调服务营销的重要性和服务意识？

分析提示

团体保险（含团体人身保险）的服务营销活动包括对客户所提供产品或服务的售前、售中、售后和理赔等全过程。在这一过程中，服务营销人员扮演着重要角色，他们对塑造公司的品牌、树立公司的形象、实现差异化和个性化服务、增强保险公司核心竞争力等方面都起着至关重要的作用。

（二）保险业务人员的绩效考核

一般而言，保险业务人员的绩效考核管理属于人力资源管理部门的职责，各家保险公司都有自己详细的管理制度和关键指标，在此仅作一般性介绍。

1. 保险业务人员的绩效考核管理

保险业务人员的绩效管理周期一般为一年。而对于经营管理类岗位，可根据实际需要实行季度和年度相结合的绩效管理周期。绩效管理包括绩效计划制定、绩效辅导监控、绩效评估反馈和绩效结果运用四个主要环节。

2. 保险业务人员的绩效考核内容

不同层级的保险业务人员的绩效考核内容虽然大体相近，但是侧重点各有不同，同样都是针对业绩绩效和客户服务，级别越低的保险业务人员越侧重具体的业绩达成，即在一定的期限内收取一定数额的保险费。级别越高的保险业务人员越侧重管理职能的实现。

3. 保险业务人员的KPI

KPI是英文Key Performance Indicator的缩写，即关键业绩指标，是指一些比较重要的百分比、人均额等数据指标。通过保险的KPI，保险公司能够分析出目前存在的问题，抓住重点，有针对性地进行管理，从而提高公司管理能力，提高公司利润。由于经营战略和经营产品的不同，各家保险公司的KPI指标和其标准数值都不尽相同，但是基本都使用KPI指标作为有效的营销管理工具。

（三）保险业务人员的激励措施

根据经营行为、业绩达成和绩效考核的结果，保险业务人员都会得到一定的奖励或者惩处，这种激励措施会普遍提升保险业务人员的工作积极性，提高保险业务人员的工作业绩，进而实现保险公司的经营战略。总体而言，各家保险公司对保险业务人员的激励措施主要包括以下几个方面：

1. 物质激励措施

物质激励措施包括但不限于以下一些内容：

（1）底薪。底薪是保险业务人员的基本工资报酬，也是其维持生活的基本保障。

（2）佣金。佣金是按照标准保费业绩达成的一定比例提取个人奖励，对于一名优秀的保险业务人员而言，佣金的数额可能远远超过底薪。

（3）公司福利。公司福利包括公司为员工缴纳的社会保险、免费使用公司车辆、自己独立的办公环境等。

（4）临时奖励。临时奖励是根据公司规定的业绩达到不同程度而可以获得的奖励，包括各种实物奖励和奖金等。

（5）岗位津贴。岗位津贴是在领导或者管理岗位的工作表现优异而获得的额外的货币奖励。

2. 精神激励措施

精神激励措施一般与物质激励措施搭配使用，有时也可以单独使用，包括但不限于以下一些内容：

（1）荣誉称号。给予表现优异的保险业务人员以"今日之星""业绩达人"等荣誉称号，在会议上予以表彰。

（2）光荣榜。在公司可见位置或显著位置张贴保险业务人员的姓名或者照片，充分满足其心理需要。

（3）特殊待遇。如代表公司出席重要场合，与公司高层领导会见或共进盛宴，代表公司出席新闻媒体等的重要采访或接受高层领导的接见等。

3. 职位晋升激励

职位晋升激励是指对于表现优异的保险业务人员，保险公司将根据本人的意愿为其设计职业生涯发展规划，沿着营销业务主任、营销业务经理、营销业务总监等由低到高的职位晋升。这是服务营销活动的有效激励措施。

（四）保险业务人员的服务营销技巧

保险业务人员服务营销流程如图10-2所示。

计划与活动 → 客户开拓 → 接触前准备 → 接触 → 说明 → 促成
                                                      ↓
                              售后服务 ←————————————————

图10-2 保险业务人员服务营销流程

1. 计划与活动

计划与活动是制定详细的工作计划及各项营销活动的目标。作为整个服务营销流程的灵魂，计划与活动可以清晰地让保险业务人员知道什么时候该做什么，把有限的力量用在营销的关键点上，尽可能避免低效营销和盲目营销。

2. 客户开拓

因为保险产品非常特殊，是一份契约、一份承诺，这就要求保险业务人员要能通过各种渠道和方式寻找大量潜在的有需求的准客户，并持续不断地去开拓和保持自己的准客户市场。

3. 接触前准备

有了准客户的名单后，保险业务人员要做好见面前的相关准备工作。既包括个人准备，如衣着等；还包括客户资料准备，如家庭背景、现有保障等；以及展业工具准备，如宣传册、投保单等。同时，还要通过电话、微信等方式与客户进行事先预约，以选择恰当的见面时间和地点，要成为一名"识趣"的拜访者。

4. 接触

保险业务人员通过开门见山法、讨教法、介绍法、推广新险种法以及调查问卷法等方法，与客户接触交流，营销保险产品或服务。

5. 说明

保险业务人员要运用专业知识为客户量身定制保险方案。一方面，要尽量站在客户的角度进行方案设计；另一方面，讲解建议应连贯，尽量生活化，避免使用专业术语。在这一过程中，要注意两点：一是要仔细倾听，从客户的提问中判断其购买的可能性；二是要认真观察客户的反应和动作，从中判断客户的接受程度。

6. 促成

促成是服务营销流程的关键步骤，保险业务人员要适时把握恰当时机，运用推定承诺法、二择一法、激将法、提高危机意识法和利益驱动法等方法，促成客户购买保险产品或服务。

7. 售后服务

售后服务是服务营销流程的最后一个环节，保险业务人员通过定期、不定期的服务关怀，与客户建立稳固的业务关系。好的售后服务，不仅可以提升客户的忠诚度，还有利于进一步拓展新客户。

二、保险网络营销

（一）保险网络营销的含义

保险网络营销是指保险公司通过搭建的网络保险平台为客户提供的保险信息咨询或查询、保险产品的买卖、出险的报案与索赔等服务的营销活动。

（二）保险网络营销的优势

1. 成本优势

保险公司利用网络开展业务，进行产品销售、理赔和客户服务等，节省了人力和场地等费用，大大降低了企业运营的成本。

2. 服务优势

第一，在网络技术的支持下突破了时间和空间的限制，保险公司可以随时随地为客户提供保险服务；第二，通过网络的交互功能，客户能够方便、快捷地了解到保险公司的基本情况、产品内容以及相关费率，不仅通过比较选择合适的保险产品，还可以通过网络申请索赔等；第三，保险公司也可以通过网络与客户进行双向交流。

3. 资源优势

保险公司通过网络开展营销活动突破了地域限制，扩大了营销覆盖的范围，开拓了业务发展空间，能够争取到更多的客户资源。

4. 市场优势

通过网络销售的保险产品多以消费型、短期和定期保障为主，在产品设计上决定了此类产品保费偏低而保额高，因此在低额保单市场占有一定优势。

5. 速度优势

保险网络营销不仅可以通过网络大量、快速地传递信息，而且可以通过软件进行标准化处理，大大提高了交易速度，加快了交易进程。

（三）保险网络营销存在的主要问题

1. 诚信问题

一方面，由于部分网络销售的保险产品存在信息披露不完整不充分、弱化产品性质、缺少风险提示等问题，从而损害消费者的权益。另一方面，由于网络是个虚拟世界，消费者面对网络平台的保险产品容易责任感下降，在网上投保时容易填写虚假信息，从而使得真实性大大降低。

2. 安全问题

由于保险网络营销是在开放的网络平台上实现的，电子保单形式的营销系统涉及网上支付、自动生成保单等一系列流程，最重要的无疑是安全问题。但是，由于网络存在安全漏洞，被病毒、黑客攻击的情况时有发生，消费者的信息可能会遭到盗取、泄露和删除，使保险网络营销存在一定的风险。

（四）保险网络营销的流程

保险网络营销的流程如图 10-3 所示。

客户信息积累 → 挖掘和锁定客户 → 维护和发展客户

图 10-3 保险网络营销的流程

1. 客户信息积累

保险业务人员依靠网络平台，展示所要营销的保险产品，吸引客户关注，从而了解客户的需求和意愿。

2. 挖掘和锁定客户

依据网络平台获取的客户行为信息，挖掘客户的历史数据，在对客户生活习惯、消费行为进行分析的基础上，筛选出目标意向客户群体，开展精准营销。

3. 维护和发展客户

通过网络、电话、微信等多种方式关心、关爱客户，积极建立与客户的情感联系渠道，了解客户对产品的使用感受，并进一步开发客户的保险需求。

> **课堂讨论**
>
> 传统保险营销模式的优势是有营销人员提供专业服务，向客户推荐适合的保险产品；劣势是成本较高，客户容易受到销售误导等。
>
> 那么，请从保险的产品、价格、服务以及保障等方面多角度思考，保险网络营销是否会取代传统保险营销模式？

保险电话营销

三、保险电话营销

保险电话营销是保险电话营销专员通过电话向准客户营销保险产品，以获得目标客户对保险产品反应的直接营销活动。电话营销是目前我国保险公司积极倡导的一种营销模式。

（一）保险电话营销的分类

保险电话营销包括拨出电话营销和客户拨入电话营销两个方面：

1. 拨出电话营销

拨出电话营销是保险公司主动展业的一种形式，保险公司从客户数据库中获得有关目标客户的电话号码，主动地、有针对性地拨出电话，向客户介绍相关的保险信息并促成业务。

2. 拨入电话营销

拨入电话营销是客户通过拨打保险公司的服务电话进行产品咨询或订购产品。通常，拨入电话营销主要是为其他服务营销方式的后续工作提供支持和服务。目前，我国保险公司几乎都提供了服务电话。

（二）保险电话营销的流程

保险电话营销流程如图10-4所示。

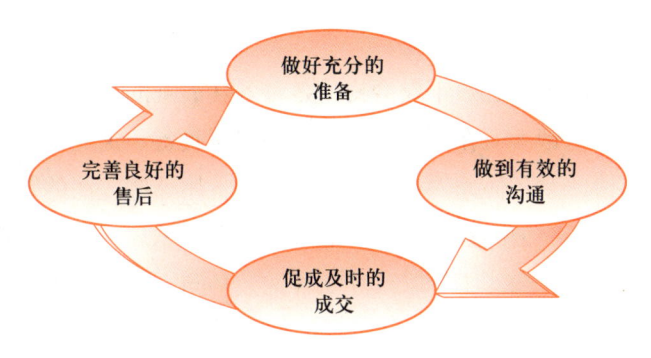

图10-4　保险电话营销流程

1. 做好充分的准备

凡事预则立，不预则废，保险电话营销同样如此。在保险电话营销中，由于时间限制、客户易挂电话等因素的存在，电话营销人员的准备工作显得尤为重要。一个营销电话的沟通成功与否，能否达到目的，与电话营销人员的准备工作直接相关。准备工作做得不好，即使电话营销人员的沟通能力再强，也不可能达到预期的效果。

2. 做到有效的沟通

电话是一种只闻其声、不见其形的沟通工具，利用电话进行营销时，多半是利用口头语言表达能力，遵循拨打电话的礼仪，利用声音的魅力说服客户、感染客户，并最终赢得客户的信任。因此，专业的电话营销人员应该注重自己语言沟通、表达能力的培养。

3. 促成及时的成交

成交是营销的根本目的，如果不能达成交易，那么整个电话营销活动也就是失败的。由于电话营销的平均成交率比较低，因此，电话营销人员在营销过程中要努力倾听，准确应对，努力把握住机会，才能够拍板成交。

4. 完善良好的售后

售后的关系维护，会让客户产生强大的信任感，并可从中再获取继续合作下去的机会，是扩展业绩的秘诀。如果卖出保险产品后便对客户不闻不问，置之不理，只是拼命地寻找新客户，那就会事倍功半。为了保持许多优良的"预定"客户，电话营销人员需要掌握有效的跟进策略及投诉处理技巧。

（三）保险电话营销的服务营销技巧

1. 妥善选择合适的拨打电话的时机

电话营销人员要熟悉并掌握一天之中、一周之内电话营销的最佳时间，如每天上午的10：00—11：00，下午的15：00—18：00，这两段时间应该是电话营销的最佳时段；每周的星期二到星期四是最正常的工作时间，也是电话营销最合适的时间。

2. 巧妙解开客户的疑问

在电话营销过程中，客户不仅会提出各种各样的疑问，还会因为不满而引发牢骚和刁难，电话营销人员在面对这些问题时应该具备一定的处理技巧。如对客户表达深切的同情；避免使用一些否定的字眼；少用那些迂回的转折词句；回避那些不能解答的问题；把问题转化为产品的卖点等。总之，对于客户提出的每一个问题，都必须认真对待，不管采取什么样的技巧与方法，都务必确保认真对待客户。

3. 抱怨电话的接听技巧

在电话营销过程中，偶尔也会有客户打来电话表示不满，或有所要求。这时，即使是客户本身的问题，或者与电话营销人员本身并无关系，也需要电话营销人员诚恳地向客户道歉，并耐心地听完客户的抱怨。这就要求电话营销人员需要掌握一些处理客户抱怨情绪的技巧。如表现专业的态度，使客户产生信赖感；询问抱怨的真实原因，确认客户的感受；表示理解客户的处境，并体谅其心情；提出一个双方都可以接受的解决方案；善始善终，让客户感受到电话营销人员专业的服务态度等。

活动设计

角色扮演：模拟演练保险营销话术

活动要求：以小组为单位，利用课上约40分钟的时间，针对所给活动资料，任选一种情形，按照保险电话营销的流程、技巧，设计保险营销顾问与客户的情景对话，模拟演练保险营销话术。

活动资料：客户可能提出的问题：

情形1：投资保险有收益吗？比银行利率高吗？

情形2：投资保险有风险吗，保险公司不会倒闭吧？

情形3：我应该如何选择保险产品呢？

情形4：如果出险需要理赔，应该找谁呢？

活动组织与步骤：

（1）组织设计：以小组为单位，指定1名学生负责录像，1名学生负责记录，1名学生担任评委，负责点评打分，教师主持模拟演练并全程把控。

（2）演练形式：组长全程负责。每组任选一种情形，通过研讨完成情景对话设计，选出两名学生，分别扮演客户和保险营销顾问，在课堂进行保险服务一对一营销模拟演练，演练时间不超过5分钟。

（3）学生点评：评委根据模拟演练情况，点评并给出小组成绩，汇总后取均值。

（4）成绩评定：教师点评并给出小组成绩，加总后一并计入小组课堂成绩。

（5）成果展示：演练录像和记录由教师存档，并作为课堂学习成果予以展示。

第二节 间接保险服务营销

保险代理人和保险经纪人是间接保险服务营销体系中最为主要的两种保险中介。但是，由于目前我国保险经纪人市场尚处于发展的"初级阶段"，保险中介市场主要还是代理人市场。因此，下面主要讲述保险代理人的服务营销。

一、个人保险代理人服务营销

（一）个人保险代理人的含义

个人保险代理人是指通过全国统一考试取得保险代理人资格证书，并与保险公司签订保险代理合同，根据保险公司的委托，向保险公司收取佣金，在保险公司授权的范围内代为办理保险业务的个人。按照中国银行保险监督管理委员会（现国家金融监督管理总局）的规定，个人保险代理人只能代理一家保险公司的业务。个人保险代理人营销的保险产品主要以个人人寿保险为主，间或营销意外保险、健康保险、家庭财产保险、机动车辆保险等险种，在团体人寿保险、工程保险、责任保险、信用保证保险、特殊风险保险等项目上由于缺少相应的专业技术支持，实际业务中涉及较少。

（二）个人保险代理人的服务营销技巧

个人保险代理人服务营销流程如图10-5所示。

1. 寻找潜在客户

保险代理人通过有效的方法寻找潜在客户，必须懂得如何淘汰那些没有价值的线索。对潜在客户可以通过研究他们的财务能力、业务量、具体需求、地理位置和连续进行业务的可能性来衡量客户的价值。保险代理人可以通过电话、微信

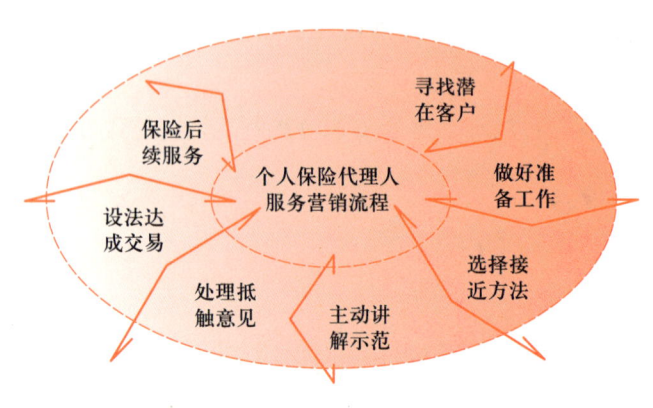

图10-5 个人保险代理人服务营销流程

等方式，主动与客户沟通，以便确认是否有拜访机会。

2. 做好准备工作

保险代理人应该尽可能多地了解潜在客户的基本情况。第一，结合客户实际确定访问目标，如确认该客户是否具有购买保险产品或服务的能力，他的确切需求是什么；第二，决定采用哪种访问方法，是上门拜访、电话访问，还是线上交流等。访问的最佳时机也必须考虑，因为许多潜在客户在一定的时间内会十分繁忙，在不适合的时间进行访问会引起客户的反感，降低营销的成功率；第三，要考虑营销战略，确定对客户采用哪种营销方式或策略。

3. 选择接近方法

要让双方的关系有一个良好的开端，初次见面十分重要。仪表、开场白和随后谈论的内容是客户对保险代理人是否具有良好的第一印象起着至关重要的作用。着装应根据会面的不同场合决定，要做到整洁、大方、庄重；对待客户要热情而有礼貌；要避免做一些令人分心的动作；开场白要简明扼要，接下来便可以讨论一些主要的问题，以深入了解对方的需求。

4. 主动讲解示范

保险代理人对潜在客户进行保险产品的讲解和示范。在整个过程中，应该根据险种的保险范围，着重说明该险种能够满足客户怎样的需求，能给客户带来怎样的利益。这种利益是以满足客户的实际需求为前提的，以保障需要为根本的。

5. 处理抵触意见

保险代理人在向客户介绍保险产品的过程中，总会有人表现出这样或那样的抵触情绪。这些抵触有些是心理上的原因，有些是逻辑上的原因。应对这些抵触情绪，应该采取积极的方法：如请客户说明他们反对的理由，否定他们意见的正确性，或者直接将对方的异议转化为购买的理由等。应对抵触意见作为谈判技巧的一部分,要求保险代理人应该接受全面的谈判技巧训练。

6. 设法达成交易

设法达成交易是保险代理人服务营销工作的最终目标。对工作缺少信心,对要求客户购买保险感到于心有愧,或者不知道什么时候是达成交易的最佳时机等,都会对最终能否达成交易造成影响。这就要求保险代理人必须懂得如何从客户的动作、语言、评论和提出的问题中发现可以达成交易的信号。

7. 保险后续服务

保险后续服务是保证客户满意并能继续购买不可或缺的工作环节。交易达成后,保险代理人就应该尽职尽责地履行保险合同的各项条款。同时还要制订一个客户回访工作计划,通过回访维系工作,及时发现存在的问题和不足,为客户提供必要的指导和帮助,以提高客户的信任度和忠诚度。

当前,人们购买保险的意识逐渐增强,保险客户"以我为中心"的观念越发强烈,越发看重保险售前、售中、售后的过程服务。以人缘关系、经验性判断为主的获客及服务模式将转向以客户体验为核心并围绕客户旅程、服务场景和基于数字化智能运营决策的新模式。

随着移动互联网技术的发展,人们的生活方式正向线上迁移。传统的人缘关系拓客方式被挤压,单纯地依靠经验判断也无法全方位地了解客户需求和及时准确地提供客户服务,传统的人员渠道正在萎缩。保险作为金融投资、财富传承的重要工具,将发挥更大作用。随着消费升级、新经济蓬勃发展,居民需求从单一金融产品向多元服务、产业链延伸,保险的密度和深度正在逐步提升。

二、保险专业代理机构服务营销

保险专业代理机构是指符合中国银保监会(现国家金融监督管理总局)规定的资格条件,经中国银保监会(现国家金融监督管理总局)批准取得经营保险代理业务许可证,根据保险公司的委托,向保险公司收取保险代理手续费,在保险公司授权的范围内专门代为办理保险业务的保险代理公司。按照法律规定,专业保险代理机构可以代理一家以上的保险公司的保险产品。

与个人代理服务营销体系相比,专业机构代理服务营销体系具有有利于扩大和深化保险展业规模和市场开拓深度,有利于业务的监督管理,有利于降低展业成本等优势。

三、保险兼业代理机构服务营销

保险兼业代理机构是指在从事自身固有业务经营的同时，接受保险公司的委托，利用已有的设备和资源，为保险公司代办保险业务的单位。常见的保险兼业代理机构主要有银行代理、行业代理和单位代理三种。近年来，兼业代理在我国的保险市场中起到了非常重要的作用，尤其是人寿保险公司推出银行代理产品以来，银行、邮政兼业代理机构的数量和代理保费都取得了快速增长。目前，银行、邮政代理已经成为兼业代理业务的主渠道。

（一）银行兼业代理营销

银行兼业代理保险营销，亦称银行保险，是指银行一线营销人员利用自身的客户资源和营销渠道，通过电话、营业网点等营销保险产品或服务的营销活动。

目前，银行保险已和个人保险业务、团体人寿保险业务共同成为人寿保险公司的三大业务支柱，银行保险已经稳定成为保险公司的一个常规的服务营销渠道。

（二）邮政兼业代理营销

邮政兼业代理营销是指邮政部门受保险公司的委托，利用邮政部门网点为保险公司代办保险，收取保险金的中间业务，代理销售经保险监管部门批准的保险公司的人身险、财产险、健康险以及意外伤害险等保险产品。

中国邮政有着百年的运营历史，邮政经营代理保险业务具有强大的经济实力，可以借鉴保险代理的成功经验，具有较高的用户信任度，是承办代理保险的最佳机构之一。

（三）行业兼业代理营销

保险公司利用其他行业的特点来专项营销保险产品。目前，我国保险市场的行业代理主要有：车行保险兼业代理、铁路保险兼业代理、航空保险兼业代理、旅行社保险兼业代理和证券保险兼业代理等。

车行保险兼业代理机构主要营销机动车辆保险，机动车经销商可以利用自己销售汽车的业务便利，顺便向汽车购买者营销机动车辆保险。铁路保险兼业代理机构主要营销货物运输保险，从事货物运输的铁路部门在提供运输服务的同时也代办保险业务，省去了托运人的许多麻烦。航空保险兼业代理机构主要代理营销航空意外伤害险以及航空货物运输保险，航空部门在销售机票时通常还会营销航空意外伤害险，在提供货物运输的同时也营销航空货物运输保险。旅行社保险兼业代理机构主要代理营销中国公民出境游、境内游以及境外人员入境游的旅游人身意外伤害险及旅游救援险。证券保险兼业代理机构主要代理营销机动车辆保险、企业财产保险、家庭财产保险、船舶保险、健康保险、人身意外伤害保险和航空意外伤害险等各类保险。

除此之外，一些从事物流的企业，如货运企业、货运代理企业、进出口代理企业等具有"保险兼业代理许可证书"的，也都在从事保险兼业代理业务的服务营销。

价值引领

广东省汕尾市首单政策性海水网箱养殖风灾指数保险成功落地

深水网箱养殖是目前最具发展潜力的海水养殖方式，高投入、高收益的同时也伴随着高风险。网箱养殖与传统养殖相比，更加绿色环保、更加有利于近海生态的保护，但风险更大，容易受台风等极端天气的影响。

2021年，在汕尾市农业农村局、平安财产保险股份有限公司汕尾中心支公司等部门的合力推动下，汕尾市首单政策性海水网箱养殖风灾指数保险在红海湾开发区遮浪街道完成。海水网箱养殖风灾指数保险是指在保险期间内，所承保区域的风力指数达到保险合同约定的起赔标准时，将视为保险事故发生，被保险人可按照保险合同的约定获得赔偿。

政策性海水网箱养殖风灾指数保险保单的落地，破解了汕尾市海水网箱养殖户长期面临"参保无门"的障碍，标志着汕尾市海水网箱养殖保险取得了零的突破，开启了保险业护航"蓝色经济"的新篇章。基于此成功经验，2021年11月，根据汕尾市政府和农户需求，平安落地首单政策性地方财政对虾天气指数保险，为汕尾市鸿泰水产养殖场提供气温、风力、降雨等自然灾害风险保障，切实保护对虾养殖户利益。

问题探索

分析上述案例，请说明广东省汕尾市海水网箱养殖保险为什么能取得零的突破？

分析提示

在保险营销的市场上，只有客户的需求才是不变的真理，只有认清并不断满足客户的保险需求，保险公司才能不断地发展壮大。

活动设计

业务模拟：制订一份家庭综合保障计划

活动要求：以小组为单位，利用课上约40分钟的时间，针对所给活动资料，指定组内一名同学，根据其家庭情况，为其制订一份不少于1 500字的家庭综合保障计划。

活动资料：家庭综合保障计划是保险营销顾问在与客户深入沟通的基础上，了解客户的信息和保险需求，为客户家庭提供的综合性保障建议。家庭综合保障计划没有固定格式，主要包括以下几个方面内容：

（1）客户家庭信息。包括家庭人员信息、财务信息和已有的保险信息。

（2）家庭保险需求。

（3）家庭保障计划。

活动组织与步骤：

（1）组织设计：以小组为单位，指定1名学生负责录像，1名学生负责记录，1名学生担任评委，负责点评打分，教师主持业务模拟并全程把控。

（2）模拟形式：组长全程负责。每组指定组内一名同学，根据其家庭情况，通过研讨，完成一份不少于1 500字的家庭综合保障计划的初步设计。课上组长汇报，小组其他成员可以补充，汇报时间不超过5分钟。

（3）学生点评：评委根据组长的汇报情况和提交的保障计划，点评并给出小组成绩，汇总后取均值。

（4）成绩评定：教师点评并给出小组成绩，加总后一并计入小组课堂成绩。

（5）成果展示：业务模拟录像及完善后的家庭综合保障计划由教师存档，并作为课堂学习成果予以展示。

思考与练习

一、单选题

1. 参与直接保险服务营销体系中的营销及业务人员隶属于（　　）。
    A. 中介机构　　　　　　　　B. 监管部门
    C. 政府部门　　　　　　　　D. 保险公司

2. 以下属于直接保险服务营销体系的是（　　）。

  A. 个人代理   B. 保险经纪
  C. 网络营销   D. 银行保险

3. 间接保险服务营销体系不包括（　　）。
  A. 电话营销   B. 银行保险
  C. 经纪人营销   D. 代理人营销

4. 保险专业代理机构的服务营销属于（　　）。
  A. 电话营销   B. 间接营销
  C. 网络营销   D. 经纪人营销

二、多选题

1. 间接保险服务营销体系包括（　　）。
  A. 个人代理   B. 兼业代理
  C. 专业代理   D. 经纪人营销

2. 保险业务人员的岗位设置包括（　　）。
  A. 营销业务人员   B. 营销业务主任
  C. 营销业务经理   D. 营销业务总监

3. 保险网络营销的优势包括（　　）。
  A. 成本优势   B. 服务优势
  C. 资源优势   D. 市场优势
  E. 速度优势

4. 保险电话营销的流程步骤包括（　　）。
  A. 充分准备   B. 有效沟通
  C. 及时成交   D. 售后服务

三、判断题

1. 保险服务营销的手段是整体多样的营销活动。（　　）

2. 直接保险服务营销体系是指保险公司通过中介机构与客户接触并营销。（　　）

3. 保险电话服务营销主要包括保险公司拨出电话营销和保险客户拨入电话营销两大类。（　　）

4. 保险代理人代表的是保险客户的利益。（　　）

四、名词解释题

保险电话营销 个人保险代理人 保险专业代理机构 保险兼业代理机构

五、简答题

1. 保险电话营销人员在应对客户抱怨时有哪些处理技巧？
2. 简述保险网络营销的流程？
3. 简述个人保险代理人的服务营销流程。
4. 保险代理人在进行保险营销前应做好哪些准备工作？

— 技 能 训 练 —

张女士早上要去和一位事先约好的客户签单。她敲开了客户李某的家门，但是李某因临时有事出去了，只有其太太在家。在张女士耐心细致地解答完李太太的问题后，李太太决定签单。因为是初次促成签单，张女士心里很激动，在填到保险金额时一不小心给填错了，她生怕李太太说她业务不精，慌乱中涂改了一下。当张女士问及李某的健康状况时，李太太说李某两年前曾患腰疼，详细情况记不太清楚了。张女士想，问多了可能会引起李太太的不满，就在投保书的相关部分填写了"曾患腰疼，目前已痊愈"。

当填到受益人一栏时，张女士在谈话中已经感觉到李太太是位比较忌讳谈论此类问题的人，她不敢触及这个敏感的话题，就在身故受益人一栏中填写了"法定"。投保单填完后，李某还没有回来，张女士就对李太太说："你们是一家人，谁签字都可以。"李太太就在投保书上代李某签了字。李太太希望尽快拿到保单，张女士立刻承诺说："我一定会在三天之内把保单送到您的家中。"

问题探索：分析上述案例，请指出张女士在服务营销过程中存在的主要问题。

能力自评

一、专业能力自评

专业能力自评表

	能/否	任 务 名 称
通过学习本章，你		了解/熟悉/掌握保险业务人员的岗位设置及其职责
		了解/理解/解释保险业务人员的绩效考核和激励措施
		了解/理解/解释保险网络营销的优势和存在的主要问题
		了解/熟悉/掌握保险电话营销的流程
		了解/熟悉/掌握个人保险代理人服务营销的流程
		了解/熟悉/分析直接、间接保险服务营销的区别
		了解/熟悉/掌握保险业务人员的服务营销技巧
		了解/熟悉/掌握保险电话营销的服务营销技巧
		了解/熟悉/掌握个人保险代理人的服务营销技巧
		要培养保险服务营销人员主动服务及营销意识

注："能/否"栏填"能了解/熟悉（理解）/掌握（解释、分析、辨析）/培养"或"否"。

二、核心能力自评

核心能力自评表

	核 心 能 力	是 否 提 高
通过学习本章，你的	信息获取能力	
	口头表达能力	
	书面表达能力	
	与人沟通能力	
	解决问题能力	
	团队合作精神	
自评人（签名）： 年 月 日		教师（签名）： 年 月 日

注："是否提高"一栏可填写"明显提高""有所提高""没有提高"。

三、职业素养评价

职业素养评价表

	职业素养内容	分值	自我评价	小组评价	教师评价	综合评价
通过本章学习，你的	诚信守法意识	20				
	高度的责任感	20				
	创新思想观念	20				
	自我管理能力	20				
	持续学习能力	20				
	合计	100				

存在的不足和努力方向：

自评人（签名）：

年　月　日

参考文献

[1] 梁昭，高静，王岩. 金融产品营销与管理［M］. 4版. 北京：中国人民大学出版社，2023.

[2] 周晓明. 金融服务营销［M］. 2版. 北京：机械工业出版社，2020.

[3] 人力资源和社会保障部教材办公室. 职业道德［M］. 4版. 北京：中国劳动社会保障出版社，2019.

[4] 立金银行培训中心. 商业银行客户经理对公信贷业务技能培训［M］. 2版. 北京：中国金融出版社，2020.

[5] 郭福春，吴金旺，申睿. 互联网金融教学案例集［M］. 北京：中国金融出版社，2018.

[6] 孙在福，杨婷，杨洁. 新媒体营销［M］. 北京：电子工业出版社，2021.

[7] 梁晓晓，刘春霞. 新媒体营销和运营实战［M］. 成都：西南交通大学出版社，2023.

[8] 刘娜. 新媒体营销［M］. 西安：西安电子科技大学出版社，2021.

[9] 李建，王雅丽，陈洁. 金融营销［M］. 2版. 西安：西安交通大学出版社，2017.

[10] 陆剑清. 金融营销学［M］. 3版. 北京：清华大学出版社，2021.

[11] 蒋丽君. 金融产品营销实务［M］. 5版. 大连：东北财经大学出版社，2023.

[12] 菲利普·科特勒，凯义·莱恩·凯勒，亚历山大·切尔内夫. 营销管理［M］. 16版. 陆雄文，蒋青云，赵伟韬，等，译. 北京：中信出版社，2022.

[13] 乔梁. 销售口才实战训练［M］. 2版. 北京：中国纺织出版社，2018.

[14] 何洋. 消费心理学基础与实务［M］. 2版. 北京：电子工业出版社，2018.

[15] 杜海玲，许彩霞. 商务谈判实务［M］. 4版. 北京：清华大学出版社，2023.

[16] 张乖利，阮锐师，陈倩媚. 金融产品营销实务［M］. 成都：西南财经大学出版社，2019.

[17] 张延昕. 金融服务营销（微课版）［M］. 北京：人民邮电出版社，2024.

[18] 许棣，欧捷. 金融营销实务［M］. 北京：中国人民大学出版社，2018.

[19] 安贺新，张宏彦. 金融服务营销［M］. 北京：清华大学出版社，2017.

[20] 韩宗英，伏琳娜. 金融服务营销［M］. 北京：中国金融出版社，2018.

[21] 周建波，刘志梅. 金融服务营销学［M］. 北京：中国金融出版社，2004.

[22] 满玉华，赵书海. 商业银行客户经理［M］. 3版. 北京：中国人民大学出版社，2019.

[23] 伏琳娜，孟庆海. 金融信托与租赁［M］. 5版. 大连：东北财经大学出版社，2024.

[24] 叶伟春. 金融营销［M］. 3版. 北京：首都经济贸易大学出版社，2019.

[25] 韩宗英，朱钰. 金融科技［M］. 北京：清华大学出版社，2021.

[26] 中国证券业协会. 证券经纪业务营销基础知识与实务［M］. 北京：中国财政经济出版社，2008.

[27] 中国证券业协会. 证券交易［M］. 北京：中国财政经济出版社，2011.

[28] 张春辉. 证券营销业务（学生用书）［M］. 北京：中国财政经济出版社，2011.

[29] 张春辉. 证券营销业务（教师用书）［M］. 北京：中国财政经济出版社，2012.

[30] 南沈卫. 保险实务［M］. 2版. 大连：东北财经大学出版社，2014.

[31] 粟芳. 保险营销学［M］. 5版. 上海：上海财经大学出版社，2023.

[32] 廉赵峰. 资产配置与基金营销［M］. 北京：经济管理出版社，2016.

[33] 刘凤军，朱国超. 商业银行的互联网金融营销创新——以招商银行实践为例［J］. 开发研究，2017，(01)：122-127.

[34] 刘畅. 大数据时代我国商业银行营销策略分析［D］. 对外经济贸易大学，2015.

[35] 张文娟. 我国互联网消费金融发展的现状及趋势分析［J］. 长春金融高等专科学校学报，2019，(03)：21-25.

[36] 梁凯膺. 金融服务营销［M］. 北京：北京理工大学出版社，2020.

主编简介

　　王艳君，经济学硕士，教授，全国高职高专经济管理类专业教学资源建设专家委员会委员，福建省物流行业职业教育指导委员会副主任，辽宁省及沈阳市金融学会常务理事，辽宁省银行业协会客座教授，泉州市职业技术教育研究会副会长等；历任辽宁金融职业学院金融系主任，泉州轻工职业学院副校长、科协主席；曾获省级试点、示范和品牌专业优秀专业带头人，省级教学团队主持人，省级和国家级精品课程"银行信贷管理学"主持人，省级和全国金融行业教学名师等；多年来主要从事货币理论研究和金融业务教学及管理工作；公开发表学术论文80余篇，编著或主编教材16部，其中《银行授信业务》《金融服务营销》被评为"十二五""十三五"职业教育国家规划教材，并被认定为国家职业教育金融专业教学资源库配套教材；主持并参与省部级科研课题、教改项目20余项，其中6项获得省级以上教育教学成果奖。

　　李宏伟，管理学硕士，副教授，浙江金融职业学院金融管理学院教师，从事金融职业教育近二十年；参与省部级课题3项，主持厅级课题1项，参与厅级课题2项，参与金融企业横向课题2项，公开发表论文6篇，参与编写高等职业教育专业教学资源库建设项目规划教材1部、互联网金融系列教材2部。

郑重声明

高等教育出版社依法对本书享有专有出版权。任何未经许可的复制、销售行为均违反《中华人民共和国著作权法》，其行为人将承担相应的民事责任和行政责任；构成犯罪的，将被依法追究刑事责任。为了维护市场秩序，保护读者的合法权益，避免读者误用盗版书造成不良后果，我社将配合行政执法部门和司法机关对违法犯罪的单位和个人进行严厉打击。社会各界人士如发现上述侵权行为，希望及时举报，我社将奖励举报有功人员。

反盗版举报电话　（010）58581999　58582371
反盗版举报邮箱　dd@hep.com.cn
通信地址　北京市西城区德外大街4号
　　　　　高等教育出版社知识产权与法律事务部
邮政编码　100120

读者意见反馈

为收集对教材的意见建议，进一步完善教材编写并做好服务工作，读者可将对本教材的意见建议通过如下渠道反馈至我社。

咨询电话　400-810-0598
反馈邮箱　gjdzfwb@pub.hep.cn
通信地址　北京市朝阳区惠新东街4号富盛大厦1座
　　　　　高等教育出版社总编辑办公室
邮政编码　100029

防伪查询说明

用户购书后刮开封底防伪涂层，使用手机微信等软件扫描二维码，会跳转至防伪查询网页，获得所购图书详细信息。

防伪客服电话　（010）58582300

网络增值服务使用说明

授课教师如需获取本书配套教辅资源，请登录"高等教育出版社产品信息检索系统"（xuanshu.hep.com.cn），搜索本书并下载资源。首次使用本系统的用户，请先注册并进行教师资格认证。

高教社高职金融教师交流及资源服务QQ群：424666478